基礎法学翻訳叢書

実践的理由と規範

ジョセフ・ラズ 著
森村進 訳

keiso shobo

謝　辞

私はH・L・A・ハート、A・J・P・ケニー、H・オバーディックに感謝する。彼らはいくつかの節の初期のヴァージョンを読んでコメントして下さった。私は特にH・フランクファートに恩義がある。彼は私の思考と表現から多くの曖昧なところを除くために多くのことをして下さった。誰にもましてP・M・S・ハッカーの助言から得るところがあった。彼は無限の忍耐をもって批判と激励を私に与えた。私は彼から多くを学んだし、さらに多くを学ぶこともできただろう。

私は『アメリカ哲学四季報』と『現代法レビュー』と『マインド』の編集者たちに、以下の論文からの利用を許可していただいたことに感謝する。

'Permissions and Supererogation,' *A. P. Q.*（1975）. その一部は3-1節に含まれている。

'Reasons for Action, Decisions and Norms,' *Mind*（1975）. その一部は1-2節と2-2節に含まれている。

'The Institutional Nature of Law,' *M. L. R.* 38（1975）. 4-3節と5-1節の一部はそれに基づいている。

ジョセフ・ラズ

実践的理由と規範　目次

目　次

目次

〔凡例〕

・訳文中の太字は、原文のイタリックによる強調にあたるものである。
・訳者による補足は、〔 〕を用いて示した。
・文章の構造がわかりにくい個所については、語句のまとまりを〈 〉を用いて示した。
・原書の巻末注は巻末にまとめ、＊や†で示された脚注は脇注とした。

序論

本書は規範の理論の研究である。「規範（norm）」という表現は術語として用いる。英語でそれに最も近い言葉は「ルール」だ。しかしながらルールにはさまざまの論理的なタイプがあって、本書が取り扱うのはその一部でしかない。私はそれらのルールを「規範」と呼ぶことにする。その中には、時として定言的〔命令的〕（categorical）ルール、すなわちある行動がなされることを要求するような重要な種類のルールもあれば、許可を与えるルールもある。私は第2-3章で規範の異なる諸タイプとそれらの主要な論理的特徴の分析を与える。第4-5章は規範の体系の分析に関わる。われわれはゲームや言語のルールや国の法律や社交クラブの規則やルールが体系をなすと考えて、「これはサッカーのルールだがラグビーのルールではない」とか「これは英語のルールだがフランス語のルールではない」とか「これはイギリス法の一部だが、アメリカの法体系の中にはそのような法はない」とか言う。そのような言明は〈ある規範グループは規範のばらばらの寄せ集め以上のものである〉という理解の証拠だ。規範体系はある種の統一性をも持っていると理解されているのである。私はいくつかの種類の規範体系を検討して、それらの統一性がその諸規範の間の論理的関係のあるパターンにいかにして存するかを示そう。現代社会における最も重要なタイプの規範体系は法体系だ。第5章はもっぱら法体系の分析に関わる。

規範を説明するための鍵になる観念は、行為理由（reasons for action）である。私見によれば、ルールを説明する際の主たる困難は、ルールと行為理由との関係を理解することだ。本書の中心的なテーゼは〈ある種のルール（定言的ルールと許可的（permissive）ルール）は特別のタイプの行為理由であって、他のルール（権能付与（power-conferring）ルール）はそのような理由と論理的に関係している〉というものである。本書の第1章は、行為理由の一般的特徴のいくつかと、それらのルールであるような種類の理由が持つ特別の特徴に関わる。

規範は行為理由によって説明される。この事実は、行為理由と、行為理由という観念を前提している他の多くの規範的概念との間に、関連を生み出す。本書でこれらの関連を十分に考察することはできない。私は規範と理由が命令（commands and orders）のような指令〔指図〕（prescriptions）（2-3節を参照）や権威（2-2節と3-2節を参照）や義務を超えた行為（supererogation）（3-1節を参照）の説明にどのように寄与するかを示そうとした。私はまたいささか独断的に、ここで検討する諸概念が約束のような随意的〔任意的〕責務（voluntary obligations）の説明にどのように必要かについての私見を述べた。しかしこれらのトピックの十分な取り扱いは本書の境界を越えることになるから、ここでは試みなかった。同じ理由から、私は権利と義務を論ずる誘惑にも抵抗しなければならなかった——本書で論じた諸概念と権利・義務の間には明白な概念上の絆があるにもかかわらず。

ここまで述べてきたことからわかるように、私はここかしこで規範と規範体系の厳格な分析を超える所見を含めた。私がこの贅沢を自らに許したのは、〈多くの仕方で、実践哲学は統一された哲学である〉という私の信念を伝えるためだ。ルールの研究は、孤立した探究ではなく一層大きな企ての一部として見られるべきである。いかなる規範理論も、それが成功するためには、実践的理由の哲学（あるいはもっと短く言えば実践哲学）のそれ以外の主要な諸概念の明確化に寄与することが部分的に必要だ。私が本書の主題と実践哲学の他の諸問題との間の関係を〔以下のように〕簡潔にスケッチしたら、本書の主旨とその基礎にある全体の理解を助けるだろう。

実践哲学は、実質的あるいは「評価的」部分と概念分析に関わる形式的部分の両方を含んでいる。実質的な実践哲学の中には、われわれがいかなる価値を追求すべきか、いかなる行為理由がわれわれの行動を指導すべきか、いかなる規範が拘束するか等々を示すための議論のすべてが含まれる。概念分析は、価値や、行為理由あるいは規範や、実践的推論を支配する推論ルールの性質に関わる。私は実践哲学のこの二つの部分が相互に全く独立していると想定しているわけではないが、相対的に独立しているということには疑いがない。様々な著作がどちらか片方の部分を強調することがありうる。本書は一次的には概念分析の試論である。

実践哲学はまた、それが関わる人間関係の活動領域あるいは性質との関係で考えることもできる。この意味で、道徳哲学と政治哲学と法哲学は実践哲学の分枝であって、それぞれ人間生活の別の側面を取り扱っている。(1) 哲学の別々の分野間の関係について長々と論ずることにはほとんど意味がないが、これらの分野すべての中で用いられる多くの概念を指摘するのは意義のあることだ。権利、義務、正義、権力、権威、ルール、原則――これらは道徳哲学でも政治哲学でも法哲学でも広く用いられる概念の一部にすぎない。これらの分野すべてに共通する問題もまた多い。行為における合理性と、行為とその帰結への責任に関する問題は、共通する問題の二つの例で、その解決は、これらの分野すべてにあてはまる、批判的あるいは「評価的」諸原理の定式化にかかっている。哲学のこれらの分野とその他の関連する分野はかなりの程度まで重なり合っているので、これらの概念と問題を各分野の狭い境界の中だけで研究するのではなく、それらの応用と帰結のすべてに対して開かれた精神をもって、一般的な実践哲学の一部として研究する必要がある。ルールと規範体系という概念は、法にも道徳にも政治にも、また哲学の他の諸分野にも重要だから、この二つの概念の研究は実践的理由の一般的哲学の重要な部分をなす。法体系を取り扱う最終章は実際には法哲学の一試論であって、それが実践哲学の中でいかに基礎づけられるかを示している。

実践哲学を分類する別の方法は、それが取り扱う生活の分野あるいは側面によるのではなく、それが論ずる実践的問題の種類によるものだ。この基準によると、実践哲学の最も重要な分枝は、価値理論と規範理論と帰属理論(2)（ascription theory）である。価値理論が一次的に取り扱うのは、さまざまの現実の状況あるいは可能な状況を比較して、どれが他の状況よりも善いかを決定し、それらを善いものあるいは悪いものたらしめる特徴を同定することだ。価値理論の最も重要な概念は、価値、善、悪、〈より善い〉、〈より悪い〉である。規範理論が一次的に取り扱うのは、人々が何を行うべきかを確定することだ。それは何らかの価値理論を前提していて、諸個人の行動に課す諸要請をそこから引き出す。＊誰がいかにしていかなる価値を実現すべきか？　これが規範理論の主要問題だ。規範理論の最も重要な概念は、当為〔べし〕（ought）、行為理由、ルール、義務、権利である。私は以下の部分で、これらの概念のうち行為理由が最も根本的だと論ずることになる。帰属理論が一次的に取り扱うのは、人々に非難あるいは罪責を帰することができる諸条件だ。私はもっとおなじみの「責任理論」よりも「帰属理論」という用語を選ぶが(3)、それは「責任」という言葉がここでは少々ミスリーディングになりかねないからである。この価値やあの価値を実現するのは誰の責任か、病人の面倒を見るのは誰の責任か、等々を決定するのは規範理論の仕事だが、帰属理論が取り扱うのは、自分の責任を果たした人や果たさなかった人への非難や称賛の帰属である。帰属理論はわれわれが規範理論を持っているということを前提として、規範理論が課す諸要請への不一致の規範的帰結を研究する。規範理論が研究する問題の中には、道徳的信念の誤りや、意志の弱さや、事実の錯誤や、不器用さ等々が責任あるいは非難の帰属に際してどのくらい重要かというものがある。帰属理論はまた、正しい行動を賞賛すべきものたらしめる特徴をも研究する。

本書が規範理論の研究であるという事実からして、私は実践哲学に関する今世紀の文献の多くを支配してきた極めて難しい認識論的諸問題を無視することができた。実践哲学の認識論的諸問題とは、ある実践的命題あるいは発言が正当化されるために満たされていなければならない諸条件に関するものだ。たとえばG・E・ムーアやW・D・ロスが奉じていた種類の直観主義に対するさまざまの反論や「自然主義的誤謬」を暴こうとする多様な試みは、究極的価値、すなわち他の価値から導き出せないような価値の存在を証明できるという可能性に疑いを投げかけてきた。これらの議論は、実践的な言明あるいは発言の相対的な正当化の可能性に同じような脅威をもたらすものではない。実践的な言明あるいは発言の正当化は、ある究極的価値の想定に依拠しているからだ。今あげた議論の中には、〈特定の価値の集合を前提として、それを用いて派生的な価値やルールや他の行為理由が妥当するということを正当化するのは不可能である〉と示唆するものは何もない。本書は究極的価値にいかなる仕方でもかかわるものでないから、前記の懐疑的議論やそれに関連する認識論的問題を無視すること

＊　私は本書を通じて、「個人」「人物」「行為者」の中に、委員会や議会や国家のような「法人」も含める。

ができた。本書で前提されているのは、実践的命題の相対的な正当化可能性だけだ。

実践哲学における相対的な正当化可能性自体も挑戦を受けてきた。そのことは本当だ。〈真理関数による分析で説明できる意味を持つ発言だけが論理的関係を持ちうる〉という見解を表明した人たちがいるが、この見解はその後反論されてきた。R・M・ヘア（『道徳の言語』オックスフォード、一九五二年）とG・H・フォン・ウリクト（「義務論理」『マインド』第六〇巻、一九五一年）は実践的ディスコースの論理的研究への関心を再生させたし、(4) 多くの主要な実践的概念の論理的性質を研究する著作がますます多く刊行されてきた。しかしごく僅かの例外を除けば、大部分の論理的研究は「べし（ought）」〔当為〕と「してよい（may）」〔許可〕と「禁じられている（prohibited）」〔禁止〕の論理に限定されている。ルール、正義、義務、権威、責任、権利、徳、等々についての有益な研究も多いが、全体としてこれらは孤立して研究されていて、これらの概念と類似の概念との間の論理的関係に関する明確な像のようなものを生むには前途遼遠だ。究極の諸価値に関する認識論的諸問題について何が真理であるにせよ、本書は〈規範理論に属する概念すべての統一論理を発展させることは可能であり必要でもある。そしてそのような論理の最も根本的な部分は義務論理ではなく行為理由の論理である〉という信念に基づいている。

第1章　行為理由について

1-1　理由の構造について

以下の部分で、規範は行為理由（reasons for action）との関係を説明することによって分析される。本節の目的は、後で用いられることになるいくつかの区別を導入することにある。私は〈これらの区別は説得的であり有用である〉ということを示すために十分なことを言おうと試みるが、これらの主張を十分に正当化したり、哲学文献の中に見出される他の理由観と比べたりすることはできないだろう。理由に関する多くの重要な問題で、本書で論じられる諸問題とは関係しないものには言及しない。全体として、〈規範と法に関する私の結論は、理由一般について本書で述べる見解の詳細の正しさに依存していない〉というのが私の信念だ。それゆえ以下の所見は、規範を理由に関係づけることを可能にする一理由観を示しているにすぎないと解することができる――もっとも私はむろんこの見方が正しいと信じているのだが。

理由の役割

行為理由だけでなく、信念や、欲求と感情や、態度や、規範と制度や、他にも多くのものについての理由が存在する。これらの理由の中で、行為と信念への理由が最も根本的な理由のタイプで、それ以外の理由はこれらから導き出されるか、あるいは依存している。私は行為理由だけを取り上げ、通常は「理由」という言葉によって行為理由に言及することにする。このことは行為理由と信念への理由の間には根本的な相違があるという信念を含意しない。両者はいくつかの重要な点で異なるが、主要な論理的特徴を共有している。しかしこれから述べることの多くが――そもそも真であるとして――行為理由にも信念への理由にもあてはまるとはいえ、信念への理由に直接コメントすることは可能でもなければ必要でもないだろう。

理由は人々の行動を説明・評価・指導する際に言及される。(1) 理由という概念は他のさまざまの目的のためにも用いられるが、説明・評価・指導というこの三つが一次的なもので、残りはそれらから派生するかそれらに依存するものだ。たとえばわれわれは適切な場合に〈ジョンは金のためにメアリと結婚したが〔説明〕、人は愛情のためだけに結婚すべきなのだから、ジョンは間違った理由から行為した以上彼の振舞いは悪かったのであり〔評価〕、デレクは同じことをすべきでない〔指導〕〉と言う。行為理由という概念の説明は、それがこの三つの目的にどのように役立ち、これらの目的がどのように相互に関係し、一つの概念がなぜこの三つの目的すべてに役立つかを示さなければならない。行為の説明という理論的任務と行為の評価および指導という実践的任務の結びつきが、行為理由の説明における困難の多くの源泉である。十分な説明は、一つの概念がこの三つの大きく異なる目的のために用いられうるということだけでなく、この三つが相互に依存していることも示すだろう。理由というものを行為の指導と評価のために用いることができるのは、それを行為の説明にも用いることができるからに他ならない。そして理由が説明のタイプとしてユニークである特徴は、それが行為者の行動を指導した諸考慮に言及して行動を説明するということだ。

「——の理由〔——を支持する理由〕(a reason for)」という表現とそれに関連する表現はさまざまのタイプの文章の中に現われる。その一部は典型的に説明のために、他のものは指導と評価のために、また他のものはこれらすべての目的のために用いられる。以下の五つのタイプの文章が特に重要だ。

(1)「——は——の理由である〔理由になる〕」(たとえば「その平価切下げは為替を管理することの理由になる。」)

(2)「——の理由がある」(「彼を罰する理由がある。」)

(3)「xは——の理由を持っている」(「ジョンはその仕事を断る理由を持っている。」)

(4)「xは——が——の理由である〔理由になる〕と信じている」(「ジョンは彼の母親の病気が旅行延期の理由になると信じている。」「ジョンは選挙の接近が大統領の外遊の理由であると信じている。」)

(5)「xがφする理由は——である」(「彼が夜遅くまでオフィスにいる理由は、彼の休暇の間にたまった厖大な量の仕事である。」)

以下の議論はこれらの文脈における「理由」の用法をめぐるものである。

理由と事実と人格

理由となるものは言明と信念と事実によってさまざまの仕方で同定されている。言明だけを理由とみなす主たる根拠は、言明が論理的構造を持っているということだ。理由は実践的推論の中に現われるからむろん論理的分析に従うが、信念も事実も論理的分析を容れる。いずれにせよ、論理的分析が、事実の言明あるいは理由であるところの信念の内容の言明に適用されるということだけで十分だ。言語もわれわれの直観も、理由はすべて言明であるという考えをほとんど支持しない。〈雨が降るだろうという言明が、私が雨傘を持つ理由である〉と述べることが自然だとは思われない。理由としてあげられるのは、雨が降るだろうという事実か、あるいは雨が降るだろうという私の信念だろう。*

事実と信念のいずれを選ぶかはもっと難しい。信念は時として理由になるが、すべての信念が理由になると考えるのは間違いだろう。思い出すべきだが、理由は行動を導くために用いられるのであって、人々は自分が本当（the case）だと信じていることではなく、本当であることによって導かれるべきなのである。確かに、本当であることによって導かれるためには、人はそれが本当だと信じなければならない。しかしながら、人を導くべきもの、理由であるところのものは、事実であって事実への信念ではない。もしpが本当だとしたら、私がpであると信じていないという事実は、〈pは私が何らかの行為を行う理由にならない〉ということを示さない。私がいかなる理由にも気づいていないという事実は、理由が存在しないということを示さない。もし理由が行動の指導と評価に役立つべきものだとしたら、あらゆる理由が信念であるということはない。行為者の信念でも欲求でもないような理由は行為者の行動の説明の中で用いることができない、と思われるかもしれないが、これは間違いだ。その説明は理由が妥当しているという行為者の信念に依存しているが、これまた、このことは行為者の信念が理由であるということを確証するわけではない。それが示しているのは、〈ある人の行動のこのタイプの説明は、ある理由が妥当するという事実にではなく、それらの理由が妥当するというその人の信念に依拠している〉ということにすぎない。ある人が自分のしたことを行う善い理由が自分にあったと信じていたのは間違いだった、とわれわれが考える時でさえ、われわれはその人の行動を理解できるのである。

〈理由であるところのものは事実である〉という見解も難点を免れない。ある程度まで、本節の残りの議論がそれらの難点を克服する方法を示唆することになると私は望んでいる。だがいくらかのことをここで述べておこう。〈事実は理由になる〉と言うとき、私は「事実」という言葉を拡張された意味で用いているのではない。その拡張された意味では、正当化される言明が、あるもののおかげで真であるか正当化されるとき、そのあるものを指示するために「事実」という言葉が用いられる。だが「事実」によって私が意味しているのは単に、「……という事実」という演算子の使用によって指示できることだけだ。事実とは、われわれが「……は事実である」という形式の文章を用いてある言明を行うときに語る対象である。この意味において、事実は価値と対比されるのではなくて、価値を含んでいる（「人間の生命が至上の価値だということは事実である。」「人間の生命が重要な価値であるということは、あらゆる人間社会において長く認められてきた。」）。同様にして、事実は出来事やプロセスや

＊　私は後で事実は理由であると論ずる。「……という事実」も「……という言明」も、文において指示子を形成する演算子である。両者はそれらの論理的性質のすべてではないが多くを共有している。私が言いたいのは、両者はなかんずく、〈「の理由である」は常に「……という事実」の述語になりうるが、例外的にしか「……という言明」の述語にならない〉という点で異なる、ということだ。

行為遂行や活動の発生を含んでいる。「事実」がこの広い意味で用いられるということを前提すると、信念も――その内容とは違うが――また事実である。〈ジョーンズはｐであると信じている〉という事実は、ジョーンズにとっても他の人々にとっても理由になりうる。しかしながら、このようにして信念を理由とみなす仕方は、事実ではなくて行為者の信念が通常理由として持ち出される文脈の大部分を説明するわけではない。そのような文脈を処理する方法の中にはすでに示唆したものもあるだろうが、ここで与えられた分析はいくつかの文脈に適用されると奇妙に響くということは認めなければならない。あるディスコースの領域の哲学的体系化は、ある程度の規格化と、ぎこちない表現の受容を含まざるをえない。

われわれが「彼がφした理由は、ｐであるという彼の信念だった」とか「彼がφした理由は、彼がｐであると信じていたということだった」などの形の言い方を用いるということは否定できない。これらの言い方は、ｐが本当でないときでも用いることができる（「彼が来なかった理由は、あなたがここにいなかったと彼が信じていたことだった」という場合のように）。そのような場合に理由として持ち出されるのは、むろん事実である。ｐは本当ではなくても、彼がｐだと考えたということは本当なのだから。しかし説明される行為の理由であるところのものは、事実ではない。ある人の友人がここにいないだろうということはここに来ない理由になるかもしれないが、人がそうだと信ずることはそのような理由にならない。なぜ来なかったのかと問われたとき、その人は通常、〈私の友人がそこにいなかったからだ〉と答えるだろう。われわれがある信念を理由として持ち出すのは、たいてい、われわれが依拠した理由が妥当しないと信ずるようになったときである。そのような場合、われわれは提案された分析に従って、〈自分は来ない理由を持っていなかったのだが、その理由を持っていると考える理由を持っていた〉と述べることができる。

われわれはいずれの仕方でも理由を用いることができる、と認めるべきだ。われわれは理由の二つの観念を区別することさえできる。しかし両者は同じだけの意義を持つとみなされるべきではない。事実として理解された理由だけが規範的な意義を持ち、それだけがなされるべきことを決定するのである。われわれは何をなすべきかを決定するためには、われわれの思考がどうであるかではなしに、世界がどうであるかを見出さなければならない。他方の〈信念という〉理由観念が重要なのは説明という目的のためだけであって、指導という目的のためでは全くない。まさにこのことが、〈この純粋に説明的な観念は、他方の観念を前提するがその反対のことがない二次的な観念である〉ということを示す。純粋に説明的な観念はすでに見たように（第一の種類の）理由への信念によって消去できるのだが、それだけではない。むしろ、理由を用いた行動の説明の特別の特徴が、〈それは行為者の行動を自分のなすべきことに関する行為者の信念によって説明するのだが、その信念は、行為者にあてはまる（一次的な、規範的意味での）関連する理由に関する、行為者自身の査定によるものだ〉ということなのである。

通常われわれは行為理由を、ある条件があてはまる場合にある人がある行為を行う理由であると考える。〈ある状況である行為者がある行為を行う〉ということは事実とみなせるから、理由というものは事実間の関係であると考えられるかもしれない。この示唆は、われわれが現実に行われた行為の説明あるいは評価に関わっている限りはもっともらしい（「彼がφした理由は……だった」「彼はφする十分な理由を持っていた（あるいは持っている）」等々）。しかしその示唆は、仮定的なケースを査定するため（「この状況では誰もがφする理由を持つ」等々）や、その行為が現実には行われなかった場合の行動の指導のために理由を用いることを説明できない。そのようなケースを説明するためには、理由というものを、現実的か可能的かにかかわらない事実間の関係とみなしたくなるかもしれない。しかしながら私は可能的事実への言及を避けたいので、理由とは人物にとっての理由であるとみなしたい。従って、人物の特定が理由の特定の一部をなすとみなされるべきである。「xはφする理由を持つ」という形式は、「φする理由を持つ」を「x」の述語とするものだ、とみなされることになる。「行為理由」という表現は、それ自体では演算子ではなくて、特別の種類の演算子をその値とする変項である。その表現は、特定の行為――類的な行為も個別的な行為も――の遂行の理由を範囲とする（通常限定された）変項として用いられる（たとえば「シーザーを殺す理由」、「夕食をとるかベッドにつく理由」、「人間の幸福を推進する理由」）。これらは演算子である。この見解によると、理由というものは事実と人物との間の関係である。*別の言い方をすると、「……は……がφする理由である」という形式の表現は、事実指示子（fact-designators）と人物を指示する単称の表現（singular expressions designating persons）との順序づけられたペアについての、文を形成する演算子なのである。

しかしながらこれらの最後のコメントは限定されなければならない。理由の表現が用いられる文脈とそれらの表現の目的は多様だから、かなりの論理的複雑性が生ずる。従って理由の諸表現は、それらが生ずる文脈によっていくらか異なる解釈をしなければならない。分析の目的のため、私は「R（φ）」という形式の演算子を用いて「φする理由」と読むことにする。これらは、事実指示子と人物を指示する単称の表現についての、文を形成する演算子である。つまりこれらは事実と人物との間の関係を指示している。この理由演算子が現われる文章は、以下どれもR文と呼ぶことにする。

理由文の論理的構造について

行為理由という概念の完全な分析は、（a）「R（φ）」という演算子の意味解釈と論理的分析を与え、（b）理由を与えるあらゆる言明（それが「理由」という語を含む表現を使用することで行われるのが標準的であるか否かを問わない）が規準的形式（canonical form）の文によっていかになされうるかを示し、（c）「R（φ）」という演算子の使用によって規準的形式の文の分析を与えることからなる。

これから私は（b）については何も言わず、（a）についてはいくつか散発的な基本的コメントを加えるだけにとどめる。しかしながら第一に私が概説したいのは、規準的形式の理由文を「R（φ）」という演算子の使用によって分析しうる、その仕方である。また私の目的は完全な分析を与えることではなくて、いくつかの示唆を行うことにとどまる。

（1）「pという事実は、xがφする理由である」。この形式の文は原子的なR文で、その記号的定式化は「R（φ）p、x」だ。[†] そのような文は、pが事実であり、またそれがxがφする理由である場合に限り、真である。「その平価切下げ（the devaluation）は財務大臣が為替管理を行う理由である」といった文において、「その平価切下げ」は〈平価の切下げが

＊　事実指示子は名前ではなくて偽の名前であり、事実は個体ではなくて論理的構成物であるということはむろん真である。だから「関係」の厳密な意味において、理由は関係ではない。関係とは個体間にあてはまるものだからだ。しかしながら本研究の目的にとっては、「関係」をもっと広い意味で用いても何の害もない。

†　私はこのような文脈で「p」を「pという事実」の短縮形として用いる。本書のここでも別のところでも、私は記号を二つの目的だけのために用いる。つまり、略語によって記述を簡明化するためと、英語で分析された表現の使用に際して単なる文体上の相違がどれほど重要でないかを示すためである。

あった〉という事実を指示している。この文を正常な仕方で用いて行われる言明は、言及された平価切下げが起きた場合に限って真である。〔それに対して〕「平価切下げというもの（a devaluation）は財務大臣が為替管理を行う理由である」といった文は、平価切下げが起きたという事実を前提としない。そのような文は次のように言い換えられる。「平価切下げが起きるときはいつでも、その発生は財務大臣が為替管理を行う理由である。」

（2）「xがφする理由がある」。この形式の文は、「R（φ）p、xであるようなpという事実がある」と同値である。

（3）「xはφする理由を持つ」。このような文の分析は決して明確でない。多くの機会において、それらは〔（2）の〕「xがφする理由がある」のタイプの文と等価であると示唆する仕方で用いられるが、他の機会には、〈xがφする理由がある。そしてxはそれを知っている〉ということを断言するために用いられる。

（4）「xは、pということが、yがφする理由であると信じている」。この形式の文章は、（1）のところで述べた曖昧さを持っている。この文章はpであるという信念をxに帰することもあれば、帰さないこともある。

（5）「xがφする理由はpである」は、次のいずれかを断定するために用いられる。（a）「p」がxの欲求を含まない場合、xはpであるということと、pが自分がφする理由であるということを両方とも知っていて、xは自分のこれらの信念ゆえにφを行うか、あるいは、（b）「p」が「もしxがsを望むとしたらqである」という形式の場合、「xがφした理由はpである」は、〈xはsを望み、qであると信じていて、これらの信念と欲求のゆえに意図的にφした〉ということを断定するために用いられる。この定式における「ゆえに（because）」の力について近年多くのことが書かれてきた。しかしながらこの問題はあまりに複雑で、ここで論ずる理由の指導的機能に関する主要な関心とは関連が少なすぎる。(2)

上記の分析にうまく適合しない、あるタイプの理由がある。しばしばわれわれは「pである蓋然性」、「pである見込み」、「pである危険」などを理由としてあげる。これらはそれ自体としては、理由であるところの事実ではない。このようなフレーズを含む言明の分析は文脈によって異なるかもしれないが、それらすべてに共通する特徴は、信念の理由の断定あるいは前提を行為理由の断定と結びつけているということだ。次の二つのケースを考えてみよう。（a）「雨が降るだろうという蓋然性が、傘を持っていくことの理由である。」これは「雨が降るだろうと信ずる理由がある。そして雨が降るだろうということは傘を持っていくことの理由である」と断定していると分析される。そのようなケースでは、「pである蓋然性が、xがφする理由である」は「pであると信ずる理由があり、R（φ）p、xである」と分析される。（b）「この霧の中での事故の危険が、徐行運転することの理由である。」この例は同じようには分析できない。事故が起きるだろうということは保険に入る理由になるが、徐行運転する理由にはならないからだ。しかしこの言明をいかに分析すべきかを知るのは難しくない。それは、霧は〈徐行運転しなければ事故が起きるだろう〉と信ずる理由になるということを述べている。〈徐行運転しなければ事故が起きるだろう〉という事実は、徐行運転する理由になる。そのようなケースの完全な分析のためには「信ずる理由」をさらに深く検討する必要があるが、それをここで企てることはできない。信ずる理由と行為理由を併置させることは多くの文脈に共通する。次の例を考えてみよう。「私が駅に行こうとしている理由は、私の友人から、彼が今日着くと述べる手紙を受け取ったということである。」このケースでは、私がそのような手紙を受け取ったということが、私の友人が今日着くと信ずる理由になり、そしてこのことが、私が駅に行く理由になるのである。そのようなケースでは、「ｐはｘがφする理由である」という文章は、「ｐである。そしてｐは、ｑであると信ずる理由であり、Ｒ（φ）ｑ、ｘである」を省略したものである。同じような解釈が他の規準的形式にもあてはまるだろう。

理由を事実と人物との間の関係とみなすことにまつわる困難のほとんどは、検討してみれば、蓋然性にまつわる困難と同一であるか、あるいはともかく同じような取り扱いに服する、と私には思われる。今スケッチした分析は、事実だけを理由とみなすことと、行動を理由への当事者の信念によって説明する諸方法とを結びつけている。同じことが行動の評価あるいは査定についても言える。ある人物の行為は、その行為を行う理由が現実にあるか否かによって、理由によってよく裏づけられている、あるいはよく裏づけられていない、と評価できる。その行為はまた、その人物が自分の行為を行う理由があると信ずる理由を持っているか否かによって、合理的あるいは理性的と評価できる。われわれの行為を指導するのは〔客観的な〕世界なのだが、その指導はわれわれの知覚を通じてしか行えないから、われわれの信念がわれわれの行動の説明と査定にとって重要なのである。

完全な理由

日常会話において、われわれは自分の諸理由を十分完全に述べることがめったにない。われわれが述べるのはそれらの理由の一部だけであって、そのうちどの部分を選ぶかは、プラグマティックな考慮によって決定される。われわれが何をどのくらい言うかは、聞いている相手がすでにどれだけのことを知っているか、その人は何を知りたがっているか、われわれはその人をどの程度信頼する気があるか、何を言うと無作法になるのか、等々に依存する。ジョンはなぜ駅に行くのかを尋ねられたら、（a）〈ジェイムズがそこに着く〉、あるいは（b）〈ジェイムズは駅で逢ったら喜ぶだろう〉、あるいは（c）〈自分はジェイムズを喜ばせたい〉と言うかもしれない。質問に対してジョンがこれらの言明のうちのどれで答えるかは、多様な考慮に依存している。彼が最初の回答でこれら三つの言明のすべてを行うということはあまりなさそうだが、しつこい友人の問いに答えてこの三つのすべてやさらに多くを述べるかもしれないということは極めてありそうだ。だがそれでも、われわれは〈この三つは一緒になっていて、一緒になってこそ完全な理由（Complete reason）の言明に近づく〉と感ずる。それぞれの言明は、それだけを取りだせば、完全な理由の一部でしかない。われわれがある人の理由の一部だけの言明を与えられたときにその理由を理解するとしたら、それは、われわれがその理由の他の部分を知っているか、あるいは細部のすべてにまでは関心がないからだ。

完全な理由という観念は、論理的厳密さを気にかけすぎる哲学者が発明したものではない。それは理由に関するわれわれの理解の基礎にあって、理由のいかなる論理的解明にも不可欠である。われわれがたび重なる質問への返答として、まず（a）を、それから（b）を、それから（c）を与えられたとしてみよう。それからジョンが、（d）〈自分はジェイムズに駅で会うと約束した〉、（e）〈人は自分の約束を守るべきである〉、（f）〈人は自分の友人を喜ばせるべきである〉と言ったとしてみよう。私の思うに、われわれは皆、これらの言明間の論理的関係と、それらの言明とジョンが駅に行くという行為の間の論理的関係は別物だと感ずるはずだ。（a）から（c）は駅に行くためにジョンが持つ理由の一部を述べていて、（d）はこの同じ理由の部分ではなくて、同一の行為の第二の理由の一部を述べている。（a）はこの第二の理由の一部も述べているかもしれないが、（b）と（c）はそうでない。（e）と（f）もまた全く異なる。両者は駅に行くためにジョンが持っている理由の一部なのではなくて、駅に行く理由を支持する理由である。両者は二つの異なる仕方で、駅に行く二つの理由をジョンが持っている、あるいは持っていると自分で考えるのはなぜかを説明する。

ここで用語上の論点を一つ確定しておくべきだ。「理由」という言葉は「父親」という言葉と同様に、関係の表現の中でも述語の表現の中でも現われる。「……はφする理由である」という述語は、ある事実とある人物との間にある関係が成立する、そのような人物が存在する場合、そしてその場合に限って、その事実について真である。aがxの父親であるようなxが存在するとき、そしてその場合に限って、aが父親であるのと同様に、R（φ）p、xであるようなxが存在する場合、そしてその場合に限って、pはφする理由である。私はまた時々対象にも理由として言及しよう。たとえばxが存在するという事実が行為理由であるとき、私はしばしば省略して、xそれ自体に理由として言及しよう。

何が一つの完全な理由なのか？　これを説明するのは、〈ある理由の言明を完成させること〉と〈同一人物による同一行為の遂行を支持する第二の理由を述べること、あるいはその理由を支持する理由を述べること〉との相違を説明することである。この問題は、理由が存在するとは何を意味するかを説明するという問題ではない。われわれはそれが理解されていると想定していて、この理解の下で「完全な理由」の定義を提案しているのだ。これが意味しているのは、われわれは（2）と（3）

の正典的形式の文章は理解されているのと想定しているということだ。われわれがここで関心を持っているのは、（1）のタイプの文章と、（1）を基礎として構築されている（4）と（5）のタイプである。これらの文章はある理由が存在するということだけでなく、それが何であるかも述べている。それらの文章は完全な理由を述べているのだろうか？

〔次のように定義しよう。〕pという事実が、人物xがφする理由であるのは、（a）pであるという言明とxがφするという言明の両方を理解するいかなる人物yについても、もしyが〈自分が他にいかなる信念を持っているかにかかわらず、xがφする理由が存在する〉と信じているか、あるいは、（b）R（φ）p、xが、完全な理由であるR（φ）q、yを伴意する〔必然的に伴う〕（entail）場合、そしてその場合に限られる。しかしながら次の場合、pであるという事実は完全な事実ではない。それは、その定義が〈sというある事実を信じている人がいる〉ということを伴意していて、sがその定義を満たすというだけの理由で、pであるという言明がトリヴィアルにこの定義を満たすことになる場合である。(3)

この定義は〈R（φ）p、xという形式の言明の真理性は部分的には論理の問題である〉と想定している。pが真であるか否かは偶然的な事実問題であるか、道徳哲学あるいは実践哲学の問題だ。しかしもしpが完全な理由だとしたら、「pであるときはいつも、R（φ）p、xである」であるか否かは論理の問題である。そのような言明は論理的に真であるか論理的に偽であるかのいずれかだ。

大まかな形では、この定義の背後にある直観的な発想はこうだ。――〈ある行為を行う理由がある〉ということを伴意するいかなる前提集合が述べる事実も、その行為を行う完全な理由である――。しかしながらこの直観的な発想は洗練されなければならない。右に提案された定義はいくつかの仕方でそれを行う。たとえばその定義は、〈かりにpがそのような完全な理由だとしても、xがpであることを知っているという事実は、φする理由にならない〉ということを明らかにする。それはまた、〈ある分析的言明が、φする理由が存在するという伴意の必要な前提であるとしても、その言明は完全な理由の言明ではない〉ということも伴意する。

ジョンが〈φすることが人間の幸福を増進するときはいつも、人はφする理由を持つ〉と言い、ジャックがそれを否定するとしてみよう。われわれはジャックの立場をどのように理解すべきか？　彼は論理的な誤りを犯しているのだろうか？　必ずしもそうではない。ジョンは完全な理由を述べていない――もっとも彼が持ち出している完全な理由が何かを知るのは容易だが。それは〈人間の幸福は一つの価値である。そしてある状況下ではφすることが人間の幸福を増進する〉というものである。これが、それらの条件があてはまる場合にφするための彼の完全な理由だ。おそらくジャックはこれを否定する際に、人間の幸福が一つの価値であるということを否定するつもりなのだろう。もしこれがジャックによる否定の理由だとしたら、彼の誤りは論理的な誤りではなく道徳的な誤りである。しかしもし彼による否定の理由が、〈価値は常に理由を構成するわけではない〉、あるいは〈φすることが幸福に寄与するという事実にもかかわらず、φしない一層強い理由が時として存在する〉というものならば、ジャックの誤りは論理上のものである。というのは、〈価値は理由になる〉と〈理由はたとえそれが他の衝突する理由によって凌駕（outweigh）されてもやはり理由である〉ということは論理の問題だからだ。

すでに言及したように、理由が与えられる大部分の場合、それらは完全な理由ではない。〔完全な理由が通常与えられないという〕この習慣から逸脱しなければならないということはない。ある事実は、それが完全な理由であるところの複雑な事実に属する場合に限って理由になるからだ。だがそれでも、その完全な理由だけでなく、それを構成する諸事実もまた理由なのである。

定義上、〔特定の行為の〕二つの完全な理由は〔実際には〕ただ一つの完全な理由である。われわれは原子的な完全な理由を、〈その構成要素の一つでも抜けていたら完全でなくなる完全な理由〉として定義する。厳密な正確さを期すためには理由の構造についてもっと多くのことを述べる必要があるが、現在の目的のためには上記の特徴づけで十分だろう。興味深い哲学的問題のほとんどは原子的な完全な理由に関するものであって、本節の残りの多くはそれらにかかわる。特に何も言わない場合、私はこれから「理由」によって完全な理由に言及する。

理由の強さ

理由は強さ（strength）という次元を有する。ある理由は他の理由よりも強い。あるいは重みがある。衝突の場合、強い方の理由が弱い理由に優越する（override）。強い理由のこの特徴が、それを定義する性格である。われわれがここで関心を持っている理由の強さは、その論理的な強さだ。その強さは、理由の思考が人を占領しその意識を支配する程度によって測られる、現象的（phenomenological）な強さとは異なる。両者の強さは、〈ある理由を考えることがその人の意識を支配すればするほど、その人はそれが強い理由であると信じがちなことがある〉という意味では一緒になることがあるかもしれない。しかしいつもそうだというわけではなくて、しばしばその反対が真である。理由の論理的な強さと現象的な強さの間には論理的な関係がなくて、人はある理由によって自分の心の地平が満たされていることに気づいていても、その理由を弱いと考えて、それに衝突する行動をとるかもしれない。理由の論理的な強さは、それが衝突するどの理由に優越するかに依存しているのだから、われわれはまず「理由の衝突（conflicts of reasons）」と「優越〔する／的〕（overriding）」という言葉を定義しなければならない。

（1）　pがxとφとの関係で厳密にqと衝突するのは、R（φ）p、xかつR（¬φ）q、xである場合、つまりpがxにとってφする理由であり、qがφすることを差し控える〔φしない〕（refrain from φ-ing）理由である場合、そしてその場合に限られる。〔論理記号の¬は否定を表わす。〕

もしpがφする理由であり、qが別の行為であるところのφ'を行う理由であり、そしてφするとともにφ'することが論理的に不可能だとしたら、qはφすることを差し控える理由でもあって、pと厳密に衝突する。しかしながら、両者をともに行うことが物理的に不可能であるにすぎないとしたら、qは、両者をともに行うことを不可能にする事実と一緒になって、φすることを差し控える理由になる。同様にして、もしrが両者の行為をともに行うことを差し控える理由になるが、そのいずれか一方が行われないとしたら他方を差し控える理由にはならないとしたら、pとrは¬φする〔φすることを差し控える〕理由になる。他のケースも同じように扱うことができる。

（2）　pとqがxとφとの関係で論理的に衝突するのは、pがp'を伴意し、qがq'を伴意し、

p′とq′がxとφとの関係で厳密な意味で衝突する場合、そしてその場合に限られる。(4)

(3)　pがxとφとの関係でqに優越するのは、pとqがxとφとの関係で厳密な意味で衝突し、R（φ）p&q、xであり、R（¬φ）p&q、xでない場合、そしてその場合に限られる。*

(4)　二つの衝突する理由のうち一方が他方よりも強いのは、前者が伴意する理由のすべてが、後者によって伴意される、厳密に衝突する理由のすべてに優越する場合、そしてその場合に限られる。†

強さの関係は衝突する理由を超えて拡張できる。もしpとqがφする理由だとしたら、pがqよりも強いφする理由であるのは、pによって優越されるがqによっては優越されないような、φすることを差し控える理由が存在し、qによって優越されるがpによっては優越されないような、同様の理由が存在しない場合、そしてその場合に限られる。最後に、もしpとqが行為理由（同一の行為とは限らない）であるとしたら、pがqよりも強い理由であるのは、これまでの定義によって〈pはrよりも強いがqはそうでない〉と言えるような理由rが存在し、そして〈qはsよりも強いがpはそうでない〉と言えるような理由sが存在しない場合、そしてその場合に限られる。(5)

このように定義された強さの観念は、理由の強さを現実に妥当する理由に関係づけている。これは

＊　私は〈二つの厳密に衝突する理由があれば、必ず片方が他方より優越する〉と想定しているわけではない。理由の衝突は解決できないかもしれない。

†　私は理由の衝突と優越については、相関化された relativized 定義を導入し、強さについては相関化されない定義を導入したが、これらの観念はすべて、相関化された意味でも相関化されない意味でも用いられる。

現実世界における理由の現実の強さを示していると言える。妥当しうるが現実には妥当していないすべての可能な理由に関係する、強さの他の観念を定義することもできるが、ここでこれらの可能性を掘り下げる必要はない。これらの定義は少々テクニカルで複雑すぎるように見えるかもしれない。しかしこれらの定義の目的は、理由の強さについてわれわれが共通に持っている理解の二つの最も重要な特徴を相対的に厳密な仕方で表現することにすぎない。この二つはおおよそ次のように表現できる。第一に——二つの衝突する理由のうち、他方よりも優越する理由の方が強い。第二に——もしある理由が、別の理由によって優越されるあらゆる理由よりも優越するならば、そしてそれが他の理由にも優越するならば、それは二番目の理由よりも強い。

理由の相対的な強さは、それが他の理由に優越する力（power）によって説明されてきた。〈ある理由が他の理由に優越する〉という観念は〈ある理由が解除条件（cancelling condition）によって解除される〉という観念とは注意深く区別されるべきである。理由が優越されることとは、矛盾する行為を支持する理由自体であるところの事実による以外にはありえない。しかし時には、R（ϕ）p、xであり、R（ϕ）p&q、xではないが、それでもR（$-\phi$）q、xではない、ということがある。実際、qそれ自体はいかなる行為理由でもないかもしれない。私が友人と十字路で会おうと約束した時刻に負傷者を病院に連れていく必要性は、約束を守る理由に優越する、アポイントメントを守らない理由になる。私の友人が私を約束から解放したという事実はいかなる行為理由にもならないが、それでもその事実は、約束が作り出した十字路に行く理由を解除する。(6)

解除条件のこの分析は行為理由の研究にとって大変重要だ。ある理由がいかなる条件で解除の対象となりうるか否かは、関連する理由の性質を問う問題である。しかしここでこれらの問題に立ち入る必要はない。私が言いたい唯一の点は、〈解除条件による解除は理由の衝突を含まないのだから、理由の強さを反映していない〉ということだ。〈ある理由はある条件によって解除されるが、別の理由はそうでない〉という事実は、後者の理由の方が前者の理由よりも強いということを示す傾向を持たない。その事実は両者の理由の相対的な強さについて何も含意しないのだ。このことは理由の強さを査定するわれわれの通常の方法と調和すると私には思われる。

完全な理由と理由の強さという概念に基づいて、いくつかの追加的概念を導入することができる。

（1）結論的理由（conclusive reason）：pがxにとってφする結論的理由であるのは、pがxにとってφする〔解除されていない〕理由であり、pに優越するような理由qが存在しないとき、そしてそのときに限られる。

（2）絶対的理由（absolute reason）：pがxにとってφする絶対的理由であるのは、pに優越する事実が存在しえないとき、すなわち、あらゆるqについて、〈qであるとき、qはpに優越する〉ということが決してないとき、そしてそのときに限られる。

（3）プリマファキエな〔一見したところの〕理由とは、結論的でも絶対的でもない理由である。

次の仮説的ケースが結論的理由と絶対的理由の相違の例証になる。私の息子が負傷したという事実は、私が彼を病院に時速四五マイルで連れていく理由になる。これは絶対的理由ではない。歩行者が突然道路に飛び出すことがありうるからだ。もしそうなったら、それは私がそれほど速く運転する理由に優越する。しかし実際には歩行者が道路に飛び出すことがないのだから、私の理由は結論的なもるのである。それはそれと衝突する現在唯一の理由、すなわち時速三〇マイルという法定速度に優先する。

この例を完全なものにするためには細部を埋めなければならない。特に〈私はここに含まれている理由の一部しか特定していない〉ということを述べるべきだ。私はまた、事実に関する部分的な無知から生ずる諸問題を無視した。私が知っていることすべてにもかかわらず、歩行者が道路に飛び出すかもしれないということはありうる。その場合、前記の分析に従うと、私が知っていることすべてにもかかわらず、私の理由は結論的でないことになる。

すべての結論的理由が絶対的理由というわけではない。ある理由は、それと衝突するすべての現存の理由に優越するために結論的であっても、絶対的ではないかもしれない。なぜならその理由は、ある可能な理由が妥当したら、それに優越しないだろうからだ。〔また〕すべての絶対的理由が結論的理由というわけでもない。というのは、pがqによって解除されるとしても、pは絶対的理由かもしれないからだ。φする理由が結論的理由であるのは、φすることを支持する理由と反対する理由のすべてと関連する解除条件のすべてを考慮しても、φする理由が存在する場合、そしてその場合に限られる。絶対的理由は同じ条件には服さない。原子的理由は結論的理由でありうる。そしてある行為者がある行為を行うことを支持する複数の結論的理由があるかもしれない。

理由と「べし」と実践的推論

ある行為者がある行為を行う理由であるところの事実の言明は、〈その行為者がその行為を行う理由が存在する〉あるいは〈その行為者はそれを行うべきである〉という結論を持つ議論の前提である。

「pはxがφする理由である」という形の言明は、「p」が前提であって「xがφする理由が存在する」が結論になる推論に対応する。[7]「……する理由がある」言明あるいは「べし」言明が結論となる推論は、実践的推論である。今やわれわれは、理由を与える言明の主要な五つの形式〔前記一五―一七頁〕の間の関係を一層明らかに見ることができる。「xがφする理由はpだった」という形式の言明は、「xはpがφする理由であると信じていた」と、問題を含む「なぜなら」によって分析される。「xはpがφする理由であると信じていた」も「xはφする理由を持つ」も、ともにその論理的分析は「pはxがφする理由である」と「xがφする理由が存在する」に依存する。後者の二つの言明の形式が基本的な形式である。この両者のうち、「pはxがφする理由である」は実践的推論の形式を表わしているが、「xがφする理由が存在する」は実践的推論の結論だ。*

理由を与える言明とそれらの間の関係の論理諸性質の十分な分析（私はそれを与えていない）を前提とすると、〈「理由が存在する」というタイプの言明が正当化されるか、正しく、あるいはよく基礎づけられている（あるいは、理論的言明に関する「真理」に対応するようにわれわれが選ぶいかなる属性でも構わない）のはいつか〉に関する理論をわれわれは持つことになる。行為理由の分析を完全なものにするためには、〈xがφする理由が存在する〉という信念をある人物に帰することが正当化されるのはいかなる条件の下かについての説明も含めなければならないが、私はこの問題についてはほとんど

* このアプローチから生ずる歓迎すべき結果の一つは、〈実践的推論は阻却可能 defeasible である〉、つまり〈さらなる前提を加えると、妥当な議論が妥当でない議論に変わることがありうる〉というものだ。実践的推論には他の形式もある。たとえば――pはxがφする理由である。qはxがφしない優越的理由である。それゆえxはφしない理由を持っている――。だがこれは今述べたタイプの推論を基にして還元あるいは説明することができる。

何も言わない。

すでに述べたように、私は「xはφすべきである」という形式の言明は「xがφする理由が存在する」という形式の言明と論理的に等値であると信ずる。この主張は奇妙に響くかもしれない。それをここで十分に擁護することはできないが、それを擁護していくつかのコメントを加えたい。第一に、私はこの二種類の文章のタイプが同じ意味だと主張しているのではない。私の主張は単に〈それらを用いて標準的になされる言明は論理的に等値である〉ということだけだ。片方の結論を引き出すことを正当化する前提は、他方の結論を引き出すこともまた正当化する。片方の言明が伴意するどの結論も、他方の言明によって伴意されるのである。これらのタイプの文章が他のさまざまな点で異なるということは、すぐに譲歩されるべきだ。特に、文体的理由や他のプラグマティックな理由のために、それらは常に交換できるわけではない。たとえば多くの文脈において、「あなたは彼を見るべきだ」と言うのは自然だが「あなたは彼を見る理由を持っている」と言うのは自然でないだろう。「あなたがφする理由はpである」とは言えるが、「あなたがφする理由が存在する理由はpである」とは言えない。しかしながらこれらの文体的理由やプラグマティックな理由は、これらの言明の推論能力に関係するものではない。

第二に、私の主張はわれわれの単称的（singular）な「べし」言明の用法よりも一般的な「べし」言明の用法によりよく一致するように思われる。一般的な「べし」言明は、ある仕方で行動する理由があると断言するためにしばしば用いられる——その理由は必ずしも結論的理由ではないが。「人は嘘をつくべきでない」や「兵士は命令に従うべきである」と述べるからといって、〈人はこのように行動すべきである——それと衝突する理由が何であれ〉という信念にコミットするわけではない。

〈「べし」言明は、結論的理由ではないにせよ、強い理由が存在すると断定している〉と示唆されるかもしれないが、この示唆ですら真ではない――少なくとも一般的な「べし」命題については。「誰もがナポリを見るべきだ」と断定するからといって、〈そうする**強い**理由が存在する〉という信念にコミットするわけではない。われわれは理由がかなり強いと信じていなければめったに一般的な「べし」言明を行わないということは本当だ。優越されそうな理由の存在を断定することにはほとんど意味がない。しかしそれは「べし」という言葉の意味の帰結ではなくて、会話を行うためのプラグマティックなルールであって、それは「xがφする理由が存在する」という文章を用いる言明にもあてはまる。

第三に、理由というものは衝突しうるのだから、私の解釈によれば、「べし」言明もそうである。[8] 本章ですでに述べたように、このことは単称的「べし」言明の解釈において問題になる。人はある行為を行う理由とそれを行わない理由の両方を持っているかもしれない。その結果、ある人はφすべきであり、またφすべきでない、ということがありうる。〈私は自分の約束を守るべきであり、またそれを破るべきである〉という言明には逆説の気味があるということは認めなければならない。しかしながらこの一見した逆説は、プラグマティックな含み（implicature）の問題として説明することができる。話者は関連する情報を隠しておくべきでないというプラグマティックな要請のゆえに、私がジョンに「あなたは自分の約束を守るべきである」と言うことは、〈私はその約束を守る理由に優越するようないかなる理由も、前者の理由を解除するようないかなる理由も、信じていない〉というプラグマティックな含みを伴う。むろん同じことがジョンについてもあてはまる。それゆえ、もし彼が反対に、自分はその約束を破るべきだと私に言うとしたら、意見の真正の衝突が存在することになる。

われわれは二人とも理由の最終的な重みについての自分の見解を述べているからだ。しかしそうであるのはプラグマティックな含みのゆえであって、「べし」の意味のゆえではない。もしこのことが「べし」の意味の帰結だったとしたら、一般的「べし」言明も単称的「べし」言明もともに結論的理由の言明だということになるのだが、これが一般的「べし」言明にはあてはまらないということはすでに見た通りである。「べし」は一般的言明の中でも単称的言明の中でも同じ意味を持つのだから、われわれは〈一般的「べし」言明と単称的「べし」言明の間の相違はプラグマティックな含みの相違によるものである〉という結論に至る。異なった諸状態には多様なファクターが存在するのだから、一般的状況を論じている話者は、それらのすべての状況において決定に影響すべき重要なファクターのうちの一部だけを指している、とわれわれは期待する。それと反対に、特定の問題を論じている人は、その問題にあてはまる結論的理由に関する自分の見解を述べていると期待される。

それゆえ私は、「べし」言明と「理由が存在する」言明は同一の推論上の力を持っていて、他の点で異なるにすぎない、と示唆したい。そのような相違の一つは、〈「理由がある」言明は、「べし」言明ならば何らかのプラグマティックな含みを持つはずの文脈で述べられた場合でも、それと同じプラグマティックな含みを生み出さない〉という事実である。プラグマティックな含みのこの相違の説明として私が試しに提出できる唯一のものは、〈理由言明のうち明示的に存在を述べる形式は含意を弱めるか、それどころか否定さえする〉というものだ。

第四に、われわれがこの形の「べし」文を用いるのは、さらなる理由に依存しない究極の道徳的真理を断言するためである、と言われるかもしれない。「人格は尊重されるべきである」は行為理由を提供するが、そのようにそれ自体としてさらなる理由によって正当化することができない言明の一例としてあげられるだろう。しかしそのような道徳的見解は私の見解と両立させることができる。それはあげられた「べし」言明を、〈人格への尊重は価値である〉を唯一の前提とする推論の（トリヴィアルな）結論とみなすことによってである。その価値がこの「べし」言明の理由であり、それゆえこの言明は「人格を尊重する理由が存在する」と論理的に同値になる。疑いもなくこの解釈は通常のディスコースのある程度の体系化と規格化を含んでいる。しかしながら私の信ずるところでは、この解釈は価値理論（それはいかなる状態が善い、あるいは価値があるかと、どれがどれよりも善いかの確立に関わる）と規範理論（それは誰が何をすべきかに関わる）との間にかなり明確な用語上の区別をする必要によって正当化される。「理由」も「べし」も一次的には規範的用語だが、いずれも時として価値用語として用いられる。私が示唆したいのは、これらはもっぱら規範的用語として取り扱われるべきだ、ということである。

最後に、この「べし」の説明は理論的文脈における「はずである／べし（ought）」の用法の説明に役立つかもしれない。かなり明白な理由から、「あなたはpであると信ずべきである」が「あなたはpであると信ずる理由を持っている」の代用として用いられることは多くない。しかし「列車が五分後にここに着くはずである（ought to be here）」と「この石が窓を割るはずである」は、「列車が五分後にここに着くと信ずる理由がある」と「この石が窓を割ると信ずる理由がある」と論理的に同値だ。「べし」言明とそれに対応する「理由がある」言明の間の論理的等価性は十分に密接なので、もしある人が両者のいずれかを信じているとしたら、その人は必然的に他方も信じている。信念を支持する同一の条件が、いずれの形式の言明にもあてはまるのだ。人は〈xがφすべきであるのは、自分がφする機会があると気がついていればφしようとする場合、そしてその場合に限る〉と信じている、と言われるかもしれない。しかしこの基準はうまく行かない。というのは、人は〔自分でない〕別人がある行為を行うべきであると信じているかもしれないからだ。たとえある人が、自分自身はその行為を行うべきだと信じているとしても、その人は自分がそれを行えると信じている場合でさえそれを行おうとしないかもしれない。最善の最初の方策は、〈「べし」言明を信ずることは、その言明に合致するか衝突する行動に対するある批判的態度をとることを伴う〉と述べることだ。これは行動や、他の信念や態度や感情（その「べし」言明との合致を容易あるいは困難にする事実や人物等々に対する）の中にも現われる。(9)

この批判的態度の分析をここで行うことはできない。二つの点だけを述べておく。第一に、ある人がｐであると信じているときはいつでも、その人はそれと衝突あるいは調和する諸信念に対する批判的態度（前者に反対し、後者を奨励する態度）を持ち、これは次に、人物や書物等々に対する批判的態度（彼ら／それらは無知だとか知識が豊かだとか、賢明だとか愚かだとか）の中に現われる。もしｐが「べし」言明あるいは「理由がある」言明だとしたら、人は第一の態度に加えて、人々が持っている信念以外の世界の諸側面に向けられた批判的態度をも持つのである。私はこの態度を、実践的な批判的態度と呼ぶことにする。第二に、もしある実践的推論が妥当だとしたら、ある人がその前提を信じていながらその結論にふさわしい批判的態度をとらないことは、しばしばありうるとはいえ、非理性的である。この批判的態度をとることは結論を信ずることの一条件なのだから、これは〈ある人が前提を信じながら結論を信じないことは非理性的である〉以上のことを言っているわけではない（〈φする理由がある〉と信ずることは、この理由に優越する他の理由をその人が信じている場合でさえ、ある実践的な批判的態度をとることを伴意する）。

実践的な批判的態度の十分な分析は結論的「べし」言明への信念に直接関係し、それらの言明を通じてのみ、非結論的「べし」言明に関係する。もう明らかなはずだが、〈「べし」言明への信念は実践的な批判的態度をとることを伴意する〉と述べることは、〈その「べし」言明はその態度に関するものである〉と述べることと同じではない。さらに〈実践的な批判的態度は必ずしも道徳的是認あるいは不是認の態度ではない〉ということも記憶されるべきだ。その態度は関係する人々の合理性や意志の強さに対して向けられている。行為理由が道徳的理由であるときに限って、批判的態度は道徳的な性質を帯びるのである。

作用的理由

一般に「である」‐「べし」問題として知られているものに関する哲学的論争の側面の一つは、〈ある妥当な推論の結論への信念が、実践的な批判的態度をとることを伴う――そのような態度は推論の諸前提への信念の中で要請されていないのに――ということは可能か?〉をめぐるものである。次のケースを考えてみよう。――私はジョンに、今年出版されるすべての新刊哲学書を彼のために買おうと約束した。これは哲学書であり、出版されたばかりである。それゆえ私はこれをジョンのために買うべきである――。この結論への信念が、ある実践的な批判的態度をとることを伴うとしたら、それは前提の一つへの信念がそのような態度をとることを要請するからに他ならない。このケースにおいて、その前提は〈私はジョンに約束した、等々〉である。ある理由が存在するという信念が、実践的な批判的態度をとることを伴う場合、そしてその場合に限って、そのような理由を**作用的理由**（*operative reason*）と呼ぶことにする。作用的理由でない理由は**補助的理由**（*auxiliary reason*）と呼ぶことにする。

する。

あらゆる完全な理由が一つの作用的理由を含み、あらゆる作用的理由が何らかの行為を支持する一つの完全な理由であるということは、ともに私には論理的な真理と思われる。以下にあげるのは完全な諸理由の例である。それは一つの作用的理由と、完全理由を理由とするところの行為とからなっている、――もし人格の尊重が価値ならば、誰もが人格を尊重する理由がある。もしジェイムズがφすると約束したならば、ジェイムズはφする理由を持つ。もし彼がxを望むならば、彼が自分の欲求の実現を促進する理由がある。等々。

補助的理由を述べる前提の機能は、作用的理由の言明から結論への、実践的態度の移転をいわば正当化することである。こう想像してみよう。ジョンはジェイムズを侮辱したいと思っていて、ジェイムズにある出来事を思い出させることは彼を侮辱することになる。それゆえ、ジョンはジェイムズにその出来事を思い出させる理由を持っている。*〈ジョンはジェイムズを侮辱したいと望んでいる〉と信じている人なら誰でも、〈ジョンはあること、すなわちジェイムズを侮辱することを行う理由を持つ〉と信ずる。この信念のため、その人はそれにふさわしい実践的な批判的態度を持つ。〈ジョンはジェイムズに対して特定の出来事に言及することで彼を侮辱するだろう〉という信念のために、人は〈ジョンがその出来事に言及する理由が存在する〉という結論にふさわしい批判的態度をとらなければ非理性的だということになるのである。

作用的理由のほとんどは、価値か欲求か利益である。[10] ここで「欲求」は、理由に基づく欲求と対照されるべき、「おのずからの（spontaneous）」、あるいは「感じられた（felt）」欲求を指すために用いられる。この意味では、意図的に行動する人は自分が欲求することを常に行っているわけではない。

彼はある行動をしたいと特別に望んでいるのではないが、そうする理由を持っていると認識しているためにそう行動するのかもしれない。彼は理由に基づく欲求は持っているが、おのずからの欲求、あるいは感じられた欲求は持っていない、と言えるかもしれない。同じことが、人が行おうと意図する行為にもあてはまる。

欲求と利益も価値であるとみなすことができる――そうすることが啓発的だと考えられるならば。その場合欲求と利益は、他の価値を「客観的価値」と呼ぶのに対して「主観的価値」と呼んで区別すべきである。欲求と利益が他の価値と異なるのは、(a)〈もしpが(客観的)価値ならば、pを促進する作用的理由を誰もが持っている〉ということが論理的原理である、という点においてである。他方もしpがある人物の利益になるか、あるいはその人の欲求の対象であれば、(a)は少なくとも論理的原理としては真でない。そこから論理的に出てくるのは、(b)〈pが利益になる人物あるいはpを欲する人物にとっては、pを促進する、作用的理由がある〉ということにとどまる。あらゆる欲求の満足あるいはあらゆる人の利益の促進が道徳的価値であるか否かは道徳的論争の対象だが、この争点に関する見解にかかわらず、ある人の欲求と利益がその人にとって作用的理由になるということは論理的な真理だ。(11)

あらゆる価値は行為理由である。しかしあらゆる作用的理由が主観的価値か客観的価値のいずれかであるか否かは未解決問題だ。〈規範は価値ではないが作用的理由である〉ということが、次の章の

＊　これは〈ジョンがそうすることに反対する優越的理由がある〉というわれわれの確信のために、われわれが結論を述べるために「べし」を用いることをしない、という別のケースでもある。

主要なテーマの一つである。

補助的理由

補助的理由は実践的推論の中でさまざまの役割を果たすが、われわれの現在の研究のためには、そのような例を二つ示せば十分だ。補助的理由の中には、同定する理由（identifying reasons）と呼べるものがある。その機能が、行う理由がある行為の同定を助けることだからである。次の推論を考えてみよう。――私は彼を助けたい。彼に四〇〇ポンド貸すことは彼を助けるだろう。それゆえ、私は彼に四〇〇ポンド貸す理由を持っている――。第一の前提は作用的理由を述べ、第二の前提は同定する理由を述べている。それはいわば、作用的理由の力を、彼に四〇〇ポンド貸すという個別的行為に移すのである。同定する理由は、強さに影響する理由（strength-affecting reasons）と対照できる（もっともある行為が両方のタイプの理由になることはありうる）。強さ（あるいは重み）に影響する理由が重要であるのは衝突の状況においてだけであって、その機能はいずれの理由が一層重みを持つかの決定を助けることである。私は彼を助けたい。私が行うことができて彼を助けるであろう二つのことがあるが、私は片方しかできない。私が必要としているのは、私が何をすべきかの決定を助けてくれる、強さに影響する事実についての知識である。Aを行うことはいかなる善を生み出すだろうか？　またBを行う理由は厳密には何か？　そしてどちらがより大きな善をもたらすだろうか？　これらの事実は、それ自体では作用的理由でない。それらは私が彼を助ける理由を持っているということをすでに前提しているからだ。またそれらは彼を助ける行為を単純に同定しているだけでもない。それらの理由は同定も行うだろうが、それ以上のことをする――競い合う理由の相対的な強さの決定を助けるのである。同様にして、〈良好な隣人関係を保ちたいという欲求は、自分の隣人たちをさまざまのささやかな仕方で喜ばせる理由になる〉と想定しよう。そのような理由の強さは、隣人たちが反応する仕方と彼らが返報する程度によって影響される。これらは強さに影響する理由である。

1-2　排除理由

問題

前節は少なからず、理由の衝突とその解決の詳細な記述に関係した。これは実践的ディスコースの最も複雑な分野の一つで、多くの混乱した理論化に至ってきた。それはまた最も啓発的な領域の一つでもある。というのは、衝突の状況からは理由の性質について多くのことが学べるからだ。特に、異なった理由は異なったレベルに属するという認識を強いるのは、理由の衝突の詳細な検討である。この事実は衝突状況への諸理由のインパクトに影響する。

われわれは理由の衝突を解決する仕方（「彼は衝突する理由に気づいていたが、彼の病気の子どもの面倒を見る必要がその他のすべての考慮に優越すると考えた」）と解決すべき仕方の両方を記述するために普通用いられる、相互に関連する観念の集合を手にしている。この用語法が広く行きわたっているという事実は、あらゆる実践的衝突が〈理由の衝突は、衝突する諸理由の相対的な強さあるいは重みによって解決される。その強さあるいは重みが、どの理由が他の理由に優越するかを決定する〉という一つの論理的パターンに従うということを示唆する。われわれがそのような衝突を印象主義的な仕方で取り扱うだけで満足している限り、この示唆には何も間違ったところがない。しかしもしわれわれが実践的衝突の論理的理論を構築しようとするならば、すべての衝突が同一のタイプのものではないということを認めざるをえない。私の主張はまだ説明され擁護されねばならないが、次の通りだ。――われわれは行為を支持する一階の（first-order）理由と二階の（second-order）理由を区別すべきであって、一階の理由間の衝突は衝突する諸理由の相対的な強さによって解決されるが、これは一階の理由と二階の理由の間の衝突にはあてはまらない。

行為を支持する一階の理由と二階の理由との区別は、哲学者たちによって認識されたり議論されたりすることがなかった。これは疑いもなく少なくとも部分的には、それがわれわれの日常言語表現の使用の中で直截な仕方では反映されていないという事実のためだ。いずれの種類の理由も、ともに「理由」「考慮」「根拠」「ファクター」等々と呼ばれている。異なるレベルに属する理由の衝突の解決は、同一レベルの理由間の衝突の解決と全く同じように、ある理由が他の理由を圧倒するとか、後者に優越するとか、後者よりも強いといった用語で述べられる。われわれがこのような表現の意味と使用に関する直観的把握に頼って満足している限り、一階の理由と二階の理由との区別に関心を持つ必要はない。私の主張はこうだ。――強さと重みと優越という観念の有益な解明は可能だが、それはそれらの適用のスコープを限定するというコストを伴っている。そしてもしわれわれがそのような解明に乗り出すならば、衝突の理論は〈衝突と衝突状況について他の論理的タイプが存在する〉ということを認めなければならない――。

前節ではわれわれの直観的理解に密着した、強さと優越という観念の説明が与えられた。実践的衝突に関するわれわれの直観的理解によると、そのような衝突は、衝突する諸理由の相対的な強さあるいは重みを査定して、理由の差引勘定によると（on the balance of reasons）何がなされるべきかを決めることによって解決されるべきである。別の言い方をすれば、人は自分が持っている結論的理由が何であれ、常にそれが支持する行為を行うべきである。あるいは同じことだが、人は常に理由の差引勘定で行動すべきなのだ。これが前節の分析を基礎として説明される、衝突状況の直観的な理解である。これは次の実践的原理の形で定式化することができる。

P1：〈あらゆることを考慮して、*理由の差引勘定によると行うべきことが何であれ、人はそれを行うべきである〉ということが常に本当である。

私はP1の妥当性に直接挑戦するのではなく、その代わりに、それが多くの全く普通の衝突状況に通常あてはまらないということを示そう。

次のケースを想像してみよう。アンは自分のお金を投資するよい方法を探している。夜遅く、友人が彼女にある可能な投資について話した。だが問題は、取引が深夜撤回されるので、彼女はその晩のうちにオファーに対する決定をしなければならないということだ。提案された投資はとても混み入っている。そのことだけはアンにも明らかである。彼女はそれがとてもよい投資かもしれないということに気づいているが、自分にとってよい取引にならないかもしれないような事実があるかもしれないので、それが数日前に提案されて今でも考慮している別の提案よりも善いか悪いか確信できない。彼

＊ 私は「あらゆることを考慮して……べきである」という表現によって、その行為者が実際に考慮した、あるいは考慮できた理由だけを基礎としてではなく、当該の問題に関連するすべての行為理由を基礎として、行われるべきことを指示している。D. Davidson, "How is Weakness of the Will Possible?" in *Moral Concepts*, J. Feinberg (Ed.), Oxford, 1969. と対照せよ。

女に必要なのは、二つの提案について徹底的に検討するための数時間だ。関連する情報はすべて、彼女のテーブルの上の大量の書類の中にある。しかしアンは通常以上に感情の起伏を伴う長い一日を過ごしたところで疲労困憊している。彼女はその友人に、たとえ自分がそのオファーを受け入れる結果を考えようとしてもそれに成功しないだろうから、そのメリットについて理性的な決定ができない、と言う。彼女はあまりにも疲労し動揺しているので自分自身の判断を信頼できないのだ。彼女の友人は、彼女は決定を避けることができないと返答する。そのオファーの検討を断ることは、それを斥けることと同じだというのである。彼女は自分がそのオファーを斥けるということを認めるが、自分がそうするのはそれに反対する理由が支持する理由に優越するからではなくて、自分がこの時点で自分自身の判断を信頼できないからだ、と言う。友人は、それはＰ１に反していて不合理だと反論する。彼女の疲労と感情の状態はそのオファーを斥ける理由にならず、〈それを受け入れることは間違っている、あるいは望ましくない〉とか〈そうすることは彼女の利益に反する〉といったことを証明することはない。Ｐ１によれば、彼女はオファーをそのメリットによって検討すべきである。Ｐ１は〈彼女は現在の心理的状態を無視すべきである〉ということを伴意するわけではない。彼女はＰ１に従って、自分の判断がその心理的状態の影響を受けているかもしれないということを認識して、それが生じないように矯正しなければならない、というわけだ。それでもアンは、これは事態を悪化させるにすぎないだろうと考える。現在の状態にあっては、自分の心理的状態が判断をどのようにかき乱すかを調べることが自分に可能だとは確かに信じられないのだ。アンは、自分は確かにそのオファーに反対する決定をしているが、それはそのオファーがメリット上斥けられるべきだという根拠によるのではなくて、メリットによって行動する理由を持たないからそうするのだから、自分のこの行動は理性的でありうる、と主張する。これはP1の中で認められるような種類の理由ではないと彼女は認めるが、それはP1が妥当しないということを示すにすぎない。

アンのケースは興味深い。なぜなら彼女は、P1が考慮に入れていない理由によって行動していると主張するからだ。彼女が自分の行為を支持する妥当する理由を持っていると考えるのは間違いかもしれないが、彼女が依拠する理由は稀なものではないのだから、もっと丹念な研究に値する。アンのケースの特別の特徴は、彼女が自分の心理的状態を行為理由としてではなく、他の行為理由を無視する理由とみなすということだ。P1は、彼女が自分の疲労をベッドにつく理由とすることを許すが、彼女はそれを、ビジネス上の提案のメリットに全然影響しないという事実にもかかわらず、その提案を斥ける理由（あるいは理由の証明）とみなす。彼女は理由の差引勘定によって行動しない理由を持っていると主張する。私のあげた例では、アンはその理由の差引勘定についていかなる見解も持っていないが、そのことは重要でない。彼女はそのオファーがよいものだという意見を形成しながらもそれを斥けるかもしれないからだ。彼女は自分の判断を信用しないのでそれによって行動するのを拒むのかもしれない。アンの推論に関する私の分析は十分なものではない。それは〈彼女は自分が理由の差引勘定で行動すべきではないと信じている〉ということを示すが、〈この想定によると、なぜ彼女はオファーを受け入れるよりも斥ける方を選ぶのか〉は示さないからだ。一番ありそうな説明は〈彼女は後述2-2節で分析される種類の何らかの経験則（rule of thumb）に依存している〉というものである。アンの推論は、行為者が時間のプレッシャーの下にあるとか酔っているとか強い誘惑や脅迫にさらされているとか自分が感情に支配されていると実感しているといった理由のために、自分の判断を信頼できない状況に典型的なものだ。しかしそのような推論は、今あげたような状況に限定されるわけではない。

別のケースは次のようなものだ。軍務についているジェレミーが自分の上官から、ある商人が持っているバンを徴発して使うように命じられる。それゆえ彼はそのバンを徴発する理由を持っている。ジェレミーの友人はその命令を無視する有力な理由を指摘して、彼にそうするように説き勧める。ジェレミーは友人に一理があるということを否定しない。しかし彼が正しいか否かは重要でない、とジェレミーは主張する。命令は命令であって、たとえそれが間違っていても、たとえ不服従から何の害も生じないとしても、従われるべきである。それが服従するということの意味だ。それは〈何が最善かを決めるのはあなたではない〉ということを意味する。人は理由の差引勘定によるとある行為が正しいということを知っていてもそれに従わないことが正当化されるかもしれない。命令は、理由の差引勘定にかかわらず自分が命じられたことを行う理由である。彼はもし自分が残虐行為を行うように命じられたら拒むべきであるということを認める。しかし現在のケースは通常のもので命令が圧倒する、と彼は考える。このケースにおいてジェレミーが上官の命令を受け入れるのは間違いかもしれない。しかしジェレミーは権威の性質については正しくないだろうか？

最後にコリンのケースを考えてみよう。彼は自分の息子の教育に関するあらゆる決定において、その子の利益だけに従って行動し、それ以外のあらゆる理由を無視する、と妻に約束した。今コリンは息子をパブリック・スクールに送るか否かを決定しなければならないとしてみよう。関連する理由の中には、〈もしコリンがそうしたら、彼は自分があれほど書きたい本を書くために自分の職を辞することができなくなる〉という事実、そして〈共同体における彼の現在の地位を前提とすると、彼の決定はそれほどの出費ができない何人かを含む他の親たちの決定に影響を及ぼすだろう〉という事実がある。しかしながら、彼は自分の約束のゆえにそのような考慮をすべて無視すべきだと信じている（つまりそれが、彼自身の息子の福利に影響する間接的帰結を持たない限り）。また彼の約束は拘束力がなくてそれは無関係だと考える人もいるだろうが、われわれの目的はそのような理由を信じている人々の推論を理解することであって、そのような人たちが多いということは認めなければならない。コリンの約束は、アンの疲労と同様、理由の差引勘定に影響しない。それ自体は、彼の息子をパブリック・スクールに送ることを支持する理由にもそれに反対する理由にもならない。それは存在する理由を変えることもない。このことは、コリンの決定が彼が本を書く蓋然性や他の親たちの決定に及ぼす帰結がもはや重要な理由ではないということを意味しない。それらの帰結も理由なのだが、コリンはそれを無視してそれによらずに行動する理由を持っている、あるいはそう信じているのである。コリンはアンやジェレミーと同様、自分がある理由によらずに行動する理由があると信じていて、それは〈彼は自分が理由の差引勘定によって行動しないことが正当化されうると信じている〉ということを意味する。

二階の理由

上記の三つのケースにおける推論形式を説明するために、いくつかの新しい概念を導入しなければならない。〈ある人がpであるという理由のために（for the reason）φするのは、彼がpは自分がφする理由になると信ずるがゆえにφする場合、そしてその場合に限る〉と言うことにしよう。ある人がpであるという理由のためにφすることを差し控えるのは、彼がpであるという理由のためにφするということが本当ではない場合、そしてその場合に限られる。別の言い方をすれば、ある人がある行為をしない、あるいはそれを行うがある理由のためではない場合、彼はその理由からその行為を行うことを差し控えているのだ。「差し控える（refrain）」はここでは〈行為者がその理由によって行動することを意図的に避ける〉ということを含意しない、拡張された意味で用いられる。**二階の理由**とは、ある理由から行動する理由、あるいはある理由から行動を差し控える理由ならばいかなるものでもよい。**排除理由**（*exclusionary reason*）とは、ある理由から行動することを差し控える二階の理由である。コリンとジェレミーとアンは、〈自分は自分の決定が部分的に基づいているところの妥当する排除理由を持っている〉と信じているので、自分の推論が健全であると信じている。Ｐ１は排除理由を考慮に入れていないので、彼らはＰ１を斥ける。排除理由だけが、われわれがここで関心を持つ二階の理由のタイプである。

もしpが、xがφする理由であり、そしてqが、xがpゆえに行動することをしない排除理由だとしたら、pとqは厳密に衝突している理由ではない。qはφしない理由ではなくて、〈pであるという理由のためにφすることをしない理由〉なのだ。pとqとの間のこの衝突は、一階の理由と二階の排除理由との間の衝突である。そのような衝突を解決するのは、衝突する理由の力ではなくて、〈排除理由が一階の理由と衝突するときは常に前者が勝つ（prevail）〉と定める、実践的推論の一般原理である。排除理由のスコープはさまざまかもしれないということを覚えておくべきだ。それはある実践的問題にあてはまる理由のすべてを排除するかもしれないし、その一部しか排除しないかもしれない。たとえば、〈コリンの前提は彼の息子の利益に影響しないあらゆる理由を排除する趣旨のように見えるが、それは実際には他の人々に対する正義の考慮を排除できない〉という効果を持つ、スコープに影響する考慮があるかもしれない。さらに、後に説明するように、排除理由は別の二階の理由と衝突し、それによって優越されることもあるかもしれない。阻却されない（undefeated）排除理由だけが排除に成功するのである。排除理由がそもそも妥当するとしたら、次の原理が妥当する。

Ｐ２：差引勘定を傾ける理由が、阻却されない排除理由によって排除されるならば、人は理由の差引勘定によって行動すべきではない。

Ｐ２はＰ１と矛盾する。そしてもしＰ２が妥当するならば、Ｐ１の変更に至るはずである。排除理由の導入は〈理由が阻却されうるのは二つの仕方がある〉ということを伴う。つまり理由は厳密に衝突する理由によって優越されるかもしれないし、排除理由によって排除されるかもしれないのだ（むろん、解除条件によって解除されるということもありうる。二六頁を参照）。その結果として、もしＰ２が妥当するならば、Ｐ１は次のＰ３によって取り換えられるべきである。

Ｐ３：〈すべてのことを考慮すると、人は阻却されない理由によって行動すべきである〉ということが常に本当である。

強い理由と排除理由

これまでわれわれが示そうとしてきたのは、第一に例を通じて、〈排除理由は日常の実践的推論の中でしばしば用いられている〉ということ、そして第二に上記の分析を通じて、〈排除理由という観念は首尾一貫しており、一階の理由と統合されて実践的推論の首尾一貫した論理を形成することがたやすく可能である〉ということだった。前節の分析のほとんどは二階の理由にあてはまる。それが異なるのは衝突状況における効果だけである。

「排除理由」の意味を理解するためには、理由が阻却されうる二つの仕方を区別するための基準も持たなければならない。もしある人物がある行為を行う理由がある事実によって阻却されるとしたら、その事実は優越する一階の理由なのか、それとも排除的な二階の理由なのか？　それをどのような判断するのか？

多くのケースでは相違は明白だ。ある約束が排除理由であるかどうかを知るためにはその約束〈前の例におけるコリンの約束のようなもの〉の内容を見さえすればよい。別のケースでは、いくつかの実践的概念と排除理由の観念との間に概念的なつながりを確立できる。このようにして次の章では〈決定も義務的規範（mandatory norms）も、排除理由への言及によってしか説明できない〉と主張されることになる。しかしまた、これらのケースやその他のすべてのケースにあてはまる一般的な基準も必要である。その基準によって排除理由を強い一階の理由から区別できるのである。

排除理由が存在することの含意は、人が理由の差引勘定によって行動すべきではないということかもしれない。排除理由はどのみち〔一階の理由によって〕優越されたはずの理由を排除するかもしれないが、理由の差引勘定を傾けたはずの理由を排除するかもしれない。排除理由の適用が〈人は理由の差引勘定によって行動すべきではなくて、排除された強い理由よりも弱い理由によって行動すべきである〉という結果に至るとき、われわれはなすべきことに関する二つの両立不可能な査定に直面する。これは通常特別の不安感に至る。それが現われるのは、理由の差引勘定によって行動した人物を、排除理由を無視したということでわれわれが非難したいときや、排除理由によって行動した誰かを

〈その人は理由の差引勘定によって行動すべきだった〉という主張に反対して正当化しなければならないときである。この二つのタイプの状況は排除理由が存在するか否かのテストケースになるが、それはこれらの状況において排除理由の存在が実践的結論を左右するからに他ならない。

本節の初めにあげた例は、今述べたタイプの状況における排除理由の特別のインパクトを例証するために用いることができる。ジェレミーの例を考えてみよう。彼は上官から、一般市民が所有するバンを徴用するように命令されたのだった。ジェレミーは決定に至る前に〈理由の差引勘定は、彼が命令に従うべきでないことを明らかに示している〉と確信したとしてみよう。彼はバンを必要とするミッションを他のよりよい方法で果たすことができる。ジェレミーの不服従は彼の上官によってもそれ以外の誰によっても発見されないだろうし、ジェレミー自身にも他の人々にも何ら有害な帰結をもたらさないだろう。それゆえ理由の差引勘定によると彼は命令に反するべきであり、彼はこのことを知っている。それでも彼はこのケースの是非の判断は自分のすることではないと考え続ける。それは彼の上官の責任なのだ。ジェレミーは軍隊における自分の地位を、〈自分は合法的な命令に、その是非にかかわらず従わなければならない——ただしある異常な状況においてそれから逸脱する権限を与えられている場合は別だが〉という内容を伴うものとして解釈している。ジェレミーは間違っていると感ずる人もいるだろう。しかしわれわれは彼を評価判断しようとしているのではなくて、単に彼の推論の道筋を理解しようとしている。そしてこれが比較的普通の推論方法だということは否定できない。ジェレミーの議論を説明する最善の方法は、〈彼は自分の上官の命令を一階の理由であるとともに排除理由でもあるとみなしている〉と述べることだ。これは彼にとってバンを徴用する理由であり、このケースにあてはまる一階の理由によって行動しない理由である。その一階の理由は、排除理由がなければ彼はバンを徴発すべきでないということを意味するのだが。しかしわれわれは本当にジェレミーの理由をこのような仕方で解釈しなければならないのか？〈彼は自分の上官の命令を単に、他の衝突する諸理由に十分優越するほどの重みを自分が与える（一階の）理由であるとみなしているにすぎない〉と言うことはできないのか？　私の考えでは、われわれは〈ジェレミーの推論は排除理由を含んでいる〉という解釈を二つの考慮からとらざるをえない。

第一に、もしわれわれが〈ジェレミーはその命令を単に、優越する一階の理由とみなしているにすぎない〉と言うとしたら、その状況に関する彼自身のとらえ方を無視することになってしまう。他人が彼の立場に置かれたらその状況をこのようにみなすかもしれないが、それは（われわれの例における）ジェレミーが自分の問題を見る見方ではない。彼はその命令がバンを徴用する結論的理由であると主張しているわけではないし、（これは重要な論点だが）彼の反応は決して非典型的なものでもない。彼の主張は、その命令は彼が理由の差引勘定によって行動しない理由になるというものだ。もしその決定が彼の判断に委ねられたならば彼は荷車を徴用しなかっただろう、と彼は言う。彼がそのように命令されたという事実は、彼の見解では、理由の差引勘定にまた別の理由が加えられたということを単に意味するのではない。別の人ならその命令をこのように見なしたかもしれないが、ジェレミーはそれを〈是非の完全な査定によって行動することは彼の分ではない。このケースに関する彼の見解がどうであれ、それは彼に影響すべきではない。それ以外の考慮のすべてであるいはほとんどは、彼の行動を決定する事実の中から排除されるべきである〉ということを意味するものと解釈するのだ。

ジェレミーは優越する一階の理由ではなく排除理由によって行動している。そうみなすべき第二の理由を見るために、もう少しこのストーリーを進めてみよう。ジェレミーは彼の確信に従って、自分の部下の一人であるディックにバンの徴用を命ずる。ディックは理由の値打ちによるとこれはなされるべきでないと確信したので、服従しない。ここでジェレミーはすでに述べた第二のテスト状況にある。彼は理由の値打ちによると正しいが、排除理由を無視しているという点では間違っている行動に直面している。ジェレミーの反応は特徴的なものだ。彼は衝突する感情に引き裂かれる。一方で、ジェレミーはディックが正しいことをしたと確信しているが、他方では、彼が不正に行動したと考える。ジェレミーはディックを同時に称賛し非難したいと欲する。彼が現実にどう行動するか、いかなる公的行動を彼がとるかは、さらなる、われわれの目的にとっては無関係な考慮に依存する。しかしながらジェレミーの苦境は珍しいものではない。自分の子どもが言いつけに服従しなかったが、それでもその事実を無視すれば子どもは正しかったとわかったという親にとって、これはおなじみのことだ。もっと英雄的な状況において、軍隊が同一の行為について行為者に勲章を与えると同時に軍法裁判にかけることでこの問題を解決したということが知られている。

これらのケースの重要性は〈それを通常の一階の理由の対立として解釈することはとても難しい〉ということだ。ある人が関連する事実をすべて知りながら、強い理由の十分な重みを理解しなかったためとか、他の動機のゆえに弱い理由によって行動するとき、われわれはさまざまの責任軽減理由を見出すかもしれないが、同じような仕方で心が引き裂かれるとは感じない。この状況の特性は、この行為が互いに矛盾する帰結に至る二つの仕方で査定できるとわれわれが気づいている、ということだ。どちらの査定が打ち勝つべきかについてわれわれが確信を持っていない、というわけではない。むしろ二つの査定は異なったレベルにあるので、われわれはいつも簡単に〈従属的な理由が圧倒されたので、これで一件落着〉と言ってすませることができないのである。

これらの状況を取り扱うためには、さまざまな理由のタイプを区別して、ある査定はあるタイプの理由にかかわるが他の査定は別のタイプの理由にかかわるというようにしなければならない。そしてわれわれはまた、ある査定が別の査定に従属するということを認めながらも、前者はある自律性を持っているので後者によって単純に解除されるわけではない、ともみなさなければならない。問題は、理由の諸タイプの理論と、〈あらゆる理由は強さに関して比較可能であり（つまり、一階の理由の領域内部では、より強いあるいは同じだけ強いという関係が連結している）、そしてこれが実践的推論の結論について唯一関連する特徴である〉という原理とを調和させることだ。実践的推論の論理がもしあらゆる実践的問題の表現方法を与えてくれるほど強いものだとしたら、われわれは後者の原理を要請する。それゆえ、最終的にはこの原理を放棄あるいは弱体化しなければならないとしても、われわれは可能な限りそれに固執すべきだ。しかし一階の理由の諸タイプの理論が、〈さまざまの強さの次元が存在する〉という見解の中に反映されていないとしたら、それは異なったタイプの査定が存在するということを示さない。そのことが、この問題を取り扱うために排除理由を導入する根拠だ。ここでわれわれが持つことになる理由の諸タイプについての理論は、「より強い、あるいは同じだけ強い」が一階の理由の範囲で連結し、一階の理由に関するさまざまの推論の妥当性を決定する唯一のファクターであるとみなす。同時にその理論は、二階の理由という第二のタイプの理由も導入する。こちらの理由も、それら自体の間では強さ関係によって支配されている。だからわれわれは、必要としていた二つのタイプの査定を持っている。すでに行ったような仕方で二階の排除理由を解釈することによって、一つのタイプの査定がもう一つの査定に従属するのだが、そのことは二つのタイプの別個性を否定することにならない――もしわれわれが司令官の命令を単に強い一階の理由とみなしていたら、その別個性を否定してしまうのだが。

一階の理由と排除理由との区別の有用性は、優越という関係では諸理由間の関係の複雑性をとらえられないにもかかわらず、比較可能な理由の領域にわたるものとして実践的推論を提出しなければならないという必要から来る。われわれはしばしばこの複雑性の実感を〈異なる観点から見ると、別々の両立不可能な事柄がなすべきことになる〉というふうに表現する。しかし「異なる視点」とそれに関連する表現は、実践に関する極めて多様な現象を示すためにルースに用いられているので、そのような表現は複雑性に気づいているということしかほとんど表わさない（視点についてはさらに4-3節と5-4節で論ずる）。それゆえ排除理由についてのわれわれの議論は、決してそのような表現の説明とみなされるべきではない——ただしそのように述べられるケースやその他のケースの中には、排除理由を含むとして説明できるものもあるが。私はこの区別を用いることが理由間の関係の複雑さを十分に説明できるなどという主張は行わない。実際3-1節では、実践的推論のマップにさらなる要素が追加されることになる。しかしながら排除理由の導入は重要な実践的諸概念の説明に確かにいくらか貢献する。このことは次章でわかるだろう。

排除理由は、すべてを考慮した結果としてなされるべきことが疑いもなくあるかもしれないのにわれわれが〈阻却された理由は単に優越されたというわけではない〉と信ずるケースを説明するために用いられる。それはなされるべきことを査定する別々の仕方を提示するのである。現在の状況ではある査定に従って行動すべきではないが、その査定はある自律性を持つ、という場合があって、それは次の二つのテスト状況に現われる。(12)

（1）すべてのことを考慮すると，人がなすべきことに反して行動すると間違って行動することになるとき，〈その人は別の〔一階の〕理由によって優越される理由に従って行動したために間違って行動した〉というわれわれの判断は，別の理由によって優越はされないが権威の存在とか〈彼は値打ちに関する自分自身の判断を信頼すべきでない〉ということを示す事実といった二階の理由によって排除される理由から行動した人に対するわれわれの断罪よりも，完全で明確なものになる。

（2）逆に，すべてのことを考慮すると行うべきことを行った人々をわれわれは是認するのだが，われわれのその是認は，彼らの行動の理由が差引勘定の上で打ち勝つものであった場合の方が，その理由が自律的な実践的査定をいわば覆すものであった場合よりも，完全で限定されないものである。

人々が現実のテスト状況あるいは仮説的なテスト状況に，これらの「混合的」反応と，それらが帰属理論にとって有する帰結をもって反応するとき，人々が排除理由を信じているとみなすために必要な証拠が提示される。われわれはそのような混合的反応が適切であると判断するとき，排除理由が妥当するという自らの信念を示しているのである。これらの所見が明らかにするように，行動の正しさに関する二つの方法は，賞賛と責任の帰属において実践的帰結を持つ。これは規範理論のすべての帰結から予想されることにすぎない。しかしこれらの相違の詳細な検討は，帰属に関する諸原理の全面的な検討を必要とするので，ここで企てることはできない。

実践的衝突

実践的衝突について以上のことから生ずる描像をまとめて要約するのが有用かもしれない。実践的推論のトリヴィアルでない最も単純な形式は、作用的理由を述べる一つの前提と、同定する補助的理由を述べる一つ以上の理由と、〈ある人がある行為を行う理由が存在する〉という結論を持っている。たとえばこうだ。――私はジョーンを喜ばせたい。彼女にこのレコードを買うことは彼女を喜ばせるだろう。それゆえ私は彼女にこのレコードを買うべき理由を持つ――。もっと複雑な実践的推論は解除条件についての言明を含む。しかし解除条件というものは、すでに述べたように、衝突する理由と大して違わない。衝突する理由を含む実践的推論は、いくつかの点ではるかに複雑だ。そのような推論は、いくつかの作用的理由とそれらに関するさまざまの同定する理由とに関する言明を含むだけでなく、強さに影響する言明や、そこに含まれているさまざまの理由の相対的な重みに関する想定あるいは中間的結論をも含んでいるかもしれない。私は衝突を含む実践的推論の構造とルールを説明できると主張はせずに、実践的推論の三つのタイプを簡単に区別してみたい。この区別は二階の理由を導入したために必要になる。

（1）一階の衝突。このタイプの衝突は前節〔1-1節〕で考慮した。これを解決するのは、そこに含まれている衝突する諸考慮の内在的重みと、それらの重みが強さに影響するさまざまな考慮によって影響を受ける仕方とを考慮することによってである。

（2）排除理由と一階の理由の間の衝突。これは本節で考慮したタイプのケースである。それが含んでいるのは、一階の行為理由と、一階の行為理由に従って行動すべきでないという趣旨の二階の排除理由だ。そのような衝突では排除理由が常に打ち勝つ。しかしこのことは、これらの衝突がたやすく解決できるということを意味するわけではない。これらのケースでは排除理由の強さが問題になるのではないということは本当だ。排除理由は高次(higher order）の理由であるために打ち勝つからだ。しかしながら、それは解除条件によって解除されうる。さらに排除理由のスコープが、これまで言及してこなかったタイプの補助的理由によって影響されることもある。このタイプの理由を「スコープに影響する理由」と呼ぶことにする。

排除理由はあらゆる一階の理由を排除することもあれば、あるクラスの一階の理由だけを排除することもある。排除理由のスコープは、それが排除する理由のクラスだ。いかなる理由も内在的な強さに影響する理由によって影響を受けることがありうるが、それと同様に、いかなる二階の理由も、強さだけでなく、スコープに影響する理由によって影響されうる内在的なスコープを持っている。

もしジェレミーにとって軍の上官の誰かが発する命令が何であれ排除理由であるとしたら、〈彼らの命令は命令としてスコープにおいて等しい〉と想定することができる。〈命令は、それが正統性ある軍の権威による命令であるというだけの理由であるスコープを持つ〉と示すいかなる議論も、正統性ある軍の権威によるいかなる命令にも同じスコープを与えることになる。しかしながら、〈ある士官の命令には他の士官の命令とは別のスコープを与えるべし〉という結論にジェレミーを導くような、他の補助的理由があるかもしれない。彼はたとえば、一層高位の士官の命令に一層大きなスコープを与えるかもしれない。

そうすると、彼自身の判断と高位の士官が与える命令とが衝突するときに彼が自分の判断に依拠して行動するケースは少なくなり、低い階級の士官が命令を与えたときは彼が進んで自分の判断に依拠するケースは相対的に多くなるだろう。ジェレミーにとって士官の階級はスコープに影響する補助的理由である、とわれわれは結論しなければならない。だがそれ自体は作用的理由ではない。つまり、ジョンが少佐だという事実は、何についても作用的理由ではないのである。「私は上官からφするように命令された」という作用的理由を前提すると、その上官が少佐であるという事実はその理由のスコープに影響する。同じようにして、ジョン〔「ジェレミー」の誤りか〕はその上官が装甲部隊を率いていたとか英国空軍の軍人であるとかいった事実をスコープに影響する補助的理由とみなすかもしれない。彼は上官と自分自身との個人的関係の性質を同じように見なすかもしれない、等々。

排除理由がそれによって排除される一階の理由と衝突するケースにおける主要な問題は、〈排除理由のスコープのそのような限定には至るが、衝突する一階の理由を排除することがないような、スコープに影響する考慮があるか否か？〉を確証することである。

（3）

二階の理由間の衝突。そのような衝突のうちの一つのタイプにしかここでは触れない[13]。その中には、ある理由によってある行為をする理由とその行為を差し控える排除理由との衝突が含まれる。このような衝突は、一階の衝突と同じように、そこに含まれている衝突する理由の力と、強さに影響する補助的理由の存否とにかかっている。そこにはまたスコープの問題も含まれる。私は理由のために行動する二階の理由についてはほとんど述べてこなかったし、本書で論ずることもしない。われわれが二階の理由を導入したのは、それが排除理由の性質を説明するからであって、この理由が今度は規範についてのわれわれの理解にとって重要なのである。われわれはここで他のタイプの二階の理由にかかわる必要がない。またより高次の理由を断定するように導くかもしれない理由――それがあるとして――にかかわる必要もない(14)。

排除理由の二つのタイプ

排除理由の完全な分析はこれらのさまざまな理由の検討を含まなければならないが、ここではその任務を果たすことができない。私は本節冒頭で述べた例が与える排除理由の二種類の対照だけに絞ろう。

あるケースにおいては、アンの決定の例のように、排除理由は行為者がバランスの取れた決定をできないという無能力に基礎を置いている。これは誘惑の結果かもしれないし、脅迫や酩酊や他のものの結果かもしれない。これが排除理由の根拠である場合、それが適用されるのは、そのケースのメリットがその無能力の発生以前には検討されなかったときに限られる。たとえばもし、アンがオファーの現実の提供以前にオファーを考慮する機会を持っていて、そのときオファーのメリットについて意見を形成していたとしたら、彼女がそのメリットに基づいて行動すべきでない理由は存在しない。排除理由が生ずるのは、行為者がメリットの査定が一時的にできない間に行動しなければならないときに限られる。

無能力に基づく排除理由は、行為者が何を行うべきかを決める時の状況に基づくという点で、他のあらゆる理由（たとえば権威に基づく理由）と異なる。このために人々は、そのような理由はそもそも排除理由ではないと感ずるかもしれない。それらの理由は、そのケースのメリットを考慮すべきでない（つまり、ある精神行為（mental act）を行うべきでない）通常の（一階の）理由である、と感ずる人々がいるだろう。だがこれは明らかに間違いだ。そのような状況下にある人物が楽しみのために、あるいは練習としてなどの理由で、議論を続けること〔という精神行為〕を妨げる理由は存在しない——その人が自分の判断によって行動するほどにはその判断を信じていない限り。

あるいはまた、無能力は自分の判断によって行動しない理由である（なぜならそれは間違いに至りそうだから）、と主張する人がいるかもしれない。それは妥当する理由によって行動しない理由とは違う。ある人の判断が間違っているかもしれないという事実がこの状況においてはその理由の根拠になるということは明らかだ。[15] しかし〈その理由は、ある理由によっては行動しないことを支持する理由ではなくて、自分の判断を信頼しないことを支持する理由である〉ということもまた真だろうか？人はある理由が妥当すると信じていなければその理由によって行動できない。〈pという理由によっては行動しない理由〉の実践的な重要性は、それゆえ、〈pが妥当する理由であると信じている場合にpによって行動しない理由〉の実践的重要性と同じだ。しかし明らかな意味において、後者の理由は、自分の信念によって行動しない理由である。〈一時的無能力に根拠を持つ理由だけが、自分の信念によって行動しない理由である〉とか〈それらの理由は、理由によって行動しない〔二階の〕理由ではない〉ということを示すいかなる独立の議論もないと私は思う。

最後に一つコメントを。本節の議論が行わないことが一つある。それは〈排除理由という観念によらなければ、命令とは何かを、あるいは何か他の規範的制度の性質を説明できない〉ということを証明していないし、証明しようと意図するものでもない。ここで論じてきたのは、〈ある人々はある命令を排除理由とみなす〉ということであって、〈あらゆる命令がそうみなされるべきである〉ということではない。この後者の結論を支持する議論は以下の章で提示される。

第2章　義務的規範

2-1　規範の実践説

本章の目的はルールと原理の一つの重要なタイプを取り出して説明することだ。通常このタイプのルールと原理は、ある人物はある行為を行うべきであるとか、行わねばならないといった言い方によって述べられる。このことがそれらのルールを実践的なルールと原理として特徴づけるし、許可的ルールおよび権能付与的ルールから区別もする。技術的なルール（どうやってケーキを焼くかとか、コンピュータを操作するかのインストラクションといったもの）も同じタイプの言明を使って述べられることがよくあるが、それはわれわれが今関心を持っているルールのタイプに属さない。以下では「定言的（categorical）」なルールと原理だけを検討することにする。

「原理」と「ルール」はしばしば互換的に用いられる——もっとも「原理」という言葉の方が「ルール」という言葉よりも一般性と重要性が大きいという含意を伴うのが普通だが。日常のディスコースの中でルールと原理を区別する特徴の多くは、哲学的に重要でない。両者の間に哲学的に重要な区別の方法を示唆する哲学者もいるが[1]、私は大部分、ルールと原理との区別にはこだわらない。しかしながら、時として「原理」という言葉は、究極的な価値を主張したりその価値が行為理由であると断定したりするために用いられる（「人命という至上の価値の原理」や「人間の生命は常に尊重されるべきであるという原理」）。すぐに明らかになるように、われわれは「原理」のこの用法にかかわらない。

私はわれわれが関心を持っているルールと原理を指すために「義務的規範（mandatory norm）」という言葉を用いることにする。私はいくつかの理由から、もっと一般的な「指令的（prescriptive）」よりも「義務的」を選ぶ。「指令的」は、あるタイプの意味あるいは言語行為を特徴づけるために用いられることが多いし、指令する誰かが存在するということも意味する。だがルールと原理は、誰かによって制定されたり発されたりするとは限らない。「義務的規範」は、特定的な規範を含む一層広い意味で用いることにする。だからあらゆる義務的規範がルールか原理であるわけではない。われわれの関心は実践的推論における規範の役割にあって、それは規範が一般的であるということに重要な仕方で依拠しているわけではないのだから、この用語法は正当化される。別の言い方をすれば、特定的であるという点を別にすればあらゆる点でルールや原理と似ている規範的現象も他にあって、それらを一まとめにすることが有益なのである[2]。

便宜上私はフォン・ウリクト（『規範と行為』第５章）に従って、あらゆる義務的規範の中で次の四つの要素を区別する。それは義務的演算子（deontic operator）と、規範主体、すなわちある仕方で行動するように要求される人物と、規範行為、すなわち彼らに要求される行為と、適用条件、すなわち彼らが規範行為を行うように要求される環境である。この区別の受け入れは〈これまでのところで行為とみなされたものが、今や行為と行為がなされる環境とに分析される〉ということを意味するが、このことは〈あらゆるファクターについて、それが行為の一部なのかそれとも行為のなされる環境の一部なのかを、十分な根拠から決定できる〉という信念を含意するわけではない。

実践説の説明

ルールの内容は、ある人物がある行為を行うべきであるという趣旨の基本的「べし」文を用いて述べることができる。ある人がそのような言明を行い、何を意味しているのかを問われる場合、彼は自分が意味しているのは〈それらの人々はその行為を行うべきであるというルールがある〉とか〈これこれしかじかというルールがある〉だと回答するかもしれない。そのような回答が適切な場合もあるが、常にそうだというわけではない。ある人物がある仕方で行動すべきとき、いつもその趣旨のルールがあるとは限らないのだ。このことは次のいずれかを意味する。われわれは〈基本的な「べし」文は典型的には、理由があると断定するか、ルールがあると断定するために用いられる〉と言うことができるか、あるいは前章で与えられた理由の分析に忠実に、〈それらの文は典型的には、理由があると断定するためだけに用いられる〉と考えることができるのである。第二の解釈によると、人がさらなる問いに答えて〈……というルールがある〉と言うとき、その人は、「べし」文の使用が存在を断定しているところの理由を述べていることになる。私は「人々はφすべきである」と言い、あなたは「それはどういう意味か?」と問い、私は「彼らはφすべきだというのがルールである」と答える。このとき私は第一の解釈によると、異なった文章を用いて同一の言明を二回行ったことになるが、第二の解釈によると、まず理由があると言って、それからその理由を詳しく述べたことになる。「べし」の分析を単純なままにしておくため、私は第二の解釈をとることにする。いずれの解釈をとるにしても、ルールが行為理由になることは明らかだ。* これは第二の解釈の直截な帰結だが、第一の解釈からも出てくる。というのは、ルールを述べるために「べし」文を用いることは、「べし」の他の用法と十分に近いので、〈そこで述べられているのは理由である〉ということを伴意するからだ。ルール理解の主要問題は、ルールがいかなる種類の理由なのか、そしてルールが他の理由とどう異なるのかを見ることである(3)。

いかなる行為もいかなる人物も、規範による規制に服することがありうるのだから、規範主体や規範行為の性格によって規範を他の理由から区別することはできない。同様に、規範とその他の理由とをそれらの強さによって区別することも無駄だ。われわれは皆、強さが著しく異なる規範に慣れている。ある規範は人間社会と人間生活の根本的特徴に関するもので、極めて強い理由とみなされるべきだが、他の規範は、多くのエチケットの規範のように、重要性が乏しくほとんど重みを持たない。だからルールをルールでない理由から区別するためには、内容から独立したルールの特徴に目を向けなければならない。

今でもいくらかの追随者を持っている初期の一つの試みは、規範の起源の様相に着目するものだった。規範は命令（imperatives）である、と言われた。規範は人間行動を指導しようという意図をもって、ある個人あるいは諸個人の集団によって制定される、というのだ。これが規範の命令説である(4)。それに対する反対者はすぐ、〈これは一部の規範については真かもしれないが、いかなる慣習的ルールも証明するように、すべての規範については決して真ではない〉と指摘した。しかし命令説の提唱者たちはそう簡単には説を変えなかった。〈自分の意志を他の人々に押しつける人物〉という魅力ある中心的イメージを持った命令説の単純さは大変なものなので、多くの人々がさまざまの巧妙な手段によって、慣習的ルールを、社会がそれ自身に向けて発した命令とみなすことがいかにして可能であるかを説明しようと、また命令説に対するその他の反論に同じような仕方で応えようと、試みてきた。〔しかし〕命令説の空虚さは近年の著作の中で十分に証明されてきたので、ここでそれに対する反論を繰り返す必要はない。

命令説の欠陥が明らかになるにつれて、別の理論が人気を集めた。実践説（practice theory）である。ルールを実践であるとする、最も徹底して最も成功した分析は、H・L・A・ハートによって『法の概念』の中で行われた。(5) 私はまず彼の諸見解の要約を与え、それからコメントしよう。だが私の目的は実践説のハート教授の固有のヴァージョンを批判することではなくて、〈ルールを実践として分析することはできない。そしてさまざまの実践理論の基礎にあるルールの全体的な理解は見当外れである〉と示すことである。

もしルールが実践として解されるとしたら、最初に念頭に浮かぶ疑問は〈それは誰の実践か？〉というものだ。われわれは三つのタイプのルールを区別しなければならない。個人的ルールと社会的ルールと制度化されたルールである。ジョンあるいはラルフあるいはジュディはこれこれしかじかというルールあるいは原理によって行動するとか、彼あるいは彼女はあるルールに従うとか、あるルールを持っている等々とわれわれが言うときはいつも、個人的ルールのことだ。個人的ルールは個人的

＊ ルールは対象（objects）であり、事実だけが理由になるのだから、厳密に言えばルールは理由ではない。〈pというルールが存在する〉という事実が理由なのであって、pというルール自体が理由なのではない。しかし簡潔さのために私はルールを理由と呼ぶことにする。それは私が価値や欲求を理由と呼び続けるのと同様だ。

実践である。それはそのルールを持つ人々の実践なのである。

社会的ルールとはある社会あるいは共同体のルールのことである。これらの用語は極めて流動的で、あるカレッジや劇団や専門職の集団を含むこともあれば、ある村や町や地方の住民を含むこともあれば、ある国の国民等々を含むこともありうる。われわれはある特定のグループのルールについて語るとき、社会的ルールに言及している。そのグループが特に言及されないこともよくあるが、そのときはどのグループに言及しているかが文脈によって十分明らかだと想定されている。社会的ルールは、そのルールを持つグループの実践である。

制度化されたルールは、実際には社会的ルールの部分集合である。ただしそれは、ルールとの合致を確保したりルールからの逸脱に対処したりするために設計された制度があるときにしか存在しないという点で異なる（制度化されたルールは第4章でいくらか詳しく論ずる）。社会的ルールに言及するとき、制度化されたルールは通常除かれている。ハートは社会的ルールと法的ルールの両方を詳しく検討するが、後者は制度化されたルールの一タイプだ。ハートによる分析は、個人的ルールと制度化されたルールの他のタイプにもあてはまるように変形できる。われわれは実践説の主たる特徴だけに関心があるのだから、彼の社会的ルールの分析を、われわれのコメントの基礎になる実例として用いることができる。

ハートによると、〈条件Cが妥当するときxはφすべきである〉というルールが（社会）Sの中で存在するのは、次の条件があてはまる場合、そしてその場合に限られる。

（1）　Sのメンバーであるほとんどのxは、Cであるときφする。言い換えれば、そのルールはそれが適用される社会のメンバーによって通常は遵守される。

（2）Cであるとき、あるxがφしないほとんどの場合、彼はSの他のメンバーからの批判的反応に出会う。言い換えれば、ルールからの逸脱は批判的反応のきっかけになる。

（3）そのような批判的反応はSのメンバーからの批判を招かない。ルールからの逸脱に批判的反応を示す人々は、そうすることによって今度は自分がSのメンバーからの批判を受けることがない。

（4）Sのメンバーは、彼ら自身の行動と、他の人々についてなされる命令や他の人々の行動への批判を正当化するために、「Cであるときxはφすべきである」とか「Cであるときxはφすべきだというのがルールである」といった表現を用いる。(6)

少し単純化しすぎることになるが、第一の条件は〈そのルールは広く従われている。それは何人かの人々の熱望（aspiration）以上のものである〉ということを保証するといえる。第二と第三の条件は、〈遵守されているものは本当にルールである。単に多くの人々が同じ時に同じことを行う〈夏の休日に海岸に向かうというような〉というだけではなく、彼らはそれを、該当するグループの人々が行うべきこととみなしている〉ということを保証するためのものである。第四の条件はこのことを二重に確保する。それはまた、社会が受け入れるのは一つのルールであるということも保証する。それは〈別々の人々が別々のルールを受け入れていて、そのどれも検討されているルールと同一ではないが、そのすべてが一緒になると、Cであるときにxがφするケースのすべてをカバーする〉という可能性を排するのだ。もしその可能性が本当だったら、人々は〈Cであるときxはφすべきである〉ということには意見が一致しながらも、命令を行ったり行動の批判や正当化を行ったりするときこの一般化を持ち出していない、ということになる。

実践説の主たる特徴は〈それは人間行動のあらゆる形態について、それがルールによって規制されることを認める〉ということだ。またそれは、ルールのあらゆる可能な正当化も認める。さらに、あるルールがある社会によって受容あるいは遵守されているということは〈その社会のメンバーはそのルールの正当化について意見が一致している〉ということを意味しない。彼らは皆、〈人は嘘をつくべきでない。これはルールである〉と考えていても、その禁止の理由について意見が一致しないかもしれないのである。

実践説の批判

実践説には三つの致命的な欠陥がある。〔第一に〕それは実践でないルールを説明しない。〔第二に〕それは社会的ルールと広く受容されている理由とを区別しない。〔第三に〕それはルールからその規範性を奪う(7)。これらの論点を一つ一つ考えてみよう。

〔第一の欠陥として〕ルールがルールであるためには、実践されている必要はない。法的ルールは、ある共同体が実践している法体系の一部でなければ法的ルールではないが、このことはそれが**法的**ルールだからであって、〔単純に〕ルールだからではない。同様にして、あるルールはある共同体によって実践されていなければ社会的ルールではないが、それでもルールかもしれない。おそらく道徳的ルールは、実践でないルールの最も明白な例だろう。たとえば〈約束を守るべきだということはルールである〉と信じている人は多い。このルールが彼らの共同体の中で実践されているということは真かもしれないが、彼らが〈これはルールである〉と信じているときに信じているのは〈これは実践である〉ということではない。またそのルールが実践されているということは、彼らの信念の正しさにとって必要条件でない。というのは、約束を守るべきだというルールを実践している共同体の現在あるいは過去のメンバーでない人も、それがルールであると信ずることがあるからだ。同様にして、人は自分以外に菜食主義者がいないということを知っていても、菜食主義者であるべしというルールが妥当していると信ずるかもしれない。

私が今あげたケースを個人的ルールのケースとみなしたくなる人もいるだろう。しかしそれではわれわれの問題は解決されない。われわれは個人的ルールの説明がいかなるものかを考察してこなかったが、〈個人的ルールという観念がそもそも役に立つためには、それは単にある個人が妥当すると信じているルール以上のものでなければならない〉ということはかなり明白だと思われる。〈ある人はある個人的ルールを信じている〉と言えるための条件が、〈その人はそのルールが妥当していると信じている〉と言えるための条件よりも厳格であるとしたら、人は〈自分の個人的ルールではないルールが妥当している〉と信ずることが可能である。人は、自分ではあるルールに従わなくても、それが妥当していると信ずることがありうる。そうだとすると、ある人がある道徳的ルールが妥当すると信じている多くの場合、彼が信じているルールは現実には彼自身の個人的ルールではないかもしれない。さらにあるルールに従っている人は、〈この事実はそのルールが妥当しているという自分の信念の正しさにとって無関係である〉と通常みなしている。彼が〈自分はこれこれしかじかがルールであり、そのような道徳的なルールがある、と信じているので、それに従おう、それに従うことを自分の習慣〔実践〕としよう、と決心した〉と説明するのを聞いてもわれわれは驚かないだろう。われわれはまた彼が〈自分はそのような道徳的ルールがあるという信念にもかかわらず、それに従って行動することに決して成功しなかった〉と言って弁明・説明するのを聞いても驚かないだろう。われわれは〈彼は現実にはそのルールに従っていないのだから、それは彼の個人的ルールでなく、彼はそれを道徳的ルールだと考える点で間違っている〉と言って彼を論駁することができない。われわれはまた、〈それが彼のルールでも社会的ルールでもないなら、彼は誤解している〉とも言えない。彼はそのことを認め、彼自身も彼が知っている何人もそのルールに従っていないと告白しながらも、これを人間の不完全さの証拠であるとみなして、その道徳的ルールが妥当しているということをやはり信じているかもしれないからだ。以上の議論は、〈信念の告白はその人にその信念を帰するための十分条件である〉ということを含意しているわけではない。人はあるルールが妥当しているという信念を持っていると真摯に宣言しても、自分を誤解しているかもしれないからだ。私が主張しているのは、〈人に信念を帰するための条件は、その人が実践においてルールに従っているという事実に依存しない〉ということだけだ。彼の信念は、たとえば罪や後悔の感覚に現われるかもしれない。彼がいつもそのルールに従わないとしてもこれらの感覚が存在するかもしれない。

個人的ルールを奉ずることとそのルールが妥当するという信念とを同一化することでこの問題を回避することもできない。もしそうすると、〈人があるルールが妥当していると信じているときはいつでも、それは彼の個人的ルールである〉ということは真ではあるが、個人的ルールという観念を無意味にするという代償を払うことになってしまう。しかし人があるルールがあると断言するとき、その人は〈自分はそれが妥当すると信じている〉と断言しているのではない。そのような見解は、〈ある人が雨が降っていると断言するとき、その人が言っているのは、自分は雨が降っていると信じているということである〉という見解くらいもっともらしくない。

これらの議論は〈実践されないルールがある〉ということを証明するわけではないし、そう目論まれたものでもない。私の例に出てきた人は、そのようなルールがあると信じている点で間違っているのかもしれないし、ルールが実践されていないために間違っているかもしれない。また実践されないルールがありうると考える点で間違っているのかもしれない。しかしたとえ彼が間違っているとしても、彼の信念に理解可能なものだ。彼は間違っているかもしれないが、分からず屋でも、非理性的でも、言葉を誤用しているのでもない。このことが示すのは、〈ルールはそれが実践されている場合に限って存在しうるとたとえわれわれが信じているとしても、「ルール」という言葉は「実践」を意味しない。だから何がルールであるかの説明は実践説の用語法では不可能である〉ということだ。実践説はせいぜいのところ、ルールがいつ妥当し拘束するかを説明する実質的道徳理論の一部にすぎない。それはルール概念の分析の一部にはならないのである。

実践説の第二の大きな欠陥は、それが実践的ルールと受容されている理由とを区別できないということだ。実践説によると、ある人物あるいはグループがある理由を信じ、それに従い、それによって行動するときはいつも、彼らはルールを持っていることになる。〔しかし〕実践説に対する私の第一の反論が健全であるとしたら、彼らが実践において理由に従いそれによって行動したか否かにかかわらず、われわれはルールと〈ルールではない〉理由とを区別できるという結論が出る。このことは〈一般的理由によって行動するという実践とルールに従うという実践との間には区別があるに違いない〉と示唆する。この区別はわれわれが自分の実践を解釈する仕方の中に実際反映されている。われわれは一般的理由によって行動するあらゆる実践をルールによる実践とみなすわけではないのだ。実践説はこの区別をしそこなうために、ルールの本質的特徴をつかんでいない。

ジャックの例を考えてみよう。ジャックは自分がアイリス・マードックのすべての長編小説を読むべきだと信じていて、実際にいつも出版後長く経たないうちに読んでいる。もし彼が彼女の長編を出版後一年以内に読まないとしたら、彼はその怠慢のために自らを責める傾向がある。それでも彼は、彼女の長編のすべてを読むべきだということを自分がルールにしているとは考えていない。彼は他のルールは持っている。彼は菜食主義者であり、また毎晩歯を磨く。彼がそうするのは、これらのルールを持つのはよいことだと信じているからである。だが彼がマードックの本を読むのは何らかのルールを信じているからではない。

ほとんど誰もが、乳児には母乳を飲ませるべきだとか、子どもは三歳になったら読むことを習うように励まされるべきだといったことを信じている共同体を想像してみよう。このことが一般に行われていて、人々は母乳を与えない母親や三歳児に字を読むのを教えない親を叱責する傾向がある。それでもこの共同体の人々はこれらをルールとみなしているわけではない。これらのことをするのはよいことだと考えているだけなのである。彼らはたとえば、日曜に教会に行くべきだということをルールとしている。彼らはこの点について別々の考えを持っているが、その相違は彼らの実践の中に反映されない（後者のケースにおいてルールについて語る場合を除く）。ウォーノックは『道徳の目標』の中で同じ点を以下の例を用いて述べている。「クリケットのゲームを知らずに、その選手がいかなるルールに従っているかを知ろうとしている、クリケット試合の観察者の状況を想像しよう。彼はたとえば、片側から六球ボウル（bowl）されたとき選手は規則的に向きを変えて、今度は反対側から六球ボウルされることになり、それからの逸脱は批判される、ということを知るだろう。おそらく彼はまた、速球ボウラーが軟投のボウラーに代わると、それまではバッツマンの近くにいた何人かの人が遠くに動き、さらに何人かはもっと遠くに行くことも知るだろう。そしてそうしないと批判があるということを知るだろう。しかしこの観察者が、選手たちはそうすることにおいてルールに従っているという結論を出したら、第一のケースではむろん正しいが、第二のケースでは間違っていることになる。軟投のボウラーは速球ボウラーと同じ守備配置でプレイしてはならないなどというルールはないのだ。こんなことはめったに起きないし、そうすることはほとんど常に間違いだとみなされるだろうが、それは、いかなるルールとも独立に、そうしないことに十分な理由がほとんど常に存在しないからである」（pp. 45-6）。実践説はこの相違を認めて説明することがないという点で間違っている。

　実践説の第三の大きな欠陥は、それがルールから規範的性格を奪ってしまうことだ。われわれはすでにルールが行為理由になることを述べた。ルールが通常は規範的な用語を使うことで述べられる（そして私は実践説を論駁する際に、ルールはそのような用語でしか述べられないと論じている）という事実は、ルールが作用的理由であるということを示す。〔ところが〕実践それ自体は必ずしも行為理由ではない。あらゆる人々が誰もと同じように行動する（道の左側を運転する、共通のエチケットのルールに従う、等々）理由が存在する、あるいは、ある人は一般に、あるいは特定の場合に、その実践に従う（隣人たちから排斥されないため、あるいは職を失わないため、等々）理由を持つ場合、実践が行為理由になるかもしれない。しかし実践説はルールの規範的性質を一般的に説明することをしない。それはせいぜいのところ慣習的（conventional）ルール、すなわち、人々が〈あらゆる人が誰もと同じように行動する理由を持っている〉と信じているために維持されている社会的ルールを説明するにすぎない[8]が、最終的にはそれらのルールさえも説明しない。

この点を理解するためには、ハートによる社会的ルールの分析に戻るべきだ。彼の第四の条件は、当該の共同体の人々が、自分自身の行為や他の人々に向けられた命令や批判を正当化するために「……すべきだというのがルールである」といった表現を用いるということである。しかし人々は〈人は……だということがルールであるがゆえにある仕方で行動すべきだった〉と述べるとき、現実に何を言っているのだろうか？　三つの解釈が可能だ。第一の解釈によると、彼らは何も述べていなくて、行為を行っているにすぎない。彼らは批判（あるいは命令あるいは正当化）という言語行為を遂行しているのだ。ハートが分析を提示する仕方は、彼がこの説明を受け入れていないということを示唆する。彼は確かに正しい。この解釈によると、あるルールを持ち出すことは命令や批判を全然説明しないことになるので、この見解は明らかに間違っている。さらに、この解釈は人が自分自身や他の人の行為を〈それはルールのゆえに行われた〉と言って説明するケースには全くあてはまらない。

第二の解釈によると、当該の言明は実践を（不完全な）行為理由として持ち出している。「私はそれをルールのゆえに行った」は、〈誰もがそうするので私はそうした〉という意味であり、「ルールのゆえにそれを行え」は、〈誰もがそうするのでそれを行え〉という意味である。これこそ人がそのような言明を行うことによって伝えようとしている内容である場合がある、ということは否定できない。それはそのルールが慣習的ルールであるときや、聞き手たちが持っているかもしれない、ルールに従うべき上記の種類の理由（公衆から非難される恐れ、等々）に話者が訴えかけようとするときに言えることだ。しかし他の状況でルールが持ち出されることもある。人が〈約束は守られるべきである〉というルールに言及して命令を説明するとき、その人は〈聞き手は約束を守る方がよくて、そうしないと損をするだろう〉と仄めかしたいのかもしれないが、それが話者の意図ではないことの方が多い。

そして少なくともこの第二の解釈は成功しないときがあるのだから、述べられることの説明に常に失敗する。なぜなら述べられることは、そのような文章が用いられるすべての通常の機会において同一だからだ。むろん時として話者は伝えたいと思う付加的論点を持っているかもしれないが、これは述べられることの一部ではありえない。それは単に、彼がその言明を行ったという事実が仄めかし、あるいは含意していることにすぎない。

第三の解釈はハートが念頭に置いているものであるようだ。この解釈によると、「xはφすべきだというのがルールである」という形式の文と「xはφすべきである」という形式の文は、標準的には同じ言明を述べるために用いられる。言い換えれば、〈人はφすべきだというのがルールである〉と述べることは、〈人はφすべきである〉と述べることである。この言明を述べるためにはどちらの文を用いることもできる。ただし「ルールである」の定式を適切に使えるのは、当該の実践が存在するときに限られる。〈……というのがルールである〉と述べることは、実践が存在すると述べることではない。それは〈人はそのように行動すべきである〉ということを断言するが、この断定をするためにこの文を用いることができるのは、当該の実践が存在する場合に限られる。いずれの文も同一の言明をするために用いられるが、「ルールである」の文はその実践の存在を前提しているのである。これが、「内的視点から」の言明を行うためにこのような文を使用することについてのハートの解釈であると私には思われる。彼の理論によると、これらの文は「外的視点から」の言明、つまりその実践が存在するという言明を行うために用いることもできる。

この解釈によると、規範的言明を行うためにルール文を用いることができる。しかしそれらの文は理由の言明〈理由そのものを述べる言明〉ではなくて、〈理由が存在する〉という言明にすぎない。しかしこの見解には一層深刻な欠陥がある。それによると、ルールが存在するという事実は言明の規範的内容とは無関係なのである。「人はこれこれしかじかを行うべしというのがルールである」と言うことは、「人はこれこれしかじかを行うべし。そして、実践理性の視点からは無関係だが、ある実践が存在する」と言うようなものだ。確かにルールへの言及は無関係ではない。それはある実践の存在を含意する限りで、〈話者だけがその見解を持っているわけではない〉ということを示す。従ってそれは重要なレトリック上の道具である。だがそれは実践的推論には無関係だ。それゆえわれわれは実践説を斥けて、それに対する代替案を求めなければならない。

2-2　理由とルール：基本的モデル

ルール、そして義務的規範一般は、それらが信じられたり従われたり実践されたりするか否かとは独立に、他の理由と区別されなければならない。義務的規範とその他の理由との区別を知れば、実践されたり信じられたりしているものが義務的規範であるか否かを知ることができる。この順序を逆にして、実践それ自体の検討によって義務的規範の性質を確立することはできない。

義務的規範は排除理由である、あるいはもっと普通には、規範行為を行う一階の理由であると同時に、それと衝突する諸理由によって行動しないことを支持する排除理由でもある、と私は論じたい。この分析は次節〔2-3〕で完結するが、本節の目的は〈義務的規範は排除理由である〉という結論を支持する、決定的ではないが説得的な議論を提出することだ。本節の前半では〈経験則（rules of thumb）と権威が発するルール（rules issued by authority）という二つのタイプのルールは排除理由である〉と論じられる。本節の後半は決定〔決心〕（decisions）の分析を行い、〈ルールと決定とのアナロジーがルールという観念の理解にとって貴重な手掛かりとなる〉という主張を提起する。

「経験則」

ルールを持つ理由として通常あげられる理由の種類を検討することが役に立つかもしれない。われわれがそうする際の目標は、ルールを正当化する可能な諸方法を包括的に調べることではなくて、義務的規範一般の性質を知るためにルール正当化のいくつかのありふれた方法を見てみることだ。ジョン・スチュアート・ミルは、ルールを持つべき極めてありふれた二つの理由について次のようなすばらしい説明をしている。「したがって、賢明な実務家は行為のルールを、ただ暫定的なものとみなすであろう。行為のルールは、最も数が多い事例または最も普通に起こる事例のために作られているから、問題の事例の現実の事情を分析する時間と手段がない場合や、これを評価する私たちの判断が信頼できない場合には、これらのルールが支持する行為の仕方は、最も危険の少ないものであろう」（*A System of Logic*, 6.12.3〔江口聡＝佐々木憲介編訳『論理学体系4』京都大学学術出版会、二〇二〇年、三三七頁〕）。このようにしてルールは、なすべきことを決める際に時間を節約する手段として、また誤りのリスクを減少させる手段として、正当化される。これらの特徴に加えて、労力を節約する手段としてのルールという、関連する正当化をあげることもできよう。平穏なときには、あるルールが適用される状況において存在しそうなファクターについて入手できる最善の情報を基礎にして、そのルールを検討することができる。そのルールは予見可能な諸理由の差引勘定によって、これらの状況でなされるべきことが何かを述べる。そのルールが適用される状況が実際に起こるとき、規範主体はそれを頼りにすることができるので、多くの時間と労力を節約し、あらゆる状況ごとに新しくルールの得失を検討する際に起こる計算の誤りのリスクを減少することになる。

ルールを持つことを支持するこれらの理由が、それらのルール自体の性質をも決定する。人があらゆる時間を持ち、最善の専門家たちの助言を徴することができるとき、そしてこれらの時間を使うことが望ましからざる結果を他に何ももたらさないとき――そのような場合にルールはいらない。このことはルール適用の条件の特定化の中に反映されるだろう。そのようにして正当化されるルールは、〈それらが適用されるべきなのは、急いで決定をしなければならないとき、規範主体が酔っていたり大きなプレッシャーや誘惑の下にあったりするときに限られる〉、あるいは〈規範主体が自由にコンピュータ等を使える場合を除いて、それらは常に適用されるべきである〉と特定するが、そのどちらになるかはそのルールと状況の性質に依存する。そのようなルールは人間が完全であれば必要とされない、としばしば言われる。完全な合理性と完全情報という条件の下ではそのようなルールは不必要だろう、というのである。だがこれは間違いだ。人間の可謬性はそのようなルールを持つ一つの大きな理由ではあるが、唯一の理由ではない。事実の発見と別々の行為理由の評価は時間と努力を要する。そしてこれらは不可謬であるという条件の下でさえ、その状況における行為の完全な査定を多くの場合必要とする限界的な利益〔ささいな利益〕をしばしば凌駕する。従って、理想的な条件下でさえわれわれはやはりこのタイプのルールを必要とするだろう。

現代の哲学者はこの種のルールをあまり真剣に取り扱わない傾向がある。この事実は、彼らが究極的な価値と究極的な行動原理にばかり関心を集中し、それらの適用のために必要である実践的推論の論理を無視している結果だ。しかしながら一部の哲学者はさらに先を行って、〈そのようなルールはそもそもルールでない〉と示唆してきた。これは私には間違いだと思われる。だがなぜそれが間違いであるかを示すためには、労力節約の手段としてのルールという観念をさらに検討しなければならない。

労力を節約する格率〔行動原理〕（maxim）があてはまる状況下にある人物を想像しよう。彼はその格率が自分に何を要求するかを知っているが、自分の置かれている状況がいくらか異例であるということを実感する程度には、その格率の基礎になっている計算について十分なことも知っている。その計算の中で考慮されていないある事実が、ここには存在する。彼はそれらの事実の性質を厳密には知っておらず、それらが格率の与える解決に反対して理由の秤を傾けるかどうかもわからない。そのような状況における行為者の反応は、彼がその格率をルールであると信じているか否かを示すことになるだろう。〔第一に〕もし彼が〈理由の差引勘定によるとその格率が与える解決が正しいかどうか確実でないときはいつも、理由の差引勘定が求める解決を見出すべきである〉と信じているならば、その格率は彼にとってルールではない。しかしそれはやはり労力を節約する道具だ。それは一々完全な計算をすることを避けるための計算表のように役に立つ。その格率は、ナビゲーションを単純にしてくれるが、特定の状況下で自分をミスリードすることがないと信頼できる場合にしかあてにすべきでないマップに似ている。〔これに対して第二に〕人がそのような格率をルールとみなすのは、〈その与える解決が理由の差引勘定から見て最善か否か疑わしいとき——もし自分が事態をその得失で見たら、ここではその格率に従うべきでないと考えるかもしれないとき——でさえ、ある場合ではその格率に従うべきである〉と信じているときに限られる。読者の中には、〈格率に対して第一の種類の態度をとる人についてさえ、彼はそれをルールとみなしていると言うことができる〉と感ずる人がいるかもしれない。それに対して私が言えるのは、〈これは私が規範と呼ぶタイプのルールではない。その一方、第二の種類の態度をとる人は、その格率を、私が規範とみなすタイプのルールとみなしている〉ということだけだ。言葉の用法について立法したり、それについて実際よりも整頓された描像を提出したりする必要はない。ともかく重要な事実は〈この二種類の態度のタイプは明らかに区別可能であり、この区別は普通で日常的である〉ということだ。

ルールとルールではない格率とを区別するこの方法はごく普通のものだ。実際、私は部分的にはその直観的訴求力に依拠している。われわれの問題はその区別の解釈だ。そしてわれわれがその区別の上記の特徴づけを入念に検討するならば、われわれにとって可能な解釈は一つしかないということがわかる。ルールも格率も、われわれがなすべき理由を持つ行為を示すが、格率ではなくてルールだけが、われわれはそれ以外の理由によって行動しないことを支持する排除理由をも持つと示す。ルールに従うということは、そのルールを、衝突する諸理由によって行動しないための排除理由として受け入れる——たとえそれらの理由が理由の秤を傾けるかもしれないとしても——ことを意味するのである。

この解釈は逆説的に聞こえるかもしれない。われわれはこの種のルールを持つことが時として正当化されると想定している。それゆえ、そのようなルールに従って行動することが正当化される行為者は、理由を味方につけていることになる。〈彼は優越されない理由によって行動することを差し控える〉と述べることがいかにして可能なのか？　ある人が次のように論ずると想像してみよう。——もし私が個々のケースをその得失によって検討するとしたら、検討に必要なコストを無視するならば、私はルールに従うよりもよい状態になるだろう。なぜならルールに従うと私は時々間違った行為をしてしまうだろうからだ。しかしもし私が個々のケースをその得失によって検討するコストを考慮に入れるならば，そのコストはルールに従うことによる害悪よりも大きいということがわかる。私はルールに従うことによって，より小さな害悪を受けるだけでそのコストを避けるのだから，そのルールに従うべきである。確かにこれは行為への賛否の理由を秤にかける推論の直截な一例である――。想像上の反論者はこのように結論するだろう。

この反論に間違っているというよりも，方向違い（misdirected）だ。それがいかなる説得力を持っているとしても，それは，排除理由が存在すると信ずることは非理性的である，あるいは恣意的である，あるいは理由に反する選択をしているという，見当はずれの発想（misconceived idea）から来ている。だが〈諸理由を無視してそれらによらずに行動しよう〉という恣意的な決定を，諸理由を排除してそれらによらずに行動する**理由**と混同すべきではない。人は何か他の理由からは行動しないことを支持する理由であるところの有効な〔妥当する〕理由から行動するときはいつも，理由に従って行動しているのであって，恣意的な仕方や正当化されない仕方で行動しているのではない。それゆえ，あるルールが正当化されるならば，その規範主体はそれに依拠しているとき，理由に従って行動している。私の想像上の反論者が述べたような考慮によってルールが正当化されるということはありうる。しかし〈ある人は理由に従って行動している〉と述べるということは，その結論に至る際に含まれている実践的推論の論理的性質を何ら説明するものではない。ところがその説明こそが，私のかかわっている唯一の問題なのである。私が主張してきた論点は，〈ルールは，その主体が他の関連する考慮を無視して，命じられた行為を行うように要求するのだから，排除理由である〉ということだけだ。想像上の反論者が示唆した正当化は確かに正しい正当化なのだが，それは排除理由を持つことの正当化ではない。つまり、格率をルール・義務的規範とみなすことの正当化ではないのである。

権威の発する規範

われわれの議論の全体像を見直すときが来た。義務的規範の性質を説明しようとする際、私はそれを排除理由として理解すべきだと示唆してきた。このことは規範の可能な正当化を検討すればわかる。なぜならその正当化の性質が、〈もしその正当化される規範が排除理由とみなされないとしたら、その目的を達成できないだろう〉ということを示すからだ。可能な正当化の方法をすべて検討することはできないから、私は労力節約手段・時間節約手段、また誤りを除去する手段としてのルールの正当化を選んだ。そのような根拠に基づくルールはルールの中でも最も論争の余地が少ないとみなされるからだ。私の議論は〈これらのルールは排除理由として扱われなかったらその目的を果たさないだろう〉というものだった。それゆえ、もしわれわれがそのようなルールを少しでも持っているとしたら、それは排除理由である。私はこの項（subsection）で、同じことが権威による指令（instructions）にもあてはまると示し、それからあらゆる義務的規範は排除理由であると示そう。

権威の発する規範は、極めて重要な別の種類の規範だ。その分析は権威の性質の説明の不可欠の一部である――少なくとも、（科学の持つ権威のような理論的権威とは区別された）実践的権威の性質については。ある人が権威を持っているとはどういうことか？　それを理解するためには、別の人が〈その人は権威を持っている〉とみなすとはどういうことかを理解しなければならない。ある人が権威を持っているのは、彼が他の人々によって権威を持っているとみなされている場合か、あるいは彼がそうみなされるべき場合である。ある人が権威を持っているとみなすということは、彼の命令、あるいは何をなすべきかに関するその他の見解の表明（たとえば、彼の助言）の少なくとも一部を権威的指令とみなす、それゆえ排除理由とみなす、ということだ。

実際その通りだということを示すためには、権威を正当化できる方法をもう一度検討しなければならない。権威を正当化する方法はたくさんあるから、私は最も一般的で重要な方法から二つを選ぼう。それは知識と経験に基づく実践的権威と、社会的協力の要請に基づく実践的権威である。

〔まず前者の種類の権威について。〕人は自分よりも知識を持っている人や自分が判断を信頼している人の助言に助けられることがありうる。このことはしばしば重要だ。しかし誰かの見解や助言を尊重するからといって、必ずしもその人が権威を持っているとみなすことにはならない。助言を求める目的は単純に、自分が直面している実践的問題に関係するかもしれない情報を得ることにすぎないかもしれないからだ。そのようなケースでは、その助言は事実に関する権威とみなされるかもしれないが、何をなすべきかに関する権威とはみなされない。また時として、助言を求める目的は、誰か別の人がさまざまの関連する考慮をどう査定しているかを知って、それを自分自身の査定へのチェックとして用いることだ。もし助言者の推論が自分自身の推論と違っても、その人は助言者の判断に従おうとはしない。彼は単にその判断を、自分が間違っているかもしれないということの徴表とみなして、自分自身の議論をダブルチェックするだけだろう。ここでもまた助言者は権威とみなされていない。

何をなすべきかに関する助言や意見の表明が権威を持つとみなされるのは、人がその健全さを査定できないにもかかわらず、それが従うべき見解であるとみなされるときに限られる。これはその助言が、助言者がわれわれと分かち合えない、あるいは分かち合おうとしない、情報あるいは経験に基づいているときに言えることだ。そのときわれわれは、その助言が理由の差引勘定上正しいのか否かを確定するために必要な手段を持っていない。そのような場合、われわれは助言の正しさをチェックすることなしにそれを無視するか従うかしかない。われわれは助言者の動機を確信してその知識と判断を自分自身のものよりも信頼するとき、後者の道をとる。われわれは恣意的に行動しているわけではない。われわれは彼を権威とみなす理由を持っているのだが、われわれがそうする理由は、彼の助言を排除理由として取り扱う理由である。つまり、彼がわれわれにφするよう助言したという事実は、φする一階の理由であるとともに、他の理由を無視する排除理由でもある。

われわれは彼の助言を査定できないのだから、助言に従うとしたら、われわれの知っているさまざまの衝突する諸理由を無視しなければならないが、それはそれらの理由が優越されるとわれわれが知っているからではなく、単純にわれわれ自身の判断の代わりに助言者の判断をとるからにすぎない。われわれは自分の判断を完全に〔助言者に〕引き渡すわけではない。しかしわれわれの熟慮は、理由の差引勘定上の正しさに関するものではなく、〈理由の差引勘定に関する誰の判断に従うべきか？〉という二階の問題に関するものだ。われわれの問題は排除理由の正当化の問題になるのである。だから多くの場合、われわれは他の人々の知識と判断に依拠するという利点をあきらめるか、あるいは彼らの見解を排除理由とみなすしかないように思われる。

同様の推論が、人々の行動を協調させる必要に基づく権威にもあてはまるだろう。あらゆる政治的権威はこの基盤に依拠している（ただしそれだけにではないが）。古典的な政治哲学者たちの多く（たとえば、ホッブズやロック）は権威を、市民たちがあらゆる領域あるいはある領域において何を行うべきかを自分自身で決める権利を譲渡することで確立されるものとみなした。市民たちはこの権利を権威に委任あるいは信任すると考えられていたのだ。権威のこの古典的分析〔社会契約論〕のかなりの部分は、次の三つの問題を明確に区別しないために損なわれている。（a）権威であるとはどういうことか？（b）権威はいかにして正当化されるか？（c）人は権威をいかにして獲得するか？その提唱者たちはまた、第三の問題について極めてナイーヴな見解を持っていた。〔その一方〕権威に関する現代の議論は第二と第三の問題に集中していて、両者を解決すると第一の問題も解決されるとしばしば誤って信じている。われわれが関心を持っているのは第一の問題だけだ。われわれの目的は〈もし権威が協力の要請によって正当化されるとしたら、権威的発言（authoritative utterances）を排除理由とみなさなければならない〉と示すことである。その証明は権威の古典的分析の中に含まれている。権威が協力を確保できるのは、関係する諸個人がその判断に従い、理由の差引勘定ではなくて権威の指令によって行動する場合に限られる。このことのおかげで、すべての人が一つの行動プランに参加し、行動が協調されるようになる。しかしそのためには、人々が権威的発言を排除理由とみなす、つまり彼らが正しい理由の差引勘定と考えるものによって行動しない理由とみなすことが必要とされる。これらの根拠によって権威を受け入れることは、非理性的あるいは恣意的に行動することではない。権威の必要性は理由に基づいているかもしれないからだ。だがこれらの理由は特別の種類のものだ。それらは権威的発言を排除理由とみなす必要を確立する。

われわれは権威を正当化する二つの方法を簡潔に検討してきた。その方法は他にもあるが、検討してきた事例をもとに一般化して、〈ある人を権威とみなすということは、彼の発言の一部を、それが理由の差引勘定の上では間違いであるとしても権威あるものとみなすことである〉という結論を出しても構わないだろう。言い換えれば、権威的発言は排除理由とみなされるのである。ある人を権威であると述べることは〈彼の言葉は排除理由とされる〉と述べることだ。もっと簡単に言えば、彼の言葉は排除理由である、つまりそのようなものとみなすべきであり、そうする理由がある、と述べることだ。

あらゆる権威的発言が規範なのではないが、その一部は規範だ。そしてあらゆる権威的発言は排除理由なのだから、権威が発する規範も排除理由である。次節〔2-3節〕では、排除理由のうちいかなるものが規範でいかなるものが規範でないかを説明する。

決定と理由

決定〔決心〕は規範ではないし、規範も決定ではない。しかし決定と規範との間にはあるアナロジーがあって、その検討は規範の性質の解明に役立ちうる。だがまず決定という観念を説明しなければならない。

決定は近年の哲学文献の中ではあまり論じられてこなかったし、論じられた時でも通常は、「決定は原因を持ちうるか（Can decisions be caused?）」、「行為者は自分自身の決定を予言できるか？」、「ある行為者が決定を行ったという事実は、彼が自分の決定を実現しようとするという非帰納的知識を持っているということを伴意する〔必ず伴う〕（entail）か？　また彼が自分はそうすることに成功できると信じているということを伴意するか？」といった問題の文脈においてだった。そのような問いへの答が何であれ、これらの点すべてにおいて、Aをしようという決定はAをしようという意図（intention）と似ていると想定してよさそうだ。しかしある行為を行おうという決定はそれを行おうという意図といかなる仕方で異なるのか？　一見したところしばしば両者の間にはほとんど相違がない。多くの場合「彼はしようと意図している」と「彼はしようと決定した」は交換可能だ。しかし決定の中心的なケースは重要な点において単なる意図とは違う。われわれが注意を向けなければならないのはその点だ。

本格的な決定は次の四つの特徴を持っている。(9)

（1）決定するとは意図を形成することである。決定は、決定〔決心〕する（deciding）という心理的行為を含むかもしれないし、含まないかもしれない。しかしそれが心理的行為として結晶化されない場合でも、〈もし人がtという時に、Aしようと決定するとしたら、tの直前のある時、彼はAしようと意図しておらず、t以後の時に、Aしようと意図している〉ということが真である。

（2）決定は熟慮の結果として至るものである。xがAしようと決定するのは、彼がAするか否か、あるいは行為者がAを行うことをある実践的問題の解決とみなす場合にその問題をいかに解決すべきかを熟慮した過程の結果として、Aを行おうという意図を形成する場合に限られる。大部分のケースでは、決定はその行為への賛否の理由を熟慮した結果生ずる。しかし人がある実践的問題へのいくつかの代替的解決を考慮してから、その行為を思いついた瞬間、彼にはそれが適切な解決だと思われるとしたら、彼はそれを支持する理由をまず考慮することなしにそれを行おうと決定するかもしれない。

「決定」という言葉は、熟慮なしに形成された意図に適用されることもあるが、それは普通、行為者が衝突する誘惑（pulls）を意識しているときである。人は無意識の決定についてさえ語るかもしれない。しかし中心的なのは、熟慮に基づいて形成される意図のケースである。ある行為を行おうという意図のすべてが決定の結果なのではない。決定に基づく意図とその他の意図を区別するものは、後述する第四の条件であるとともに、熟慮の過程でもある。

(3) 決定は行為以前のある時になされる。即座に実行される決定についてわれわれが語ることも時にはあるが、人は通常ある行為をしようという決定をいくらか前の時点で行う。人は自分の決定について気を変えることがあるということは、決定の特徴である。この点で、決定は意図と似ており、選択（choosing）の直截なケースとは異なる。もしジョーンズが別々の種類の飲み物がのっているトレイを出されてマティーニをとったとすると、彼がそれを選んだと言うのは正しいだろうが、それをとることに決めた〔決定した〕と言うのは正しくないだろう。この重要な点は最近のある論文の中で見事に述べられている。「もしジョーンズがマティーニをとることに決めたとしたら、われわれはその行為の前に熟慮があった、あるいは少なくとも何らかの選好と決意（resolution）があった、そして**彼が決定した時と行動した時との間に、彼はマティーニをとろうと意図したと正しく言うことができる**、と予測する。[*]」

(4) 決定は理由である。決定の上記の三つの特徴は、そのいくつかの側面を説明していない。その三つだけでは、なぜ決定が、決定に基づかない行為の意図以上に、行為がなされるだろうということを強く示すのかを説明しない。またなぜ人々が、自分の決めた決定に関する賛否の理由を〈その問題はすでに自分の決定によって決着がついている〉という根拠によって考慮しようとしないことが多いのかも説明しない。その説明は決定の第四の特徴にある。決定は常に行為者にとって、自分が行うと決めた行為を行い、さらなる理由と議論を無視する理由である。それは常に、一階の理由であるとともに排除理由でもある。私はまず〈決定は排除理由である〉と論じ、それから〈決定は一階の理由である〉と論じよう。

思い出してもらいたいが、行為者が決定に到達するのは、彼が自分のなすべきことに関する結論に到達し、**そしてまた**、自分の熟慮を終わらせる時だという信念を形成するときに限られる。前者の条件だけでは十分でない。ある問題をしばらくの間考慮し、それから決定を翌日に持ち越す人を想像しよう。彼はその日のための熟慮をして結論に達した時も、いかなる決定をするかについて熟慮を始めた時と同じくらい逡巡しているかもしれない。しかし彼が〈適切な決定はAをすることである〉という見解をすでに形成したということも、またありうる。彼がAをしようとまだ決定していないという事実は、彼がためらっているとか確信がないからではない。彼は単純に、今日検討する時間がなかった別の議論を考慮したいのかもしれないし、明日会う友人の見解を聞きたいのかもしれない。彼は〈これ以上のいかなる議論も、自分の友人が注意を促してくれる可能性があるいかなる事実も、自分の決定にいかなる相違ももたらさないだろう〉と確信しているかもしれない。われわれが〈彼はまだ決定に達していない。（それゆえまだ意図を形成していない）〉と言う原因は、何を決定すべきかあるいは行うべきかに関するいかなる不確定性でもなくて、〈自分は万一のためにさらなるある理由あるい

＊ A. Oldenquist, "Choosing, Deciding, and Doing", *Encyclopedia of Philosophy*, P. Edwards (Ed in-chief) (New York, 1967), 2, p. 98.（強調を加えた）

は事実を考慮すべきだ〉とか〈自分の推論を再検討すべきだ〉とかいった彼の真正の信念である。実際、彼は翌日になると、自分の推論を再検討するのは無駄だったとか、友人のアドヴァイスを待つ意味はなかったと決めて、それ以上熟慮せずにAを行う決定を下すかもしれない。彼の決定は、熟慮を続けようという用意を終わらせることにほかならない。

決定を行うとは熟慮を終わらせることである。またそれは、これ以上の情報と議論を求め続けるのを拒み、それらが念頭に浮かんだり他の人から示唆されたりしても耳を閉ざすことである。疑いもなく大部分の場合、そのケースを再考することに対する拒否は絶対的なものではない。通常それには特定されていない但し書がついている――新情報がはいらない限りとか、もっと強いものとしては、重大な変更が生じない限り、等々とか。あらゆる決定が同じ強さを持っているわけではないし、同一の除外条項に従うわけでもない。しかしそれらはすべて排除理由であって、このことが決定と単なる意図とを区別する。意図が決定よりも変わりにくいということがしばしばあるかもしれないが、意図は常に（決定に基づいていないならば）他の理由の競合する主張にさらされている。何をするかを決定するとは、そのような競合を排除、あるいは少なくとも制限することである。

同様にして、決定が完全に放棄されるのは行為者が決定に基づく意図を放棄するときに限られるとはいえ、行為者がその行為を行う意図は保持しながらもそれを支持する理由を再考慮する用意があるとき、決定は部分的に放棄されていることになる。* このことが、人が自分の決定をすでに行ったという根拠によって他の人との議論を拒むことがあるのはなぜかを説明する。ある人が決定を行ったということは、その人が、自分はさらなる理由あるいは事実を無視する排除理由を持っているとみなす、ということだ。われわれは別の人に対して、自分は議論に応ずると説得するためには、自分は気を変える用意があると明らかにしなければならない。そしてそうすることは、すでに決定を部分的に放棄することなのである。

私がこれまで示そうと努めてきたのは、〈もしxがAすることを決定したならば、そのときxは、自分の決定はAを行うことへの賛否の理由を自分が無視する理由になると**信じている**〉ということが論理的に真である、という意味で決定は排除理由である、ということだった。〈あらゆる決定は妥当する〔有効な〕排除理由である〉ということは私の主張の一部ではない。私の主張に含まれているのは、〈誰にせよ決定を行う人は、それをそのようなものとみなしている〉ということだけだ。決定が妥当する排除理由であるのは、行為者がそのようにみなすことが正当化される場合に限られる。そうでない場合もよくある。しかしながら、時には行為以前でも熟慮と逡巡を理性的に終らせねばならない、ということを否定する人はほとんどいないだろう。そういうわけで、妥当する排除理由である決定が存在することは明らかだ。一見逆説的に聞こえるかもしれないが、理由〔理性〕は時として行為理由の無視を要請するのである。

〈人はある決定を行うときはいつでも、さらなる理由を無視する排除理由を持っていると信じている、ということは必然的な真理だが、彼がその決定自体を排除理由とみなしているというわけではない〉と主張されるかもしれないが、これは私には間違いだと思われる。〈自分は問題をこれ以上考慮しない理由を持っている〉と信ずることは、〈自分は決定すべきである〉と信ずることだ。人はむろ

＊　人は自分の元来の決定が含意していた但し書に従って、あるいは元来の決定にさかのぼることによって、気を変えることがあるかもしれない。彼がすでに自分の決定を部分的に放棄しているのは、彼が自分の元来の決定にさかのぼるかもしれないという可能性を念頭に置いて問題を考慮する場合に限られる。

ん、どう決定すべきかを知らないとか熟慮をやめて確固たる意図を形成することができないといった理由で、自分が決定できないのに決定すべきだと信ずることがあるかもしれない。ここで興味深い点は、人は決定をしてからも、それが早まった決定だったという見解に至ることがある、ということだ。彼はその決定が間違っていたと確信するのではなく、その時点で決定するのは間違いだったと確信するかもしれない。それにもかかわらず、彼は決定をした以上、今は問題を再び考慮しない排除理由を持っている。その決定が早まっていたという事実は、行為者をして問題をさらなる考慮のために再開させるかもしれないが、これは決して自動的に生ずる結果ではない。決定を無視しようという決定は、それ自体が理由に基礎づけられるべき新しい一ステップである。

さらに決定は、他のいかなる行為とも同様に、理由があってなされることもあれば理由なしになされることもある。人は、自分が今決定をする理由は存在しないと信じていながらも決定することがある。彼は、自分が他の理由を考慮から排除して熟慮を終わらせる理由を持っていると信じているわけでないのに、そのようにして決定を行うかもしれない。その決定がひとたびなされると、それは彼がさらなる考慮を避ける理由になる。もしそうでなかったら、人が決定すべきだと信ずることなく決定を行うということが不可能になってしまう。これらの事実は、決定自体が排除理由であるということを示す。

決定の排除理由としての地位は、決定を約束（promises）と比べることで明らかになるかもしれない。人がAをすると約束したという事実は、彼がAをする理由になる。人が約束をすべきであるのは、そうする十分な理由がある場合に限られるのだが、ひとたび約束がなされたら、たとえそれがなされるべきでなかった約束だったとしても、それは排除理由になる。さらに、人はそうすべきでないと知っていながら約束することがありうる。その約束がひとたびなされると、彼は自分がそう約束すべきではなかったということを知りながら約束したという事実にもかかわらず、その約束を履行する理由を持つ。同じことが決定についてもあてはまる。ある人が決定したという事実は、彼がさらなる理由を考慮しない排除理由になる。人が決定をすべきであるのは、そうする十分な理由がある場合に限られるのだが、ひとたび決定がなされたら、たとえそれがなされるべきでなかった決定だったとしても、それは排除理由になる。さらに、人はそうすべきでないと知っていながら決定することがありうる。彼はその決定をひとたび行うと、自分がそう決定すべきではなかったということを知りながら決定したという事実にもかかわらず、排除理由を持つのである。

約束は他の理由によって阻却されうる理由であって、ある約束がなされるべきでなかったという事実は、その阻却可能性に関連するかもしれない。このことも決定についてあてはまる。約束が理由になるのは、ひとえに〈約束は守られるべし〉という一般原理のおかげである、と考える人もいるだろう(10)。われわれは同様にして、決定が排除理由であるのはひとえに〈決定は尊重されるべし〉という一般原理のおかげである、とみなすこともできる。両方の原理とも一層明確化する必要がある。両者は〈人々は行為理由を意図的に作り出すことによって自分自身を拘束する方法を持つべきである〉という考えに基づいている。〈約束順守原理〉(Promise Keeping Principle) は〈人は、Aを行うように義務づけられるという意図を他の人物に表明する場合、Aを行う理由を作り出す〉と述べる。〈決定原理〉(Decision Principle) は〈人は決定することによって、すなわち、決定の最初の三条件を満たし熟慮を終らせる意図を形成することによって、さらなる考慮を排除する排除理由を作り出すことができる〉と述べる。いずれの原理も健全な実践的原理である。ただしいずれの原理も、なされるべきでない約束あるいは決定を行うことによって濫用される可能性がある。

私が今論じているアナロジーは約束と決定の形式的特徴の間のアナロジーだということを忘れてはならない。実質面では両者は異なる。約束は人間間の信頼と予測可能性を増大させるように作られているのに対し、決定は人々が自分自身の心の中で物事を片付けて熟慮を終らせることができるように作られている。両者を正当化してその強さを決定する諸理由は全く異なる。しかしながら形式上のアナロジーはかなりのもので、その最も重要な特徴は次のことにある。――人は約束を、自分がある仕方で行動する理由とみなすことなしには行うことができないし、自分自身が排除理由を持つとみなすことなしには決定を行うことができない。

決定と約束との間のアナロジーは本当に密接なものだ。そのことは、両者を誓い（oaths and vows）と比較してみるとわかる。誓いはしばしば自分自身に対して行う約束とみなされる。それはまた一種の決定とみなすこともできる。ごくわずかしか除外条項を持たない、厳粛で形式的な決定というわけだ。私は決定と約束の間のアナロジーはさらに拡張できると信ずる。たとえば、両方とも内容から独立した理由だ。人が約束あるいは決定した行為が何であるかにかかわらず、人は自分が約束あるいは決定したという理由でそれを行う理由を持つ。このアナロジーのスコープ全体を検討すると、〈約束は約束された行為を行う一階の理由であるだけでなく、他の衝突する諸理由によっては行動しない排除理由でもある〉ということが確証されるだろう。ここではこの探究にとりかかれない。しかしながら〈決定は排除理由であるだけでなく、決定された行為を行う一階の理由でもある〉ということは注意に値する。

決定を、決定された行為を行う一階の理由とみなすことを支持する主たる議論は、〈決定はある種の排除理由だから、実践的理由の一般理論の展開に際してはそれを一階の理由でもあるとみなすことが望ましい〉ということを確証するに違いない。同じ議論はまた、〈義務的規範はそれが命ずる行為の理由である〉という主張を支持する主たる議論も提供する。次節で義務的規範の複雑性と完全性（completeness）を論ずるとき、その議論がやや詳しく述べられる。今のところは、日常言語はそれ自体としてはこの問題を解決せず、理論的考慮の余地を残しているということに注意するだけにしよう。

通常の場合、人がある行為を行おうと決定するのは、あらゆることを考慮した結果それがなされるべきであると考えるからだ。そのような状況では、決定を支持する理由が行為理由でもあるとみなされるか、それとも、その決定自体が行為理由とみなされるべきであって、その決定を支持する諸理由は、いわばその理由を支持する諸理由にすぎない――つまりこれらの諸理由は、その理由が妥当する理由とみなされる根拠である――のかは、ほとんど相違をもたらさない。行為者はこのような状況においてさえ、自分がなぜその行為を行うか意図するかの理由を訊かれたら、自分の決定に言及するかもしれない。しかし彼はむしろ自分の決定を支持する諸理由の方に言及するだろう。自分の決定へのそのような言及は、諸理由を明かすことの拒否、あるいはその行為が諸理由の真剣な考慮の後に行われたということの保証であると考えたくなる。だが別の解釈もまた可能だ。われわれはその決定を行為理由とみなして、〈行為者がそれに言及しているのではなく、決定を支持する諸理由の方に言及しているとき、その原因は、自分の理由の根拠を述べる方が問いの目的によく役立つと行為者が知っているからだ〉と考えることができる。私が盗みを働かない理由は、盗みが不正だからかもしれないが、私はなぜ盗まなかったのかと質問されたら、神の命令に従わなければならないからだ――それは盗みが不正であると私が信ずる理由である、と私は想定している――と答えるかもしれない。

さらに人は、〈すべてのことを考慮すると自分はAを行うべきである〉とは信じていなくても、Aを行おうと決定するかもしれない。彼はたとえば〈自分は決定を行うべきだが、自分の決定の内容は重要でない〉と信じているのかもしれない。あるいは〈自分は決定を行うべきだが、どう決定すべきかを知っていない〉と信じているのかもしれない。そのようなケースでは、行為者が決定を行為理由とみなしていることは明らかだ。彼は決定以前には、自分がAを行わないよりもAを行うべき理由を何も認めていなかったのだが、決定した後ではAを行うべき理由――すなわち彼の決定――を持っているのである。

これらの考慮は〈われわれは少なくとも時として、決定を、決定された行為を行う理由とみなす〉ということを示唆する。〈われわれは常に決定をそのような理由とみなすべきである〉という議論が次節で提起される。

決定と規範

義務的規範がそれを信ずる人の行動に影響を与える役割は、決定の役割と似ている。このアナロジーが義務的規範の性質の理解の鍵となる。

私が自分の自動車の機械上の欠陥を見つけたとする。私は車を翌朝修理店に持って行くが今日は大変重要な会合のためにそれを運転しようと決める。たまたま気づいたことだが、その会合では私の知人の数人が私に家まで送ってくれと頼みそうだ。私は彼らを車に乗せるというリスクを払いたくない――たとえ彼らが車の状態を聞いたうえでリスクを払う用意があるとしても。私はもし自分が頼まれたら断るのが難しいと感ずるだろうと知っている。それゆえ、私はその日誰も車に乗せないと今決心する。私は前もって決定をしている――このようにして、私が彼らに会ったとき私が依頼に応じないのを助けるだろうと望むのである。

さらにこう言えるかもしれない。私はこの問題について考えて、この機会に〈自分の車に欠陥があるかもしれないと疑うときは誰も車に乗せない〉ということをルールとするよう決心するかもしれない。もしそうしたら、単純に私は一般的な決定を行っている。むろん私が今このルールを採用しても、私は将来の特定の時点でなすべきことを再び決定しなければならないかもしれないが、その時の私の問題は、私がそのルールを採用しなかった場合の問題とは別物になるだろう。ルールを採用した以上、私が決定しなければならないのは、この特定のケースでそれに従って行動すべきか否かだ。私が行っていないのは、関連する事実すべてを考慮に入れてそのケースの得失を査定することである。私がそれを行っていないのはなぜかというと、それは私がそのようなケースにおける自分の行動を指導することをルールによって決定したから、つまり、そうする排除理由を受け入れたからだ。私はむろん時にはそのルール自体の正当化を検討するかもしれない。しかしながら、もし私がそのルールの適用される機会ごとにそれを再検討するとしたら、私が採用したものはもはやルールではない。その一方、そのルールが適用される機会に直面しないときでも私はそれを時に検討するかもしれない。以上が、人がルールに従っているか否かを決める基準である。

決定に関するわれわれの分析を前提すると、人があるルールに従おうと決定する場合、彼がそのルールに従って行動する排除理由を持っているということは全然驚くに値しない。その決定が彼の排除理由なのだから。しかしながら、人はルールに従おうと決定することなしにそうするに至るかもしれない。彼は幼少からそのルールが妥当すると信ずるように育てられてきたのかもしれない。また成年期にそう決心することが実際にないうち段々と知らぬ間にそのルールに従うようになってきたのかもしれない。あるルールに従う人の熟慮と行動の中でルールがどのような役割を果たしているかは、明らかに、彼がルールにどのようにして従うようになったかに依存していない。ルールに従おうという決定をすることなくそれに従う人は、いつの日か自分の実践を批判的に検討して、ルールに従い続けようと決定するかもしれない。しかし彼がそれに従おうと決定したならば、彼の実践的推論の中でルールが果たす役割はそれまでと変わらないだろう。実際、彼が前と同様ルールに従い続けるべきだということこそが、その決定の趣旨なのである。

われわれがたどり着いた結論は、〈義務的規範一般は、決定に従う人々の実践的推論における決定と同じ役割を果たす〉というものだ。人が義務的規範に従うのは、彼が〈その規範は、適用条件があてはまる場合に自分が規範行為を行うべき有効な〔妥当する〕（valid）理由であり、また競合する諸理由を無視すべき有効な理由である〉と信じて、これらの信念に従って行動するときに限られる。ルールを持つということは、何を行うかを前もって決定することに似ている。行為の機会が生ずるとき、人は問題を再考する必要がない。すでに決心しているからだ。ルールはその規範行為を行う理由としてだけではなく、競合する諸理由を排除することで実践的衝突を解決するものとしても使用されている。これがルールを持つことの利益であって、そのことが義務的規範とその他の行為理由を区別する。

あらゆるルールが妥当する理由であるわけではない。私が論じたい点は、〈人がルールに従うのは、彼がそれを妥当する一階の理由かつ排除理由であると信じている場合に限られる〉ということだ。彼は間違っているかもしれない。しかし彼にとって、ルールは彼が妥当すると信じている諸理由のそのような結合であるからこそルールなのだ。ルールとは何かを説明するためには、ルールに従うとはどういうことかを説明する以上のことをしなければならない。何よりもまず、義務的規範が妥当するとは何を意味するかを説明しなければならないが、ルールに従うということの分析は「妥当する規範」の分析の鍵を与える。というのは、ある規範が妥当するのは、それが従われるべき場合、そしてその場合に限るからだ（規範の妥当については次節を見よ）。このようにして、ルールに従うということに関するわれわれの分析が正しいとしたら、〈ルールが妥当するのは、妥当する排除理由である場合に限られる〉という結論が出てくる。

強調しなければならないことだが、決定とのアナロジーが拡張されるのは、実践的推論におけるそれらの役割の上記の類似性だけに限られる。決定も規範も、もし妥当するならば、排除理由である。人は決定が規範であるとか、規範が決定であるとかいった結論に導かれるべきでない。決定は、善いものであれ悪いものであれ、ある人が行うものに違いないから、彼にとって個人的（personal）なものである。それは彼の決定であって、そうでしかありえない。ルールは複数の人々に適用されることがありうるし、誰一人としてそれを信じていなくても妥当することがありうる。規範主体がただ一人であって、その主体がルールを受け入れ従っている場合にだけ妥当する、というようなルールも存在しうるということは本当だ（後述2-3節と4-1節を見よ）。しかし外部者は、そのような規範の規範主体がそれを信じてもいなければ従ってもいないという事実にもかかわらず、そのような規範が妥当していると（誤って）信じてしまうことがありうる。誰一人として、ある決定がその決定を行っていない人を拘束すると信ずることはできない。

2-3　義務的規範の分析

排除理由としての規範

排除理由という観念は義務的規範の説明にとって本質的である、特に実践的推論において義務的違反が果たす役割が通常の行為規範とどのように異なるかを理解するためには本質的である、と私は示唆してきた。私は前節で、〈労働と時間を節約する道具として正当化される規範と、間違いを最小化する道具として正当化される規範と、権威が発しその権威の賢明さあるいは協力確保の必要性によって正当化される規範は、排除理由とみなされねばならない〉と論じた。しかしながら規範の正当化からの議論は〈あらゆる規範が排除理由である〉ということを確立できない。規範を正当化するためには多くの異なる方法があって、私は〈可能なあらゆる正当化は、その規範が排除理由であることを要求する〉と示す一般的な議論を知らない。さらに、多くの人々は規範をいかにして正当化するかに関する定見を何も持たずに多くの規範を抱懐している（endorse）。それゆえわれわれは決定〔決心〕とのアナロジーを必要とした。これはルールを正当化できる仕方に基づくのではなくて、ルールが妥当していると信ずる人々の実践的推論の中でそれらのルールが果たす役割に基づく議論だった。すでに主張したようにルールが決定として機能し、そして決定が排除理由だとしたら、規範もまた排除理由なのである。[11]

義務的規範が排除理由であるということを示すまた別の議論もある。それは1-2節が示唆したテストに基づくものだ。

そのテストは、現実の衝突あるいは仮説的な衝突における人の反応のいくつかに着目することによって、その人が理由を排除理由とみなしているか否かを確立し、それらの反応が正当化されるか否かを確立することによって、ある理由が妥当する排除理由であるか否かを確立するように意図されている。人がある理由を排除理由とみなすのは、その人が両立不可能な諸理由に直面するあるケースにおいて、彼の反応が〈ある理由の方が一層強いか一層重いために、他の理由に優越する（override）衝突において適切である反応〉とは異なる場合だ。その相違は〈当事者が、両立不可能な諸理由を、推論の二つの異なるタイプあるいはレベルに属するとみなす〉ということである。彼は〈あるレベルに属する理由の方が他のレベルの理由を支持する行為を排除するが、それでもこの二つのレベルは直接に比較可能ではないので、たとえ人が劣位のレベルの理由から行動するとしても、その人は一層軽い理由から行動する場合のような直截な批判ではなく、賞賛と批判の入りまじったものに値する〉と考える。というのは、その人は状況のある査定によれば正しいことをしたのであって、その査定は単純に優越されるものではないからだ――その査定によって行動すべきでなかったのではあるが。この複雑な反応を解説するのは、〈当事者は自分自身が両立不可能な一階の理由と排除理由に直面しているとみなしている。そして彼は、自分はある一階の理由によって行動しないよう排除理由によって要求されているが、もし一階の理由の差引勘定によって行動するとしたら別の行為を行っただろう、と意識している〉というものである。

ある義務的規範を抱懐している人々のテスト状況に対する特徴的な反応を検討すれば、彼らがそれを実際に排除理由とみなしているということがわかるだろう、と私には思われる。ルールに従う人ならば誰もが、自分は規範行為を行うべきだと知ってはいるが、それでも〈そうすることはオーライではない〉、すなわち〈別の計算によれば自分はその行為をすべきではない〉という趣旨の、独特の入りまじった反応を持つような状況に置かれるかもしれない。すでに示唆したように、これは彼が実際にそのルールに義務的規範として従っている、つまりそのルールを、時には理由の差引勘定に反する行為を行うように要請するかもしれない排除理由とみなしている、ということの証拠だ。われわれはそのような状況に置かれると、自分がルールに従うことは正当化されると通常信ずる。この程度において、われわれはそのルールを決定的で重要な理由とみなしている。しかし入りまじった反応は、〈そのルールあるいはそれを支持する理由は、衝突する理由に常に優越する〉ということをわれわれに否定させようとする。われわれはむしろこう感ずる。──排除理由はそれ以外の理由を排除し、それら他の諸理由にもかかわらず行為を正当化する。特定の場合には後者の理由に優越しないにしてもそうなのである──(12)。

テストケースの別のタイプに移ると、われわれはここでもまた、排除理由に特徴的な入りまじった反応が、規範からの逸脱のケースにおいてしばしば見られるということを見出す。われわれがいつも意識している事実だが、ルールからの逸脱は特定の状況では有益でありうる。時としてわれわれは〈その逸脱は正当化され、そのルールはこの場合には従われるべきでなかった〉という結論を下すのだ。しかしこのことがいつも本当だというわけではない。〈ルールからの逸脱は有益である〉ということが事前に知られており、事後に証明されたということが知られているときでさえ、また〈逸脱があったとしても、他の場合にそのルールが従われなくなる蓋然性は増大しなかっただろう〉と確証されたとしてさえ、われわれはそのルールが従われるべきだったと感ずることがよくある。この反応は、そのルールがルールとみなされている、つまり排除理由とみなされている、ということの決定的な証拠だ。そのような反応は決して正当化されないと考える人たちもむろん存在する。しかしそのことは論点から逸れている。核心となる事実は〈そのような反応はかなり一般的であって、人がそのルールを本当にルールとみなしているか、それとも一階の行為理由の言明としかみなしていないかを決定するテストになる〉ということだ。そのような反応の正当化に異議を唱える人々もこの最後の点には譲歩する。というのは、彼らはルールの妥当性に異議を唱えて〈あらゆるルールは究極的価値の直接の適用によって支配されるべきである〉と主張する、まさにその人々だからだ。〈前節で提出した議論は、〈理由の差引勘定によって行為しないのを正当化することはできない〉という理由でルールの正当化は不可能だと考える人は結局間違っているかもしれないということを示唆している。〉

すでに見たように、ある規範を受け入れるということは、それが排除理由であるという信念を伴意する。実践されている規範は、それを実践する人々にとって排除理由である。では一般的に従われていない道徳的ルールはどうだろうか？　それらも排除理由なのか？　もしそのルールが正当化されるならば、それは排除理由として実践されるべきだ。従って〈それは実践されるべきである〉と確証することは〈それは排除理由である〉と確証することだ。前節で論じた二つのタイプのケースは、義務的規範の妥当に関する例として用いることができる。しかし道徳的ルールあるいはその他の妥当するルールのいかなるタイプも、同じ論点の例証となる。

〈ルールは行動の究極の原理ではないから道徳哲学にとって重要でない〉としばしば言われてきたが、ルールは道徳的推論以外の多くのものを含む実践的推論にとって極めて重要であると私には思われる。それは道徳的推論にも重要である。しかしそれが究極の理由ではないということは本当だ。ルールは常に基本的な価値を基礎として正当化されねばならない。これが規範は排除理由であるという事実の帰結だ。諸理由によって行動しない理由は究極の理由ではありえない。それは一層根本的な考慮によって正当化されねばならない。さらにルールというものは、すでに繰り返し指摘したように、さまざまな衝突する考慮を類的状況に適用した考慮の結果を通常表現している。このことは、なぜルールが究極的でないかを説明する。それはまた、規範を支持する諸理由がなぜ規範の定式化から常に明白にわかるわけでないのはなぜかも説明する。すでに（1-1節で）述べたように、あらゆる完全な理由はある作用的理由を含んでいる。その作用的理由はそれ自体として、別の行為、すなわち、作用的理由が設定する目標——それがある価値の現実化にせよ、ある規範との合致にせよ——を促進する行為の完全な理由である。完全な理由が要求するあらゆる行為は、作用的理由だけによって要求される行為の一例でもある。その作用的理由が価値であるとき、これはその要求される行為をその価値の促進として特徴づけることになって、その行為の望ましさの根拠を明白にする。規範は衝突するさまざまの価値の要求の結果なのだから、規範はその望ましさを公然と示すことをしない。規範は単に、いつ誰が何を要求されるのかを述べるだけであって、その要請を支持する諸理由を明らかにするような仕方で常にそれを述べるわけではないのだ。

義務的規範の複雑性と完全性

私は義務的規範が排除理由であると長々と論じてきた。なぜならこの事実が十分に注目されてこなかったからであり、またこれが、実践的推論における諸規範の役割と規範の正当化の中に含まれる諸問題を理解する鍵だからでもある。しかし忘れてはならないことだが、ほとんどの規範は一階の理由でもある。つまり、他の理由を無視するだけでなく、適用条件が満たされるときに規範行為を行う理由でもあるのだ。規範と両立しないがそれによって排除されない理由があてはまるケースでは、人はその規範の一階の理由としての重みとそれと衝突する理由の重みとを比較した衡量の結果によって自分のなすべきことを決めなければならない。

規範の一階の強さはそれが仕える価値に依存する。その強さは規範を支持する諸理由の強さに依存するが、それらの理由は規範が要求することを行う理由である。これらの理由が、規範を支持する理由のすべてである——規範の排除理由としての性格を正当化する理由を別にして。規範の一階の強さはまた、そこからの逸脱が（他の点では正当化される場合に）、その規範が無視されるリスクを（それが従われるべき場合に）増大させる蓋然性にも依存する。このリスクに影響する事実は、強さに影響する補助的理由とみなすのが最善である。

しかしながらすべての規範が一階の理由であるわけではない。エチケットのあらゆる考慮を無視する——しかしそれらの考慮を侵害するというのではなくて、単に無視するにすぎない——というルールを受け入れる、ほどほどに反抗的な若者を考えることはできる。また、〈人は自分の欲求のうち、それを実現しなくても自分の健康を損なわないようなものを無視すべきである〉といった、ほどほどに禁欲的な原理もありふれている。これらの規範は〔一階の理由ではなく〕排除理由であるにすぎない。これらを受け入れている人々が〈排除されるあらゆる考慮は理由でありうる〉とか〈それらの考慮は常に優越される〉ということまで否定している、と考えるのは間違いだ。彼らはいずれの主張も否定する必要がない。彼らは〈それらの考慮を排除する十分な理由がある〉と信じているにすぎないかもしれない。このような議論の線からして、〈そのような純粋の排除理由を首尾一貫して受け入れることは不可能である〉ということを示すのは一層難しい。彼らは思い違いをしているのかもしれないが、必ずしも非理性的ではない。

あらゆる排除理由が規範であるわけではない。われわれはすでに〈すべての権威的言明（utterances）は排除理由だが、それらがすべて規範なのではない〉と言った〔八六頁〕。私はある事柄について全く無知なので、いつも自分の金銭を株式取引の専門家である一友人の助言に従って投資している、としてみよう。彼の助言は私にとって排除理由であって、私は彼を自分にとっての権威とみなしている。だがそれでも、彼は私に助言するとき規範を発しているのではない。以下ではあらゆる命令はある意味で排除理由とみなされると論ずるが、命令が常に規範であるわけではない。規範とそれ以外の排除理由は実践的推論にとって重要ないかなる意味でも異ならないように思われる。むしろ両者間の相違は一次的には存在論的なものだ。われわれは規範を実在（entities）として語る。この語り方は、そのようにして実在としての規範に言及しない他の語り方を選ぶことで多くの場合消去されるかもしれない。だがそのことは論点からはずれている。われわれは通常の語り口において実際に「規範」や「ルール」や「原理」を、対象に言及する表現の要素として用いているからだ。それゆえ、われわれは規範の内容に言及する機会があるときやありそうなとき、その規範を生み出す特定の状況──すなわち、命令を与えるという行為や、その規範が実践されているという事実や、それを正当化する状況──を無視して規範について語る。われわれは理由の内容に言及する機会を持ちそうもないとき、理由の存在の基礎となる状況が何であれ、それを規範としては語らない。そのような場合、直接われわれは、命令を与えるという行為あるいは社会的慣習あるいは旱魃（これは水の消費を制限する理由になる）に、理由として言及するのである。

それゆえ、通常われわれは一般的規範とルールと原理だけに言及して、特定的規範には言及しない。

一般的規範は多くの状況に適用される。われわれはそれに言及する機会が多いかもしれない。特定的規範は一つのケースだけに適用され、通常は、それを生み出す状況に言及しながら論じられるだろう。だから後者は規範として論じられることがそもそもないだろう。しかしわれわれは制度の背景の中で特定的規範に言及する機会があって、そのときそれらは制度化された規範体系の一部を構成している。クラブはある機会にしか適用されないルール（たとえば、創立一〇周年に総会を開くという）を制定するかもしれないし、そのルールを何年も前に採択するかもしれない。

あとで義務的規範の諸次元を論ずるとき、われわれは「規範」と「ルール」の用法を支配する別の慣習に注目するが、今のところ、〈規範は「実体」として取り扱われる。すなわち完全な理由である〉という事実の持つ一つの重要な帰結に向き合わなければならない。われわれがすでに見たように、ある人が〈人はφすべきである〉と述べるとき、彼はφする理由を与えているのではなくて、そのような理由があるということを述べているにすぎない。〔だが〕〈人はφすべきである〉が規範あるいはルールであると述べることは、理由を与えることである。なぜこの相違が生ずるのか？「……はルールである」という種類の言明は〈理由――この場合は排除理由――が存在する〉という言明でもあるにすぎない、となぜ言えないのか？　まず次の点に注意しよう。ルールと規範が実体として取り扱われるという事実は、その相違が存在すると示している。実践的ディスコースをごく大まかに見てみるだけでも、ルールがしばしば理由として持ち出される（たとえば、なぜ私があることをすべきなのかという問いに対して、多くの人はそれがルールだからだと答えるだろう）ということは明らかだろう。規範は対象として取り扱われるのだから、そうでしかありえないだろう。しかしわれわれは規範をなぜ完全な理由とみなすのか？　この事実はわれわれの言語使用の生《なま》の事実として受け入れるしかないのか？　それともそれは実践的推論の一側面の反映なのか？　私には、規範が完全な理由として見られるという事実の説明として、単純であると同時に教えるところが大きい説明が存在すると思われる。それはまた、規範がなぜ対象として取り扱われるのかの説明にも役立つ。

われわれはすでに、規範を含む実践的推論の可塑性と複雑性を強調してきた。ある規範が存在するということだけでは、実践的問題は自動的に解決されない。規範によって排除されない他の衝突する理由があるかもしれないし、規範のスコープに影響する考慮等々があるかもしれないからだ。しかし、大部分の場合規範の存在が決定的であるということは認めねばならない。事態を複雑化する要素があてはまるのは少数のケースにすぎない。規範を持つことの全体的な目的は、この単純化の達成だ。規範が排除理由であるという事実のために、規範はこの目的を達成することができる。規範は排除理由だから、それが支配する諸状況に適用されそうな他の諸理由の大部分と競合する必要がない。規範がそれらを排除するからだ。このようにして規範は実践的推論を単純化する。規範が当該のケースに適用されるということがひとたび確定されると、われわれはそのケースに影響する衝突する諸理由の重みにかかずらう必要がない。それらの理由はほとんどのケースにおいて排除され、その排除は重みの問題ではないのである。このことは、規範は二階の理由であるという事実によって決定される。このようにして、規範はそれらを正当化する理由から相対的に独立している。ある規範が妥当するということを知るためには、それを正当化する理由があるということを知らなければならない。しかしその規範を多数のケースに正しく適用するために、これらの理由が何であるかを知る必要はない。規範を支持する諸理由は、その一階の理由および排除理由としての重みを決定する。しかし大部分の状況では、その重みは問題にならない。規範は排除理由であるために圧倒するのだ。

規範はそれらを正当化する諸理由からこのようにして相対的に独立している。このことが、〈規範がそれ自体の資格において完全な理由とみなされるのはなぜか〉と〈われわれが規範を実体化して対象として取り扱うのはなぜか〉を説明する。それはまた、「べし」言明と「人が……すべきであるということがルールである」といった種類の言明との相違も説明する。誰かが私に対して私はある行為を行うべきだと言うが、彼は私にその理由を言わない、としてみよう。さらに、私は彼を信じている、つまり、彼が私にはわからないある行為理由を知っていると信じている、としてみよう。私が知っているのは、その行為に反対するいくつかの理由しかない。そのような状況において私は当惑する。私は彼の助言を利用できない。その行為を支持する理由があるという彼の言葉を私は信頼するが、すべては、それらの理由がそれに反対する私の知っている諸理由よりも強いか否かにかかっているからだ。それを私は知ることができない。その行為を支持する諸理由が何であるかを知らないからだ。*この状況を次の状況と比べてみよう。後者の状況は〈私の友人の与える助言は、私がその行為を行うべきだという妥当しているルールが存在する、というものである〉という点を除いて、前者とあらゆる面で同一である。ここでも私は彼を信じている。つまり、その行為を行う理由と他の諸考慮を排除する理由があると信じている。ここでもまた、彼はそのルールを支持する理由が何であるかを私に言わない。しかし今度はこのことは重要でない。衝突する理由として私が知っているのが例外的な性質のものでない限り、彼が私に助言する理由の重みの問題は生じない。そのルールは衝突する考慮を排除するが

＊　むろん私は、彼がそのようなケースを私よりもうまく処理する仕方を知っていると信じているために彼の判断を信頼することがありうる。しかしこのことは、彼を権威とみなし彼の助言を排除理由とみなすことに帰する。

ゆえに圧倒する。私が何をすべきかを知るためにそのルールを支持する厳密な理由を知らなければならないのは、例外的な状況にすぎない。そしてこのことが、「べし」言明が〈理由がある〉という言明にすぎないのに対して、〈ルールがある〉という言明は理由の言明——そのルールがその理由であるという言明——であるのはなぜかを説明する。

義務的規範の三つの次元

私は本章を通じて、時々「規範が正当化される」、「それは受容されるべきである」、「それは受容される」等々の表現を用いてきて、規範が存在するとか規範があるとか言うことには用心してきた。規範の存在に関する言明はさまざまな目的で用いられるが、その中では三つの目的が最も重要だ。人は規範があると述べる際、〔①〕それは妥当する〔有効である〕(valid)（つまり、正当化される）と述べているのかもしれないし、〔②〕それは実践されている(practised)と述べているのかもしれないし、〔③〕それはある人物あるいは団体によって指図されている(prescribed)と述べているのかもしれない。これらが規範の三つの次元だ。簡単にそれらを調べてみよう。

〔第一に〕規範は、それが適用されるときはいつも——つまり、その適用条件が満たされるときはいつも——規範主体がそれによって自らの行動を指導することが正当化される場合、そしてその場合に限って妥当する。規範の妥当の問題は、正当化の他の諸問題とはっきり区別されるべきだ。ある規範が妥当するが、規範主体がある状況において規範行為を行うことは正当化されない、ということがあるかもしれない。これらの状況において、規範によって排除されていない、圧倒すべき他の衝突する理由があるかもしれないからだ。同様にして、ある立法された規範は妥当するが、立法機関がそれを制定したことは正当化されない、ということもありうる。〈その規範はそもそも制定されるべきでなかった〉という事実にもかかわらず、ひとたび制定されると、規範主体はその規範が拘束するとみなす十分な理由を持つかもしれない。規範の妥当について語ることによって、われわれは〈規範主体はその規範によってその行動を指導すべきか?〉という正当化の一つの問題を切り離すことができる。われわれはすでに、規範の妥当を確立できる方法の例をいくつか与えた。

〔第二に〕妥当する規範は実践されることも実践されないこともありうる。それはある人物あるいは社会によって従われて受容されることも、無視されることもありうる。ある規範が実践されるということは、少なくとも一部の人々がそれの妥当を信じているということを伴意するが、それが妥当しているということを決して伴意しない。〈規範が実践されるとはどういうことか〉の説明によって〈規範とは何か〉が説明されると考える点で、規範の実践説は間違っている。それにもかかわらず、H・L・A・ハートとこの理論の他の提唱者たちは社会的・制度的・個人的実践に関するわれわれの理解に大きな貢献を行った。われわれはすでに社会規範に関するハートの分析を説明したし〔2-1節〕、次章では制度化された規範のいくつかの側面を検討する機会がある。社会的実践とルール順守を構成するものとについてハートと他の哲学者たちが与える分析は、疑いもなく、さらに洗練し改善することができる。しかしながらわれわれの目的にとっては一つの点だけを追加すべきだ。それはすなわち、〈人が規範に従うのは、彼がそれを規範行為を行う一階の理由であるとともに排除理由でもあるとみなす場合に限られる〉ということである。人がある事実を排除理由とみなすか否かを決定するために1-2節で示唆したテストは、彼が規範に従っているか否かを決定するために適用されねばならない。規範が社会によって実践されるのは、その社会の大部分がそれに従う場合に限られる。だからある規範が社会規範であるか否かを決定する際には同一のテストが適用される。

規範が実践されているか否かは、それが妥当するか否かに時として関係する。いくつかの社会的ルールは、それを採用することが正しくはないが、変更すると善よりも多くの悪をもたらすだろうから、ひとたびそれを持てば従うべきである。そのようなケースでは、その実践が、妥当しない規範を妥当する規範に変える。同様にして、慣習的ルールというものがあって、これは誰もが従っているがゆえにわれわれが従うべき理由を持つルールである。このルールを持つのはよいことだが、それが妥当するルールであるのは、現実に実践される場合に限られる。道路でどの自動車が優先するか――右からの車か左からの車か――を決めるルールを持つのはよいことだ。それが実践されているか否かにかかわらず、そのようなルールを持つのはよいことだ。しかしそのルールが妥当するのは、すなわち人々がそれによって指導されるべきであるのは、それが実践される場合に限られる。そのような交通ルールが承認されていない社会では、自分自身で試みるのは極めて危険で愚かなことになる。これらのケースは、妥当の問題と正当化の他の問題とをはっきり区別することの重要性を明らかにする。それは特に、〈ルールを持つ理由がある〉ということと〈妥当するルールがある〉ということの相違を示す。ある国への旅行を禁止するルールを持つべき、とてもよい理由がある。しかしそのようなルールは実践されておらず、そして誰もがそれに従うということがその妥当の条件なのだから（もしたった一人の人しかそれに従わないとしたら、何も利点はない）、私がそれを遵守すべきだということは、妥当するルールではない（私はむろんその国に行かない他の理由を持つかもしれない。私はそうすることがこのルールの成立のための運動に寄与するだろうと考えるかもしれない。あるいは、このルールを提唱する私の動機に関して持たれるかもしれない誤解をそれが防止するだろうと考えるかもしれない）。

規範に関する実践説が持つ一見したもっともらしさの理由の一つには、〈規範が妥当するためにはそれらが実践されていなければならないことが多い〉という事実がある。そのような規範のケースでは、〈規範があるのはそれが実践されている場合に限られる〉と述べることが真である。もし実践されていなければ、妥当する規範は存在せず、言えるのは〈われわれはそのような規範を持つべきである〉ということにすぎないからだ。しかしながら、あらゆる規範について、それが妥当するためには実践されていなければならないというわけではない。これが実践説の失敗の理由の一つである。だが理由の一つにすぎない。

〔第三に〕規範は、ある個人あるいは集団によって、他の人々の行動を指導するための規範として設定されるとき、指図されている。指図された規範とは、規範主体が行為の排除理由として受け取るように意図された言語行為によって設定された規範だ。あらゆる指図が規範とは限らないが（一〇六頁を見よ）、あらゆる指図はある意味で排除理由である。指図の状況はその性質自体から非対称的である。その状況は、ルールを定める、あるいは命令を下す等々を行う人物と、そのルールあるいは命令の名宛人である別の人物を含んでいる。指図の名宛人はそれをどのようにもみなせるが、名宛人の反応は指図の性質に関係しない。その性質は指図を行う方の者の意図に依存する。彼は〈自分の指図を理由として受け取るべしという自分の意図を伴ったその指図行為が、名宛人によって承認され、行為理由として受け取られる〉ということを意図しなければならない、としばしば言われてきた[13]。だがこの条件は弱すぎる。指図する者が意図しているのは〈自分の指図が排除理由とみなされる〉ということなのだ。

指図を依頼や脅迫的警告（たとえば「もしあなたが日曜の朝にあなたの電気芝刈機を使い続けるなら、

私は自分のガレージをあなたに使わせない」〉と比較するのは興味深い。依頼をする人は、自分が依頼するという行為が名宛人にとってそれを遵守する理由になることを意図している。彼は疑いもなく、自分の依頼が結論的理由になることを望んでいるが、それが排除理由になることは意図していない。自分の依頼が拒まれ、その拒絶には十分に強い理由があるということを示されたら、彼はがっかりするかもしれないが、文句を言うべきことは何もない。確かに彼の依頼は拒まれたが、それは彼が意図した通りの仕方で考慮されたのだ。同様にして、脅迫的警告をする人は、その警告が真剣に考慮されて、脅迫が実行に移される見込みが自分の欲する行為を支持するように考慮を左右するに足ることを意図している。もし彼の相手が譲歩しなければ、警告者はがっかりするかもしれないし、自分の相手は愚かだと考えるかもしれない。しかし警告者もまた、文句を言うべきことはない。そしてもし彼が、自分の相手は脅迫にもかかわらず譲歩しない十分に強い理由を持っていると確信するならば、彼は相手がそうするのは正しいと認めざるをえないだろう。人は脅迫的警告を与えることによって、ある仕方で行動してほしいという意図をもって相手に選択を与えるのだが、脅迫された人がそのように行動しなくても文句を言うことができない。

命令のケースにせよ他のいかなる指図のケースにせよ、状況は全く異なる。指図する者は自分の命令が排除理由として受け取られることを意図している。命令の名宛人が〈自分がするように指図された行為は理由の差引勘定からして行うべきでない〉と正当に判断して行わなかったとしたら、彼はやはり命令に反し、指図した者の意図に反対して行動していることになるかもしれない。このことは、〈指図した者は名宛人による行為の遂行を意図している〉という事実を、名宛人が行為遂行の理由とみなした場合でさえあてはまる。言いかえれば、名宛人がその指図を〔単なる〕依頼とみなして、依頼にふさわしい十分な重みを与えるとしても、彼は指図をした人の意図に反して行動しているかもしれないのである。このことが示すのは、〈人は命令を下す際、依頼をするときには持っていない付加的な意図を持っている〉ということだ。彼は単に、自分の行為が指図された行為を遂行する理由として受け取られることを意図しているだけではなくて、それが衝突する行為理由の一部あるいはすべてを無視する排除理由として受け取られることも意図しているのである。

一般的に、命令は排除理由として受け取られることを意図されているのだから、それが従われないときは無視されている。〈理由の差引勘定上、命令行為の遂行を支持する理由を考慮に入れても、指図された行為はなされるべきでない〉という事実は、命令違反であるという批判に対する十分な応答にならない（しかしそれは依頼を無視したという批判に対しては応答になるのだが）。しかしながら、命令が他のあらゆる考慮を排除するように意図されていないときもある。その命令が排除することを意図していない優越的考慮が存在するために名宛人が指図された行為を行わなかったとしたら、名宛人は命令に違反したとはみなされない（もっとも命令に従ったともみなされないが）。彼は指図した者の意図に反して行動したのではないからだ。彼はその行為を支持する正当化を持つことになり、それは命令者が妥当しているとみなすものだろう。

もし命令に脅迫が伴っていたら、その名宛人に選択を与えていることにはならない。むしろ、命令者は命令それ自体であるところの理由をさらなる理由で補強しているのである。〈状況の基本的な非対称性のゆえに、決定的な問題は命令を与える行為が含意する態度にかかわる〉ということを想起すべきだ。指図が妥当か否かはその特徴づけに関係ない。

指図が依頼や脅迫的警告よりも僭越なのは、それが排除理由として意図されているからだ。指図は、

〔一階の〕極めて強い理由、それどころか絶対的理由として受け取られることを意図されたものとしてすら解釈することができない。指図する者の態度は通常、〈自分がこう言っているということが世界中で一番重みのある考慮だというのではない。むしろ、自分が命令したのだから、名宛人はそれ以外のあらゆる考慮を忘れるべきである〉と言っているのだ。もし名宛人がそれに反したら、指図した者は、名宛人はある査定によればよいことをしたと認めるかもしれないが、そのことに気づいていても、〈名宛人は命令に従って衝突する諸理由を無視せよ〉というのが自分の意図だったと言うかもしれない。このようにして、排除理由を同定するためのテストは指図に適用される。

通常われわれが規範に関心を持つのは、それが指図されるか、実践されるか、妥当しているか、あるいはこれらの性質を結合しているからだ。規範が存在していると述べるとき、われわれはそれがこれらの性質の一つ以上を持っているということを意味している。通常は文脈がそのような発言の厳密な意味を明らかにする。そうでない場合は、明確化を要求することが常に適切だ（規範的言明のさらに詳細な議論は5-4節を見よ）。この三つの次元のうち、妥当という次元が疑いもなく一次的なものである。妥当する規範だけが、妥当する、あるいは善い理由だからだ。実践される規範あるいは指図される規範は、人がある理由のために何らかの行為を行うと言われるという意味においてのみ、理由と呼べるにすぎない。つまりそれは、行為者が理由であると信じているから理由であるにすぎない。この意味で理由という言葉を用いるとき、われわれは善い理由と悪い理由を区別している。指図される規範、あるいは実践される規範は、この意味における理由である。しかしそれは悪い理由かもしれない。別の言い方をすれば、それは理由では全然ないかもしれないのだが、それを理由だと信じている人々や、他の人々に理由として受け取らせることを意図している人々が存在するのである。

第3章　非義務的規範

3-1　許　可

許可の多様性

私は本章で二つのタイプの非義務的規範の性質を検討する。それは許可的規範と権能付与規範だ。本節の目的は、いかなる意味で許可を規範とみなすことができるかを明確にすることである。「許可」は他の多くの規範的用語と同じように、さまざまの論点を述べるためにさまざまの文脈で用いられる。規範であるところの許可のタイプを分離するためには、「許可」の主要な用法のいくつかの区別から始めるのが最善だ。

〈ある人はある行為を行うことを許可されている〉ということは〈誰かが彼にそうする許可を与えた〉ということを必ずしも含意しない。われわれは許可の授与（granting of permissions）を以下で論ずる。〈ある行為が許可されている〉ということは〈それを行うことに反対する諸理由は、それがなされるべきでないということを決定するには十分でない〉ということしか意味しないかもしれない。

この意味では、ある人がある行為を行うことを許可されているのは、〈すべてを考慮した結果として、彼はその行為を差し控えるべきであるというわけでない場合、そしてその場合に限られる。この意味で用いられると、〈ある行為を行うことを許可されている〉ということは〈それを行うべきである〉ということと両立する。実際この意味では、すべてを考慮した結果として人がある行為を行うべき場合、その人はそれを行うことを許可されているということになる。しかししばしば、われわれは〈ある行為が許可されている〉と述べることによって〈人はそれを行う自由がある〉、〈人はその行為を行うか、あるいは差し控えるかしてよい〉ということを意味している。許可はこの用法において〈その行為を支持する理由もそれに反対する理由もない〉あるいは〈両者の理由は等しく釣り合っている〉ということを伴意する〔必然的に伴う〕。

しかしながら、許可の文はもっと限定された言明を行うために用いられることの方が多い。特に、人は〈ある人はある行為を行うことを許可されている〉と述べる際、〈その人はそれを行いたいという自分自身の欲求以外に理由を持たない〉ということを意味するのが普通だ。そのような文はまた、〈人はそれを行うべき義務を持たない〔負わない〕〉ということを述べるためにも用いられる。それを行わないことを支持する良い理由があったり、全体として彼はそれを行うべきでなかったりするかもしれないが、彼はそれを行わないという責務の下にないのだから、それを行うことを許可されている。許可の言明のスコープを制約しうる仕方には他のものもある。たとえば、人が〈あなたはある活動を行うことを許可されている〉と述べる際、人は〈あなたは法的に、あるいは道徳的に許可されている〉、すなわち〈あなたがそれを差し控えることを要求する十分な法的理由、あるいは道徳的理由は存在しない〉ということを意味しているのかもしれない。この用法は〈この行為を差し控えることを要求する他の種類の理由が存在する〉という信念と両立する。

許可の文はまた、〈人の責務に関する限り、あるいは道徳的観点あるいは法的観点から見て、人はその行為を行うかそれを差し控える自由がある〉ということを断言するためにも用いられる。これらの言明は〈人はそれを行うべき責務も差し控えるべき責務も負わない〉、あるいは〈人はその行為を行うことも差し控えることも、法あるいは道徳によって要求されない〉と述べるのと同値である。

多くの哲学者たちは、これまであげてきたすべての種類の許可を弱い許可として特徴づけてきた。〔その一方で〕〈ある行為が強い仕方で許可されるのは、その許可が規範によって伴意される〔必ず伴われる〕場合に限られる〉としばしば言われている。その許可がいかなる規範によっても伴意されておらず、その行為の遂行を禁ずる規範が存在しない帰結にすぎない場合、それは弱い意味で許可されている。この区別は私にはとても重要だと思われる。(1) しかしこの区別の意味も重要性も、この問題に関する現存の文献ではあまり明白にされていない。

〈強い許可と弱い許可の区別は、指図された規範すなわち制定された規範に適用される。それはたとえば法のような規範体系に適用される〉としばしば言われる。〔しかし〕思い出すべきことだが、規範体系は、指図されないが許可的規範であるかもしれない慣習的規範を含んでいるのだから、ここには二つの区別がある。すなわち、〔①〕指図によって授与された許可と、その反対の、指図が存在しないという意味での許可との間の区別と、〔②〕ある体系の規範が与える許可と、その反対の、規範がないという意味での許可との間の区別である。

これらの区別の前者〔①〕は、〔③〕誰かが人にその行為を行うのを許可したがゆえに持つ許可と、誰に授与されたわけでもない許可との間の区別と同一だと思われるかもしれない。だが両者の区別は同一でない。規範の創造だけによるのではなしに規範の廃止によって授与される許可もありうるからだ。鉄道会社が客車内の喫煙を禁ずるルールを制定していたとしてみよう。五年後に会社がそのルールを廃止したとする。会社はそれによって客室内の喫煙の許可を与えたが、新しい規範を創造したわけではない。それは古い規範を廃止したにすぎない。その規則集は喫煙が許可されているというルールを含まないだろう。唯一の変更は、喫煙を禁ずる古いルールが削除されたということだけだ。その廃止が禁煙ルールを廃止するという決定によるのであれ、これから喫煙を許可するという決定によるのであれ、これが会社の行為の正しい解釈である。許可の授与の分析は興味深いが、制定された規範による許可とその他の許可との間の区別は、私には無用と思われる。

規範が伴意する許可と、その反対の規範の不存在が伴意する許可との間の区別〔②〕の意味あるいは重要性はどこにあるのか？　ここでもまた、その区別が役立つとされる目的があるということは明らかでない。〈弱い許可は法（あるいはどんな規範体系にせよ）の中に欠缺があるということを示すが、強い許可はそうでない〉と言われることがある。また〈強い許可は、許可的法律を作った権威に劣後する権威はその許可を廃止できない――たとえ後者が、義務を課して弱い許可を取り消す権限を持っている場合でさえ――ということを伴意する〉とも言われる。いずれの断定にも一部の真理が含まれている。ただし両者の断定が依拠する区別が一致するとは限らない。たとえば、ある義務賦課規範が廃止される場合、おそらくそれは〈今やその法は新しい欠缺を含むことになる〉ということを伴意しないが、〈下位の立法者はそこに介入して、廃止された法律の対象だった行動を規制することができる〉ということを意味するかもしれない。一般的に言って、法の欠缺と下位の権威機関の権能に関する法は、異なる諸体系の細部に依存している。〈一つの概念上の区別が別々の社会の異なるニーズを満たすだろう〉と信ずべき理由はない。それよりもむしろありそうなのは、〈それよりもずっと複雑なさまざまの区別が、異なる諸目的のために、異なる規範体系とそのおのおのの体系によって引き出される〉ということだ。

面倒なのは区別の目的だけでなく、区別の意味そのものでもある。「あらゆるxはCにおいてφすべきである」という形式のあらゆる一般的義務規範は「あらゆる人はCにおいてφすることを要求されている――xでない人を除いて」という普遍的文章に定式化することができるし、また「あらゆる人はCにおいてφすることを要求されている」と「xでないあらゆる人はCにおいてφしないことを許可されている」という一対の文章によって定式化することもできる。ある許可が強いか否かをどのようにして決めることができるのか？　ベンサムは正当にも〈一国のあらゆる法律は、あらゆる行為に対する一つの禁止に、例外や制約等々を長々とつけ加えた形で表現することができる〉と述べた。ある許可が強いという事実は、法の権威的テクストがいかに定式化されるかにかかっているのだろうか？　だが権威的定式化が存在しない慣習法はどうなのか？　ともかく立法者の文体上の傾向をなぜそれほど重視するのか？　ある責務が三十歳を超える人々に課されるか、それとも三十歳以下の人々を除外した全員に課されるかに、何か違いがあるだろうか？　われわれは〈法律が前者のような仕方で定式化されている場合、三十歳以下の人々は年長者に要求される行為を差し控える弱い許可を持っているが、後者の場合は強い許可を持っている〉と言うべきなのか？

通常なされているような強い許可と弱い許可の間の区別はほとんど無意味だと私には思われる。人々の哲学的な動機について推量することはかなり無謀だ。しかしながら、〈この区別に関心を持っていた哲学者たちの一部は、許可的規範に基づく許可は「弱い」許可とは別のタイプの許可であって、特に一層強い規範的な力を持つ、と感じてきた〉と推測するのは理にかなっていると思われる（このことはフォン・ウリクトの『規範と行為』pp. 85-9の場合、特に明らかである）。しかしこれらの哲学者たちは、強い許可と弱い許可の間の規範的な力における相違がどのようなものかを特定してこなかった。結局のところ、強い許可と弱い許可は、その源泉が異なるにすぎず、全く同一の意味における許可である。両者の相違を法の欠缺や下位の権威機関の権能に求める試みは失敗に終わらざるをえない。それらはさまざまの許可を区別するさまざまの規範がたまたま存在するか否かにかかっているからだ。これらの規範は付加的な規範であって、その適用条件はあれこれの種類の許可の存在に依存している。それらはそれらの許可自体の規範的性質を左右しない。

どの法律が強い許可を制定し、どの法律がそうでないのか？　それを知るのが難しいのは、部分的には、強い許可と弱い許可の間に実質的な区別が確立されてこなかったからだ。許可の規範的な力には相違がないのだから、その区別を行うためには、いかなる根拠も持たない言語的かつ形式主義的な基準に頼らざるをえない。人が別々のタイプの許可の別々の意味をひとたび確定すると、ある規範がどれを示しているのかという問題は、通常の解釈問題になる。すなわち、その法律の意図は弱い許可の帰結の達成にある、あるいは強い許可の帰結の達成にある、とみなすべき理由があるかという問題である。それを決めることはしばしば難しいだろう。だが少なくとも、人は何が問題であってなぜそれが重要なのかを知ることになる。

排除的許可

人はある許可をある意味で許可授与規範（permission-granting norms）に基づく許可とみなすこと

ができて、その意味はすでにあげた他のあらゆる弱い許可の意味とも異なる、と私は示唆したい。許可のこの意味は強い許可に通常帰される意味とは大変異なるが、それは強い許可に関する文献の多くの背後にある根本的直観の一つを説明するかもしれない。その直観とは〈許可的規範（つまり許可を授与する規範）というものがあって、そのような規範に基づく許可はその規範的な力において他の許可とは異なる〉というものだ。

許可は実践的推論の中で特別の役割を果たす。行為理由は実践的拘束を課し、ある仕方で行動し他の仕方で行動しないことを要求する。許可は拘束の不存在を示す。ある仕方で行動することが許可されていると述べることは、そう行動する際に理由に反していないと述べることだ。許可の基礎となりうる根拠はさまざまある。φしない理由がφする理由を凌駕（outweigh）しない（そしてその中には、φしない理由yが存在しないケースも含まれる）ために、人がφすることを許可されている、ということがありうる。しかしφしない強い理由があるにもかかわらず、φしない諸理由を排除する理由があれば、あるいは少なくともその一部を排除する理由があって、排除されない理由だけではφする諸理由を凌駕しないならば、人はφすることを許可されることがある。なぜならその許可は理由に基づいており、理由の不存在だけに基づいているのではないからだ。それゆえその許可は積極的な正当化を要求する。それは単に反対の理由が存在しないということだけによって正当化されるのではない。

しかしながら排除理由に基づく許可は実践的議論の中で重要な役割を果たさない。排除理由はほとんど常に一階の理由と結びついていて、それらが結びついて適用されると、ある行為が要求されることになる。その行為は要求されるのだから許可されてもいるが、それが許可されているということは、それがなすべき行為であるという事実と比較すると興味深いものではない。われわれはここでまた実践的慣習の優越を思い出すべきだ。通常の状況において、人が実際になすべき行為が許可されていると述べることは、正しいにしても大変ミスリーディングなのである。会話でそのように述べると、〈その行為は許可されているだけであって要求されていない〉という含意を持つ。その行為が許可されているか否かが重要になるほとんどあらゆる目的にとって、それが要求されているか否かは重要である。ある行為が要求されていると聞かされる方が、それが許可されていると聞かされるよりも有益である。前者がもし正しければ、それは実践的問題を解決するからだ。だから人は、ある行為が単に許可されているというよりも要求されていると述べることを期待されている——もしその人がそう信じているならば。この理由から、また排除理由に基づいて許可されている行為は行うべき行為でもあることが普通だから、排除理由に基づく許可という観念は重要なものではない。

とはいえ許可を正当化する第三の仕方もある。〈私にはある行為を行わない決定的な理由がある〉という事実にもかかわらずそれを行うことが許可されているのは、私がそれらの理由を無視しても**構わない**（*may*）ときだ。この種の許可は、その行為を行わない決定的な理由が存在しないことに基づく弱い許可とは異なる。それはまた、〈私は衝突する諸理由を無視することを要求する理由を持っているわけではない〉という点で、排除理由に基づく許可とも異なる。私は単にそうしても**構わない**にすぎないのだ。私はそのような許可を排除的許可〔排除することの許可〕（exclusionary permission）と呼ぶことにする。排除的許可は〈排除される諸理由を無視すべきである〉ということを伴意しないという点で、排除理由と異なる。それは単に無視する権利を人に与えるにすぎない。私は排除理由によって排除される理由を無視しなければ理由に反して行動することになるが、私が無視することを単に許可されているだけの理由によって行動しても、理由に反して行動することにはならないのである。
排除的許可は強い許可である。それは反対の諸理由が存在しない結果にすぎないのではない。排除的許可は行為の差し控えを支持する結論的理由を無視することを許すから、当然視することができず、常に正当化を要求する。だがそれは許可であって、行動への制約を課さないし、それ自体としては人が何をすべきかを決定しない。ある行為を行うことが許可されているということは、制約から自由だということを意味する。しかしながら排除的許可の場合、これは反対の理由が存在しない結果ではなく、衝突する諸理由を無視して構わないということを定める考慮の結果である。それと同時に、排除的許可は諸理由に対抗して働く（counteract reasons）のだから、弱い許可とは異なる仕方で実践的推論と関係する。弱い許可は実践的推論（reasoning）に何ら寄与しない。それはある実践的推理（a practical inference）の結論かもしれないが、その結果に決して影響しない。排除的許可は理由の力に対抗して働くのだから、実践的推理の結果に実際に影響する。排除的許可は行動を直接指導せず、行為理由でないが、この事実にもかかわらず、実践的推理への寄与の中に現われる規範的な力を持っている。

われわれは弱い許可をいくつかの種類の考慮へと相対化できるということをすでに見た〔一一八—九頁〕。人がある行為を行うのを許可されているということは、〈それに反対する結論的理由がない〉ということではなく、〈それに反対する道徳的あるいは法的な結論的理由がない〉ということか、〈それを差し控えるべき義務がない〉ということを意味しているのかもしれない。排除的許可も同じようにして相対化できる。人は〈ある人はある行為を行う排除的許可を持っている〉と述べることで、〈彼はその行為に反対するあらゆる理由を無視する権利を持っている〉ということではなしに、〈彼はそのようなある種の考慮を持っている〉ということだけを意味しているのかもしれない。排除的許可は排除理由と同じように、そのスコープが制限されることがありうる。

排除的許可と義務を超えた行為

上記の排除的許可の分析は、それが日常の実践的推論の中で重要な役割を果たすということを何ら示すものではないが、今私は、義務を超えた行為（supererogation）〔「功徳」という訳語もある〕の性質の理解という問題を例に用いて、排除的許可が重要な役割を果たすということを示したい(2)。

義務を超えた行為の一つの重要な特徴（もっとも唯一の特徴ではないが）は、それを行うことは賞賛に値するが、行わないこと〔不作為〕は非難に値しない、ということだ。これは問題を作り出す。ある義務を超えた行為を行うことが賞賛に値するとしたら、そうすることを支持する理由があるに違いなくて、それらの理由はそれを行わないことを支持するいかなる衝突する理由をも凌駕するに違いない。しかしその行為を行う結論的理由があるとしたら、それを行わないことは、理由の差引勘定に反して行動することになる。もし理由がその行為のなされることを要求するならば、人は確かにそれを行うべきであって、この「べし」はそのケースにあてはまるすべての理由に基づいているのだから、結論的なべしである。だがこのことは、〈その行為を行わないことは人が（結論的に）行うべきことを行わないことである〉ということを伴意するのだから、義務を超えた行為を行わないことはなぜ非難に値しないのか？　この問題に対する対応の一つは、〈そのような行為を行わないことは非難に値する〉と譲歩して、〈義務を超えた行為というものは存在しない〉とすることだ。この回答は正しいかもしれないが、たとえ正しいとしても問題を解決しない。〈義務を超えた行為が存在する〉と信ずる人々が間違っているとしてさえも、彼らは不整合なわけではないからだ。彼らの見解を批判する人たちは道徳上の誤りを暴露しているのかもしれないが、論理的な非一貫性を暴露していることにはならない。そうすると、道徳以上の行動はどのように説明されるべきなのか？

次のケースを考えてみよう。マイケルは自分の収入のすべてを彼の家族のために用いる理由を持っている。彼はまた、その半分をオックスファム〔慈善団体〕に寄付する理由も持っている。彼がその寄付を行わないとしてみよう。彼は不正に行動していると言う人もいるだろう。その金銭がもしオックスファムに寄付されていたら、ずっとよい結果を生み出していただろうからだ。他の人たちは、彼が寄付しないからといって何も不正なことをしているわけではないと言うだろう。この人たちは間違っているかもしれないが、彼らが事実に関する間違いあるいは矛盾を犯していると言ったら奇妙だろう。彼らの立場は首尾一貫しているだろうか？　彼らが〈その金銭をオックスファムに寄付することは、自分自身の家族のために使うよりも大きな善をなすだろう〉ということを受け入れるとしてみよう。彼らは〈その寄付をしたらそれは賞賛に値する義務を超えた行為になっただろうが、それでもそうしないマイケルは何も不正なことを行ったわけではない〉と考える。彼らは〈マイケルの家族への余分の利益は他の人々の一層差し迫ったニーズよりも重い理由である〉と言うことができない。そのように言うのは〈マイケルがもしその金額を寄付したら、彼はより小さな理由から行動したことになる〉ということを意味してしまうからだ。とはいえ彼らはまた〈寄付を支持する理由の方が重い〉と言うこともできない。彼らはマイケルが理由に反して行動したのではないと考えるからだ。

この問題を解決する容易な方法があると考えられるかもしれない。義務を超えた行為とは、なすべきではあるが人々が行うとは期待されていない行為である、と言われることが多い。人がそれを行うと称賛されるのはその遂行が稀だからである、その不遂行が批判されないのはそれが頻繁なことだからである、というのだ。ほとんどの人々が正しいことを行わないとわかっているときわれわれはそれを行う人々を賞賛しがちである、というのは正当な観察かもしれない。われわれはよくある不遂行について人々を批判しない傾向がある、というのも真であるかもしれない。多くの場合、批判しないことには実際十分な理由がある。しかしそれだからといって、強い理由によって要求されている行為が一つでも義務を超えた行為になるわけではない。運転者たちが不注意である国の中で注意深く運転する人は、自動車を運転するたびに義務を超えた行為を行っているわけではない。不注意な運転者たちを批判することはそのような国ではしばしば無意味だが、それでも彼らの行動は非難に値するし、不正である。

われわれの問題について提案された解決案がいくらかでも説得力を持つためには再解釈が必要だ。義務を超えた行為は〈なされるべきではあるが、それを行うことが規範的意味において人々に期待されていない行為〉として解釈されねばならない。その行為がめったに行われないことをわれわれが知っているというだけではなくて、多くの場合において遂行を期待する必要がないのはなぜか、それを説明する規範的考慮が存在するのだ。私はこの極めて漠然たる定式化に異議がない。しかしそれは一般に、〈人々がなすべきだったことが義務を超えた行為である場合、彼らはそれを行わなかったことについて通常免罪される（excused）〉という意味だと解されている。義務を超えた行為は大きな勇気あるいは自己犠牲や偉大な平静さや何か他の稀なるスキルや特徴という稀なる性質を要求する、としばしば言われる。それゆえ、これらの行為はなされるべきものではあるが、人はそうしないことについて免罪されうる、人は自らの性格のある側面における一定の偉大さの欠如について非難されるべきではない、というのだ。

この説明には二つの欠点がある。第一に、それは通常義務を超えた行為とみなされているあらゆる行為にあてはまるわけではない。そのような行為の多くは何ら例外的な性質を必要としない。たとえば上記のマイケルのケースを考えてみよう。オックスファムに金銭を寄付するからといって彼の家族が品位ある生活に必要なものを失うことはない、と仮定しよう。彼らはいくつかの贅沢をあきらめなければならないにすぎない。月に一度劇場かコンサートに行く代わりに二か月に一度行くとか、ロールスロイスの代わりに普通の家庭用自動車を持つとか、高いフランス・ワインを飲む機会が少なくなるといったことだ。マイケルの友人の多くはまさに後者のようにして暮らしているのだが、それはマイケルがオックスファムに金銭を寄付したら失うような余分の贅沢のために使う金銭を彼らが持っていないからである。このような欠乏はごく普通のものだ。オックスファムへの献金は大きな勇気も自己犠牲もその他いかなる種類の例外的性質も要求しない。それでもそれは義務を超えた行為であると考える人は多い——彼らがそれは例外的な性質を要求しないと譲歩するとしてさえも。

この反論に対して〈もしこのケースが実際そのように記述されるとしたら、マイケルの献金が義務を超えた行為になると考える人々は単純に間違っているのだ〉と言って答えることはできない。彼らは間違っているかもしれないが、それでもわれわれは彼らが言っていることが何かを理解して、彼らが一貫していないという非難を避けたいと思う。また上記の反論に対して〈マイケルのケースにおいて弁明になるのは意志の弱さである〉と言って答えることもできない。マイケル自身が〈献金は賞賛に値するが、厳密には自分に要求されていないことである〉とみなすことは想像できる。*最後に、〈マイケルの弁明になるのは、彼が道徳的に自分に要求されているのが何かを知らないということである〉という主張もできない。われわれの問題は、〈マイケル自身と、マイケルに同意して彼は実践的推論において誤りを犯していないと考える人々の道徳理論によると、その行為はいかにして義務以上であると考えられるのか〉を理解することだからだ。

われわれが考慮している説明に対する第二の反論がある。この説明の含意は〈いかなる行為が義務を超えるかの決定は、規範理論ではなくて免罪〔弁明〕の理論に属することになる〉というものだ。この説明によると、義務を超えた行為を行わないことは不正だが弁明可能だというのである。しかしこれはわれわれが普通義務を超えた行為について考える仕方ではない。義務を超えた行為を行わないことは何か不正なことを行うことではない。人は通常それを行わないことが許されていると考えられている。だからそのような行為を行わないことを弁明する必要はない。

しかし義務を超えた行為を行わないことが、免罪される不正ではなく許容される行動だとしたら、われわれは元の問いに戻ることになる。なぜ人は、理由によって要求される行為を行わないことが許されるのか？　その解決は排除的許可という観念の中に見出される。義務を超えた行為を行わないことの許可は、排除的許可、ある理由による不作為の許可である。ある行為が義務を超えているのは、それが理由の差引勘定上なすべき行為ではあるが、それでも理由の差引勘定上しないことが許される行為でもある場合に限られる。(3)このように言うことは、〈いかなる行為が義務を超えているのか――そのような行為がもしあるとして〉を説明することではない。しかしそれは、〈ある行為が義務を超えていると述べるのはどういうことか〉や〈ある行為が義務を超えているとするためには何が証明されねばならないのか〉を解明するために実際役立つ。

義務を超えた行為の性質を説明するためには排除的許可が必要なのだから、その許可は疑いもなく実践的推論にとって重要だ。義務を超えた行為の分析の中で排除的許可を用いることは、実践的推論における排除的許可の役割を明らかにするためにも役立つ。排除的許可は、排除理由が二階の理由であるというのと同じ意味で二階の許可である。それは理由に基づいて行動しないことの許可であり、排除理由は理由に基づいて行動しない理由である。議論の異なるレベルに属する二つの実践的査定にわれわれが直面するケースのいくつかを説明するためには排除理由という概念が必要だが、それと全く同じように、二つの異なるレベルに属する実践的推論の他のケースを説明するためには排除的許可という概念が必要である。

哲学者たちは複数のレベルの査定を伴う実践的推論の複雑性に立ち向かうことをあまりにも避ける傾向があった。彼らはこれらの複雑性を見過ごすか、合理性あるいは一貫性を欠くとして斥けるか、〈異なる諸考慮は、異なる見解に、また両立も妥協もできない基礎から来る推論に、属する〉と述べることによってその説明をあっさり諦めるかしてきた。それにはいくらかの真理があるかもしれない。しかしこの悲観論が早計であると示すのが私の目的の大きな部分だった。悲観的結論の多くは、究極的価値の妥当を確証することの認識論的困難と、実践的推論の中にしばしば見出される諸考慮を説明することの論理的困難との混同から生ずる。本書の議論のどの一つといえども、実践的理由の哲学の前者の認識論的困難とは関係しない。しかし本書の議論の一部は、これらの認識論的困難を論理的問題から分離し、後者の論理的問題は理性的分析を容れるということを示す役に立つかもしれない。

＊　マイケルが自分自身義務を怠っているとみなすとしてさえも、そのような性質の意志の弱さが弁明になるとみなすことは難しいだろう。

許可的規範

許可的規範について述べる必要があることはほとんどない。義務的規範について語ることを可能にしてこの表現方法の必要性の基礎になったのと全く同じ諸考慮が、多くの排除的許可の基礎としての許可的規範にもあてはまるということが明らかだ。われわれは許可を生み出す状況から離れて抽象された排除理由の内容に言及する機会が多い。この事実は、抽象的実体としての許可的規範に言及する必要を作り出す。排除的許可はそれを生み出す諸考慮から相対的に独立しているが、この事実は、この必要を部分的に説明するとともに、許可が規範に基づく、あるいは規範によって「授与される」、と述べることを可能にする。排除的許可の相対的独立性は排除理由の相対的独立性と同じことを意味する。それはつまり、〈ほとんどの目的に関して、それらの理由の規範的な力はそれらの強さに基づいているのではないから、それらの基礎にある諸考慮に親しんでいない人々さえも実践的推論においてそれらを信頼して用いることができる〉ということだ。このことのために、しばしばわれわれは排除的許可を正当化したり生み出したりする諸考慮に言及することなしに、排除的許可があるという事実に言及することがある。この相対的独立性のゆえに、われわれは直接に許可を授与するものとして見られた規範を実体化することができる。許可あるいはその授与を正当化する諸考慮が、その規範を正当化あるいは創造するものとして見られるのである。

あらゆる排除的許可が許可的規範に基づいているわけではない。人が規範に基づく排除的許可について語ることができるのは、今述べた存在論的な諸考慮があてはまるときだけである。このすべてにおいて、これらの考慮は排除理由と義務的規範にあてはまる諸考慮と同型だ。いずれの場合でも、われわれは行為を要求あるいは許可する諸事実とその行為自体との間にある規範を解釈しているのである。

許可的規範は義務的規範と同じ構造を持っている。許可的規範の言明は〈適用条件が妥当するとき、ある規範主体はある規範行為を行う排除的許可を持っている〉ということを述べる。許可的規範が義務的規範と異なるのは、その義務論的演算子においてにすぎない。排除的許可という演算子が、義務的規範の言明の中に現われる排除的「べし」と一階の「べし」という演算子にとって代わるのである。

許可的規範は義務的規範と同じ三つの次元も持っている。〔第一に〕規範主体がそれらの規範に依拠すべきであるというのが正しいとき、彼らがある理由を無視する権利があるとき、許可的規範は妥当する。〔第二に〕人々がそれらを信じているかそれらに依拠するとき、それらは実践されている。われわれがすでに見たことだが〔一一一頁以下〕、ある義務的規範が従われているかどうかを確定するためには、人々の振舞いにも、それについての彼ら自身のとらえ方と説明にも、等しく注意を払わなければならない。許可的規範が従われているということを確定する際には、人々の振舞いについての彼らのとらえ方と説明が一層重要だ。許可的規範は行為を許可していて人の選択に何ら制約を含意しないのだから、規範行為を遂行することもしないことも規範と合致する。適用条件が満たされるときにもし規範主体が一般的に規範行為を行わないとしたら、これは彼らが〈その行為を行うことは許されていない〉と考えているという事実の表われであるかもしれないが、実際にそうだとは限らない。すべては自分自身の振舞いと他の人々の振舞いに対する人々の態度にかかっている。

許可は第三の次元も持っている。義務的規範が指図されることがありうるように、許可も与えられたり受容されたりすることがありうる。許可を与えることは、ある行為が許可されていると述べること[(4)]とは異なる。許可を与えることは、許可されていない行為を許可された行為に変えるのだ。ある行為が許可されていると述べることは、その行為が許可されているときにのみ真である。その断定がそれ自体で許可するわけではない。弱い許可を与えることも排除的許可を与えることも共に可能だ。人が弱い許可を与えるのは、ある行為に反対する理由を変えることができて、そうした結果その行為の不作為がもはや要求されなくなるときである。ある人が別の人に金銭を借りていてその債権者が自分の債権を放棄したとき、債権者はそれによって、債務を払わない弱い許可を債務者に与える。排除的許可が与えられるのは、ある行為を差し控えるべき理由を変えないがその理由を無視する権利をある人に与えるような仕方でその人が行動できて、そうする場合である。排除的許可を与える最も単純なケースは、自分の利益を害する行為を他の人が行うことに同意する人のケースだ。その許可はその行為に反対する理由を変えない。その行為はやはりその人の利益を害するだろうからだ。その許可の意図と結果は、その行為を考えている人物に、許可者の利益を無視することを許すことにある。注意すべきことだが、許可はそれを与えた人の利益を無視する理由にはならない。許可は単にその利益を無視することを相手に許すだけである。ある人がある利益を無視する許可を与えられるが、その人はそれでもその利益を無視したりしないことが希望されている、というケースは、われわれにとっておなじみのものだ。この事実は〈行為を差し控えるべき諸理由はその許可によって除去されない〉ということを示す。許可が行うことのすべては、それらの理由を無視するのを許すことだけだ。私は許可を与える人物がそうする権能を持っていると想定している（3-2節を参照）。もし彼がその権能を持っていなければ、彼は許可を与えることができない。多くの道徳理論は、人が自分自身に対する加害行為を許す完全な権能を持っていることを否定する。それらの理論は〈たとえある人が許可するつもりがあっても、その人を害する仕方の中には不正なものがある〉とするのである。

別の人物が許可される（この言葉のいずれの意味でも）という結果をもたらす行為のすべてが許可の授与ではない。許可が授与されるのは、そう意図されていると認められることを通じてこの結果を持つように意図された行為によってだけである。

われわれは排除的許可を授与する許可的規範の可能性を論じてきた。弱い許可を授与する規範はありうるだろうか？　われわれの考慮すべては否という答を含意する。(5) 弱い許可は何ら規範的な力を持たない。それは反対の理由がないということを示す消極的観念である。それゆえ弱い許可はその反対の規範の不存在に基づいているのであって、許可を与える規範に基づいているのではない。それは別個の正当化を必要とせず、実践的推論において独立の役割を持たない。それゆえそのような許可を確定する規範について語る必要はない。さらにそのような規範を措定することは積極的に混乱を招きミスリーディングである。そのような基準を同定する基準もないし、おまけに弱い許可を与える規範について語ることは弱い許可と排除的許可との区別を曖昧にする。そうすることは〈弱い許可もまた人間行動を支配する実践的推論に寄与する〉という印象を与えるが、実際にはそうでないのである。

3-2　権能付与規範

法律家と法哲学者は長い間法的権能〔権限〕（legal powers）の性質と重要性を論じてきた。契約や遺言を作成し、財産を売り、選挙で投票し、法律を制定・廃止する権能は、すべて法的権能の標準的ケースだ。制度による統制の中に権能が関わりあうような制度の中には、法に特有のものがある。他の制度は、ゲームあるいは任意団体等々のルールによって支配される、おそらくそれどころか道徳的ルールによって支配される、非法的制度に似ている。それゆえ法的権能は規範的権能一般の中の一タイプにすぎないとみなすことが合理的と思われる。哲学者たちは規範的権能の重要性を認めることが驚くほど遅かった。本節の目的は、規範的権能をどのようにして他のタイプのパワー〔力・能力・権能〕と区別できるかを検討して、権能付与規範の性質を説明することである。

規範的権能

規範的権能はパワーの独特の一タイプだ。[6] それはある行為を行う能力（ability）としてのパワー（たとえばフランス語を話したり自動車を運転したりする能力）とも違うし、影響力（influence）、すなわち人々の命運や行動に影響を与える能力としてのパワーとも異なる。パワーはそのすべての形態において、自分の願望を実現する可能性という観念と関係しているが、その形態のすべてが、「ある人は……するパワーを持っている」という言明と「彼は……を実現することが可能である」という言明との同一化によって定義できるわけではない。パワーのそれぞれの形態はそれよりもずっと複雑な分析を要求する。

規範的権能は規範的行為を行う能力として、そして法的権能（それは規範的権能の一種である）は法的行為を行う能力（たとえば契約や遺言や約束を行う能力）として定義できる、と示唆されてきた。もし規範的行為あるいは法的行為が、その遂行が規範的権能あるいは法的権能の行使であるところの行為として定義されるとしたら、その定義は正しいが、いささか情報に乏しい。それは〈規範的権能の説明は、権能を行使するとはどういうことかの説明によって与えられねばならない〉ということを明確化するという点でのみ役に立つ。われわれはこれから与える規範的権能の説明においてこの方法に従うことにする。しかしながら、この定義が規範的権能の完全な分析とみなされて、〈規範的行為とは規範あるいはルールへの言及だけによって定義できる行為である〉と定義されることがしばしばある。この権能観は〈権能付与ルールは構成的ルール（constitutive rules）である〉という見解としばしば結びついている。構成的ルールについては次章で論ずるが、しかし規範的行為をこう解釈してしまうと、権能について提案されたこの定義は誤りであるということが明らかだ。この見解によると、所得税を払うことは規範的行為になる――それは所得税法への言及によってしか説明できないのだから。しかし所得税の支払いが権能の行使ではないということは一般に同意されている。もしそれが権能の行使だとしたら、同じ議論によって、理由あるいはルールが要求するあらゆる行為は権能の行使だということになってしまう。

法的権能はしばしば法的変更をもたらす能力として説明される。法的変更は、権能保有者あるいはその他の人々の権利あるいは義務の変更として解釈されるのが普通だ。一般化すれば〈規範的権能とは規範的変更をもたらす権能である〉と言えよう。規範的変更は、ある人が持つ行為理由におけるあらゆる変更を含むものと解釈できる。しかしながらこれらの特徴づけはそのままでは権能の分析の基礎たりえないし、権能の行使と、理由が要求する行為の遂行とを区別することもできない（もし私が今ある薬を服用する理由を持っていてそれを服用したとしたら、私はもはやその理由を持っていない――私の行為がその行為を支持する理由を変えたからだ）。さらにこれらの特徴づけは、規範的権能と影響力としてのパワーとを区別することもできない(7)。影響力は、人々が持つ行為理由とそれについての信念に働きかけることによって行使される。影響力が現われる一つの典型例は、状況を操作してある目的実現を他の目的実現よりも難しくすることだ。これはマネーサプライの操作や職業・教育機会の決定などによってなされうる。そのような行為は、ある行為を支持する理由あるいはそれに反対する理由の差引勘定を変えることによって影響を及ぼすのだが、規範的権能の行使ではない。

影響力を行使する仕方は人々が自分の目的を実現するための手段を支配することだけではない、ということは注意に値する。影響力の中には、人々が持つ目的や欲求や熱望に影響を及ぼすパワーが含まれる。あるライフスタイル追求の望ましさに関する信念は、教育機関とマスメディアを通じてひきおこされる。さまざまな消費パターンや余暇を過ごす仕方や社会における人間関係等々を求める欲求は、権力の保持や商業的利益の促進や他の理由のため社会への影響行使に関心を有する人々が操作し方向づける社会制度の作用によって、大きく影響されている。これらの組織が常にそのような操作に従うというわけではないが、そのような支配を受けることはありうるし、実際しばしばそうなっている。それゆえ影響力は、補助的理由だけを支配するパワーとは限らず、作用的理由へのパワーをも含む。規範的権能もまた、作用的理由と補助的理由の両方へのパワーを含む。義務的規範を制定する権能は新たな作用的理由を作り出す権能である。財産を売る権能は補助的理由だけに影響する。それは現存する法律を新たな仕方で新たな人々に適用する。ある人がある財産に権限を持っているという事実は、それ自体ではいかなる行為を支持する完全な理由にもならないが、財産法と結びつくとそうなるのである。

規範的権能の特徴は、それが「客観的」事実の操作によってではなく言語行為の遂行によって行使されるということである、と考えられるかもしれない。言語行為それ自体が行為理由である、あるいはそう理解される、というのだ。この示唆は正しい方向を向いているが、そのままでは維持できない。第一に、規範的権能の行使は言語行為以上のものを含みうる。たとえばさまざまの法体系において、売買には、金属を秤にのせて量ってそれを買主から売主に〔代価として〕引き渡すとか、売買される土地の境界に沿って歩くとかいったことが要求された。〔この事実より〕もっと重要なのは、しばしば言語行為の遂行によって影響力が行使されるという事実だ。ある人物の影響力は、その人の要求のすべてが従われるという事実によって表わされるのかもしれない。たとえば一群の求婚者を持つ魅力的な若い淑女や、燃える演説で自らの追随者を説得するカリスマ的指導者を考えてみるとよい。

この後者の点は、〈人は他人を支配したり命令したりする規範的権能を持つかもしれないが、他人に依頼する（規範的）権能を持つということはありえない〉という事実に注意をあてる。命令を与える規範的権能はそれを与える能力と同一でない。人は命令を与える規範的権能を持っていなくても命令を与えるということがありうる。そのような命令は、それを一階の理由かつ排除理由として受け取るべしという意図とともに発せられる。その意図の認識は、名宛人が自分の状況を正しく査定するために重要である。しかしもし命令を発する人物がそうする規範的権能を持っていないとしたら、その命令は拘束しない。ギャングも子どもの親と同じように命令を発することができるが、親の方だけがそうする規範的権能を持っている。

命令する権能を持つということは、命令する権威を持つということと大体同じだ。命令が妥当するのは、命令者がそれを発する権威、すなわち規範的権能を持っているときに限られる。命令は妥当しなければ拘束しない。命令を発する規範的権能の主たる実践的意義は、命令が拘束するか否かを決めるためにはその権能が必要であるということだ。規範の諸次元についてすでに与えた分析は命令のケースにもあてはまる。つまり、命令は名宛人がそれに導かれるべき理由を持っているときに、すなわちその命令を、命じられたように行動する一階の理由であるとともに、それに衝突する考慮の一部あるいはすべてを無視する排除理由でもあるとみなすときに、拘束するのである。

　われわれは妥当する理由であるところの命令とそうでなくて完全に無視して構わない命令とを区別するが、それと同様に、妥当する理由であるところの依頼と注意を払う必要がなくて完全に無視して構わない依頼とを区別する。* しかし依頼が拘束すると述べることはできない。「私はあなたにAすることを依頼している。そしてこれは拘束する」と述べることは、〈私は依頼をしているのではなくて、命令を与えている〉と述べることである。このことは、われわれが命令する（規範的）権能については語ることができるが、依頼する（規範的）権能についてはそれができないのはなぜかを示す、と私には思われる。命令と依頼のこの区別の説明は、〈命令は結論的な理由か極めて強い理由であるが、依頼はそうでない〉というものではありえない。これは端的に真でない。結論的理由あるいは極めて強い理由である依頼もあれば、極めて弱い理由である命令も存在するからだ。また拘束する命令は、撤回できないという意味で拘束するわけでもない。特別の状況を別にすれば、命令は依頼と同様に撤回することができる。命令が拘束しうるのは、それがもし妥当するならば、他の考慮を無視してそれに従って行動することを名宛人に要求するからである、と私には思われる。換言すれば、それが拘束するのは、依頼と違ってそれが排除理由でもあるからだ。それは排除的であるがゆえに拘束するのである。

　規範的権能とは、自分自身あるいは他の人々の行為に適用される排除理由に影響を与える能力である。このことは、規範的権能という観念が、一階の理由だけに影響する行為になぜ適用されないのかを説明する。人はある人物が依頼する権利を持っているか否か、あるいはその依頼の名宛人がそれを理由あるいは結論的理由とみなすべきか否かを問うことができるし、同じ問いが命令を与えることについてもあてはまる。しかし命令や排除理由に影響を与えることを意図されている他の行為については、〈その行為を行う人物は、そうする権能を持っているか?〉、つまり〈彼がその人々の理由に影響を与えようとしている当の人々は、彼の命令を自分たちにあてはまる排除理由に影響するものとみなすよう要求されているか?〉というさらなる問題がある。

命令を与える権能のケースから一般化して、〈規範的権能は一般に排除理由に影響を与える能力である〉という結論に達することができるだろうか? 私にはそれができると思われる——特に、法的権能の分析が同一の結論を支持するのだから（法律の排除的な力に関する後述4-3節を見よ）。規範的権能は、それが人々に対するパワーであるときに権威を持つということに等しい。われわれはこのようにして、命令・指令するパワーであって他の人々に対して排除的にパワーであるものと、ルールと規定を作るパワーであって他の人々に対して権威を有するパワーを含むものとを同一視することができる。権威とは法の外にある規範的権能の主要な二形態の一つであって、そのもう一つの形態はコミットメントすなわち随意的〔任意的〕な責務を引き受ける権能である。† 規範的権能の分析を完全なものにするためには、〈拘束力を持つ約束と随意的責務は一般に排除理由である〉ということを示さなければならないだろうが、随意的責務の検討はわれわれをあまりにも遠くに連れていくので、ここで

＊　依頼はそれが結論的理由でなくても妥当する理由であるかもしれないということを忘れてはならない。それは衝突する一層強い理由によって凌駕されるかもしれない。

†　法の中では、立法と契約締結の権能に加えて他にもたくさんの異なるタイプの権能がある。売買する権能、代理人を任命する権能、結婚する権能、法人を設立する権能等々だ。これらの権能の多くは法の外に、特に任意団体の文脈の中で、類似物を持っている。これらは統制的（regulative）権能であって、後で説明する。

取り上げることができない。

われわれはこれまでのところ、排除理由に影響を与える権能しか考慮してこなかった。同様の議論が、〈排除的許可を授与あるいは撤回する権能も存在する〉ということを示すだろう。規範的権能という概念は規範の分析にとって特に重要だ――それが義務的規範であれ許可的規範であれ。規範でないところの排除理由にあてはまる規範的権能については、言及する機会も必要性も多くない。これから先、私は規範にあてはまる規範的権能だけを論ずる。

規範的権能とは、規範あるいはその適用に影響するいかなる権能でも構わないのではない。すでに注意したことだが、この特徴づけによると、ある規範に従う、あるいは反するいかなる行為も、権限の行使であるということになってしまう。またそのような行為のすべてを単純に除外することでこの問題を乗り越えることもできない。それではこの相違の理由を説明しないし、他のケースも取り扱わないことになるからだ。人は自分の住所をある町から別の町に変えることによって、さまざまの税法の適用やさまざまの社会保障の権利を変える。実際に人は税を軽くしたりもっと多くの保障を受けたりするために別の町や国に移住することを選ぶかもしれない。〔このようにして〕人の地位は、自動車や家の売買や軍への入隊による変更の場合と極めて似た仕方で変わる。それでも住所の変更は権限の行使ではないが、売買や軍への入隊はそうだ。この区別は規範的変更に依存するのではなくて、そのような行為がこれらの規範的変更をもたらすとみなすことの正当化に全面的に依存する。

ある行為が権能の行使であるのは、それが規範とその適用に影響を与えると認識すべき理由が、〈もし人々が、この目的のためにそのような仕方で規範とその適用に影響を与えたいと望むならば、彼らがそれをするのを可能にすることが望ましい〉というものである場合に限られる。ある規範の適用は住所に依存しているのだから、人は住所の変更によってそれに影響を与えられる。しかし住所を当該規範の適用条件とすることを正当化する事由は、人々をして転居による権利義務の変更を可能ならしめることではなかった。その一方、売買は財産法の適用に影響するものと認められているが、その理由はまさに、〈もし人々が売買によって自分の権利義務を変えたいと望むならば、彼らがそれを行うのを可能にすることが望ましい〉と考えられている、あるいは実際にそうであるからだ。ある行為が規範的権能の行使であるのは、他の可能な正当化の中でも、それが〈もしこのタイプの行為が規範的変更をもたらすと認められるならば、それは関係者がその変更を望むときにのみ一般に履行されるだろう〉と合理的に期待できるタイプの行為である場合、そしてその場合に限られる。人が規範的権能を持つのは、その人の行為遂行がそのような権能の行使である場合、そしてその場合に限られる。

この区別についていくつかのコメントがここでふさわしいだろう。規範的変更とは、ある規範の創造あるいは廃止（命令を与える、立法する、等々）、あるいはある規範の適用における変更（売買、結婚、軍への入隊、等々）のことである。かくしてわれわれは前記一三七頁で論じた規範的変更の広い定義を斥ける。規範を創造あるいは廃止する権能は規範創造的権能だが、規範の適用を変える権能は統制的権能である。

規範的権能の行使は規範の存在あるいは適用に規範的影響を及ぼすのであって、それは因果的影響ではない。私は自分の遺言を作成する規範的権能を持つが、妻の遺言については妻に対する影響力しか持たない。この区別は行為の結果（result）と帰結（consequences）の区別による。ケニー博士の説明するところでは、「行為の結果は、その行為を定義する、変更結果状態である。世界がある仕方で変わるとき、他のある変化も伴うかもしれない。……その場合、われわれは〈第二の変化は、第一の変化の帰結であり第一の変化をもたらした行為の帰結である〉と言う。行為とその結果の間の関係は内在的関係だが、行為とその帰結の間の関係は因果的関係である。*」行為の帰結が規範的変更に影響するとき、行為は規範に因果的に影響するが、行為あるいはその結果がその規範の存在あるいは適用に影響するとき、行為は規範に規範的に影響するのである。†

通常、関連する規範的変更をもたらそうという意図を伴う行為だけがその変更をもたらすと認められる。しかし常にそうだとは限らなくて、特に法やその他の組織化された規範体系の中には例外が多い。たとえば人はそうとは知らずに拘束力ある契約を結ぶかもしれない。この理由から、その区別は、行為の遂行に伴う意図に基づくのではなく、行為が規範的変更をもたらすとみなされるべき理由に基づくものである。

権能付与規範

規範的権能は規範に影響する権能なので、規範と密接に結びついている。しかし権能付与規範という特別のタイプの規範を認める必要があるだろうか？(8) もしそのような規範があるとしたら、それは〈その規範主体による規範行為の遂行はある規範的帰結を持つ〉と規定することになる。その規範はその帰結の正確な性質を特定する必要がないし、しばしば特定できない。売却の権能を付与する規範が特定するのは、ある人々はある行為によって売買に影響する権能を持つということだけだろう。売買の正確な帰結は、他の多くの規範の中で明らかになるのである。

権能付与規範を独自のタイプの規範として認める理由は、その権能のタイプによって異なる。統制的権能の存在は、この権能によって適用を統制される（諸）規範の存在を前提している。ここで唯一の問題は〈その権能は、それが影響を及ぼす規範によって付与される、あるいはこの権能を付与する別の規範によって付与される、とみなすことができるか？〉というものだ。所有者の同意なしに財産を処理することを万人に禁ずるある規範が存在する一方で、権能付与的法律を含む他の法律は所有権取得方法を規定している、とわれわれは言うべきか？　それともあらゆる所有権取得方法を、〈人々は所有者の同意なしに財産を処理することが許されていない〉という所有権の帰結を規定する個々の法律の中に読み込むべきなのか？　統制的権能は権能によって影響される諸規範とは別の規範によって付与されたものである、とみなすべき理由がいくつかあるが、ここでは一つだけあげれば十分だ。諸規範に関するディスコースが仕える一般的な目的は、人間行動を指導する諸考慮にたやすく言及できるようにすることだ。われわれがすでに見たように、行為が他の諸規範の適用を統制する権能の行使であるのは、〈統制されている規範を人々がある仕方で変えたいと欲するときは彼らがこれらの行動に従事するように、そしてこれらの規範的帰結をもたらしたくないときは差し控えるように、それぞれ動機づけられることは望ましい〉と考えられる、あるいは実際にそうであるからだ。これは〈ある権能の行使であるところの行為は、ある規範によって指導されている——その規範が、権能によって影響を受ける規範であれ、あるいは権能が別の規範によって付与される場合にはその権能付与規範であれ〉ということを意味する。しかし権能による影響を受ける規範は別の行為も指導する。さて、

* A. Kenny, 'Intention and Purpose in Law,' in R. S. Summers (Ed.), *Essays in Legal Philosophy* (1968), p. 150. またこの観念を初めて導入した von Wright, *Norm and Action*, pp. 39-42 も見よ。

† 〈ある人を導いて遺言を作らせることに成功する〉という行為は、正しい仕方における規範的変更（つまり、規範的な仕方であって因果的な仕方ではない）を作り出している。しかしそれは、上記のテストにおける権能の行使ではない。

規範的考慮が行為を指導する仕方を明確化することが規範に関するディスコースの目的なのだから、この目的に一番よく役立つのは、いかなる規範も一つの行為を指導すると考えられるときだろう。このことが権能付与規範という独特のタイプの規範を認めるべき理由だ。これらの規範が、権能の行使であるところの行為を指導するのである。

規範創造権能は別の諸問題を提起する。それらの権能の行使が創造することのできる規範はまだ存在しておらず、多くの場合、その行使が廃止することのできる規範もまだ存在していない。それゆえそのような権能は、それらに権威づけられて創造あるいは廃止されうる規範によって授与されたものであるとみなすことができない。統制的権能は存在する規範を統制するものなので、明らかに規範によって授与される。唯一の問題は〈それらの権能はそれらが統制する規範によって授与されるのか、それとも別個の規範によって授与されるのか？〉だ。規範創造権能に関する問題は〈それらはそもそも規範によって授与されるのか？〉だ。その答は〈義務的規範について語る理由があるか？〉を決定するのと同一の考慮によって決まる。つまり、権能保有者の行為を指導することができる理由であって、さらにわれわれがそれらの理由を正当化する状況にも言及せずに言及する機会を持つところの理由がもし存在すれば、そのときわれわれは、規範創造権能を規範によって授与されたものとみなすことができるし、またそうみなすのである。ある規範がある人物に長期間にわたって授与されている場合や、それが組織化された規範体系内部に存在する場合、しばしばこのことがあてはまる。だからわれわれは、規範創造権能を、子どもに対する親や、委員会や、所長や、その他任意団体や法律の中で立法機関として機能する人々に授与する規範に言及することができるし、また現に言及している。

これらの議論は、あらゆる権能が規範によって授与されるということを示そうとするものではなくて、いかなる権能がそのようにして授与されるかを決定するタイプの考慮を示すものだ。義務的規範を創造する権能は、私が服従規範（obedience norms）と呼ぶことにする特別の種類の義務的規範によって授与される、とみなすことができる。これらの規範は、権能保有者が自分の権能を行使している場合に規範主体が彼に服従することを要求する規範である。たとえば「子どもたちはその親に服従すべきである」は、親に権威を授与する規範とみなすことができる。しかし義務的規範を発する権能を授与する規範の論理的形態についてはわれわれが選択肢を持つとしても、その権能が許可的規範や権能付与規範を発する権能を含んでいる場合、われわれはそのような選択肢を持たない。後者の場合、規範は前記の特定された形式をとるものとしか考えることができない。すなわち、規範主体は適用条件があてはまるときに規範行為を行うことによって、ある規範的変更をもたらす権能を持っているのである。権能授与規範が存在するのだから、これらの権能を創造し、廃止し、その適用を統制する権能や、そのような権能を授与する規範も存在する。

これらの議論を提出する際、〔①〕実践されている規範に影響を与える権能と、〔②〕指図されている規範に影響を与える権能と、〔③〕妥当する規範に影響を与える権能との間に区別がなされなかった。これらの議論はこの三つの種類の規範すべてにあてはまる。影響を受ける規範が〔①〕実践されている規範だとしたら、そのときある行為が規範に影響を与えると認められるのはなぜかを考慮する際にわれわれが求めている理由は、その規範を実践する人々あるいは機関が認めて受け入れている理由である。そして規範に影響を与える行為がある権能の行使であって、その権能がある規範によって授与されているとしたら、この権能授与規範は、それ自体が実践されている規範である。その一方、影響を受ける規範が〔③〕妥当する規範だとしたら、ある行為が規範に影響を与えるものと認められる理由は、妥当する理由であって、権能付与規範は、その権能が授与されたものだとしたら、妥当する規範である。

権能付与規範は、規範的な力を持っているがそれ自体としては完全な行為理由ではないという点で、許可的規範に似ていて、義務的規範と異なる。その規範的な力は、〈そのような規範の言明は、実践的推論の結論に影響する、推論の前提である〉という事実によって明らかにされる。ある行為をなすべきか否かを考慮する際、その行為がある規範的帰結を有するという事実は重要な考慮になる。その事実はそれ自体では当該の行為を行う理由でも差し控える理由でもない。人が何をなすべきであるかは、関連する規範的変更の実行について支持あるいは反対する他の諸理由をその人が欲するか持つか否かにかかっている。しかし許可的規範と同じように、権能付与規範は規範的であって、実践的推論への寄与ゆえに、行動を指導して実践的問題を解決すると言うことができる。(9)

第4章　規範体系

4–1　規範体系のいくつかのタイプについて

われわれはしばしばルールのグループに言及する機会がある。われわれはクリケットやテニスやチェスのルールに、大学の演劇・討論団体のルールに、ブリティッシュ・レイルウェイやバークレイ銀行のルールに、エチケットや騎士道の掟のルールに、道徳のルールに、十九世紀イングランドの労働者階級の道徳のルールについて語り、高速道路の交通規則に、イングランドの土地法に、ブリテンやフランスやドイツの法律等々に言及する。われわれが別々の基準とさまざまの目的によって複数のルールをグループ分けしているということは明らかだ。規範理論の視点から見れば、ルールのグループが興味深いのは、ルールが一つのグループを形成するという事実が、規範的な帰結を持っていて規範的に重要である場合に限られる。

それゆえ、もしあるルールのグループの共通の要素が、たとえばそれが一つの規範主体のグループに適用されるとか、一つのタイプの活動を規制する（たとえば、高速道路の規則）とか、一つの人々のグループによって従われている（たとえば、中産階級道徳）というものならば、われわれはそれらのルールのグループに関心を持たないだろう。ルールをそのような仕方でグループ分けすることは多くの目的のために重要だ——たとえば、ある社会を理解するとか、ある活動に従事するとき何をすべきかを知るといった目的のためには。しかしながらルールのそのような集合は規範理論の視点からは特別重要ではない。いくつかのルールが同一の人々にあてはまるとか同一の人々によって従われているといった事実は、それ自体では、ルール間のいかなる規範的関係も示さない。それらのルールはその効力において相互に全く無関係かもしれないし、そのうちのいかなるルールの存在も他のルールの作用に何ら影響しないかもしれない。われわれは本章において、規範的意義を持つ四つのタイプの規範体系を検討する。それはすなわち、相互に関連する規範（interlocking norms）の体系、共同的妥当（joint validity）の体系、自律的体系〔以上本節〕、制度化された体系〔4-2節と4-3節〕だ。われわれは後で法体系の特別の特徴を考察する。これは近代世界における制度化された体系の中で最も重要なものである。

構成的ルール

何人かの哲学者は、構成的（constitutive）ルールと統制的（regulative）ルールという二つのタイプのルールがあると示唆してきた。その相違は異なる論理的タイプのルール間の相違である、と言われる。統制的ルールは人々がある仕方で行動すべきであると規定するが、構成的ルールは通常そのような仕方では定式化されない、というわけだ。構成的ルールは定義に似ていて、その標準的形式は「XすることはCという文脈においてYとみなされる」というものである。さらに、統制的ルールは自然的行為を統制する、つまり要求あるいは許可するが、構成的ルールは新たな行動形式である規範的行為を創造し、それを統制する。約束すること、立法すること、結婚すること、クリケットやチェスをすること、ある言語を話すことが、構成的ルールに基づく規範的行為の例としてよくあげられる。この題材についてはサールによる取り扱いが一番よく知られているから、しばしばこのトピックに関する議論の基礎になっているさまざまの混乱を示すために、私はそれを用いることにする。(1)

構成的ルールの第一の特徴は、サールによると、新たな行動形態を創造するということだ。統制的ルールはそうでなくて、それは単に「既存の行動形態を、それに先行して、またはそれとは独立に統制する」だけである〔サール『言語行為』坂本百大・土屋俊訳、勁草書房、一九八六年、五八頁〕。この区別は思われるかもしれないよりも微妙だ。

「ある意味では、いかなるルールの創造も新たな行動形態の可能性を創造すると言いうる。すなわち、その新しいルールに従ってなされる種類の行動を創造すると言うことができる。しかしこの意味における新しい行動形態に言及することは無意味である。そしてこのような概念は、そもそも私が問題にしているものではない。私の意図は、おそらく、形式的な話法を利用することによって最も適切に表現されることになるであろう。すなわち、まず、ルールが完全に統制的なものである場合に、その規則に従っている行動はその規則が存在するか否かにかかわらず同一の記述、あるいは特定化（すなわち、「彼は何を行ったか」という質問に対して同一の解答）を与えられ**うる**。ただしその際、その記述の内部にもその特定化の内部にもそのルールに対する明示的な言及はないものとしておこう。それに対して、そのルールが構成的である場合には、そのルールに従っている行動は、その一つまたは複数のルールなしには与えられないような記述あるいは特定化を与えられるということになる」（J. R.

Searle, *Speech Acts*, 1969, p. 53〔強調を加えた〕〔邦訳『言語行為』五一頁〕)。

この文章にコメントする際、私は〈あらゆるルールは「創造」されるものである〉という（正当化されない）想定を無視することにする。さて次の行為記述の二つのペアを比べてみよう。

1　(a)「五〇ポンドをジョーンズ氏に与える」　(b)「所得税を支払う」

2　(a)「『私は約束する』と言う」　(b)「約束する」

サールの文章を素直に解釈すれば、行為記述のこの二つのペアがあるという事実は、〈税金を課する法律〔1について〕と約束に関するルール〔2について〕のいずれも、それぞれ統制的ルールと構成的ルールの両方である〉ということを示す。* サールの説明の中には、彼の分類が排他的である、すなわち〈同一のルールが統制的であると同時に構成的でもあることはありえない〉と示唆するものは何もない。サールは〈同一の行為に別々の記述を与えることは可能である。あるルールに従う行為についてある種の記述が与えられるとき、それは統制的ルールである。そしてその同一の行為を記述するために前者とは論理的に独立した種類の別の記述があるとしたら、それは構成的ルールである〉と想定している。しかし彼の説明からは〈**あらゆる**ルールは統制的であるとともに構成的でもある〉という結論が出てくる。

前記の行為記述の二つのペアを考えてみよう。われわれは〈人はジョーンズ氏に金銭を支払うことによって自分の所得税を支払うことができ、ジョーンズ氏は国税局職員である〉、また〈人は「私は約束する」と述べる（五〇ポンドをジョーンズ氏に支払えという彼の要求に応えて、としてみよう）ことによって、〈ジョーンズ氏への五〇ポンドの支払いを〉約束することができる〉と想定している。疑いもなく、自分の所得税を支払うにも約束するにも他の方法があるが、そのことはわれわれの目的と関係がない。われわれの想定によると、1（a）と2（a）という記述は、あるルールが存在するか否かにかかわらず与えることができる仕方で、そのルールに従う行為を特定している。それゆえ、そのルールは統制的である。1（b）と2（b）という記述は、あるルールが存在しなかったら与えることができない仕方で、そのルールに従う行為を記述している。それゆえ、そのルールは構成的である。あらゆるルールについて同様の行為記述のペアを定式化できるから、あらゆるルールは構成的であるとともに統制的である。

この議論に対して次のように応答されるかもしれない。——「私は約束する」と述べることは、それによって責務を引き受ける意図を伴わなければ約束することにならない。そして「随意的責務の創造という意図を伴って『私は約束する』と述べる」という行為記述は、約束に関するルールの存在を前提している——。この応答は前記の議論を反駁できない。この反論は二つの理由から失敗している。第一に、その改訂された行為記述は約束に関するルールの存在を前提していない。それは単に、そのようなルールが存在するという行為者の信念を前提しているにすぎない。だから改訂された行為記述も、約束のルールが統制的ルールであるということを確立している。第二に、全く同じ理由から、ジョーンズ氏に五〇ポンド支払うことが所得税の支払いになるのは、所得税を支払うという意図を伴う

＊　私は「ルールに従う行動（behaviour in accordance with the rule）」という表現の曖昧さを無視している。サールの説明によると構成的ルールはある行為の遂行を要求せず、それに反するということがありえないのだから、構成的ルールに従う行為なるものについていかなる意味で語ることができるのかは明白でない。

場合だけである。さもなければ、それはジョーンズ氏に個人的に五〇ポンドを支払うという約束の履行であるかもしれない。*

サールからの引用文の冒頭の文章と〈フットボールのルールがなければ、フットボールをするのと同じ運動を行う二二人の男たちはフットボールをしていることにならない〉〔『言語行為』邦訳六二頁を参照〕という彼のコメントは彼の区別についていくらかの不安を示すが、私の議論への反論にならない。同様に、所得税を支払うのと同じ運動を行うことも適切な所得税法がなければ所得税の支払いでない。規範的行為と自然的行為あるいは行為記述との間には真正の重要な区別がある。規範的な行為記述とは、その完全な説明が、あるルールへの言及を必ず含むものである。しかしこの行為あるいは行為記述上の相違は、ルールのタイプ間の相違に至るものではない。いかなるルールも、そのルールの存在を前提することなしに記述できる行為を統制する（ただし時には、そのルールを持ち出すことの**意図**を伴う行為だけを統制することもある）。同様にして、いかなるルールも、その存在を前提する仕方でしか記述できない行為を「創造」するのである。

サールは構成的ルールを同定するための別のテストも持っている。それは「XすることはCという文脈においてYとみなされる」という形で述べることができて、実際しばしばそう述べられている。しかし彼はあらゆるルールがこの形で定式化できると譲歩する。実際、彼のテストは次の発言を生み出す。「Yの位置に来る表現は一般に単なるラベルにとどまらないものである。それは帰結を伴う何ごとかをあらわしている」（op. cit., p. 36〔邦訳六三頁〕）。このテストをいかに解釈すべきかを知ることは難しい。サールは帰結が「一般に」伴うと述べて態度をはっきりさせないが、いかなる帰結もその行為に伴わないとき、このテストをどう適用すべきか述べていない。また彼はその帰結の性質も説明しない。おそらく彼は行為の規範的帰結だけに関心があって、自然的帰結には関心がないのだろう。しかしながら彼はペナルティを、その違反が処罰可能であるところの統制的ルールを構成的ルールに変える、一つのタイプの帰結としてあげている。

サールの分析を理解することの難しさの一部は、彼がどこでも構成的ルールの規範的な力を説明していないという事実から来る。彼が言っているごくわずかのことは、彼の見解によるとあらゆる統制的ルールは義務的規範である、ということだ。彼はまた〈構成的ルールはそれが構成する行動を統制する〉とも言っているが、いかなる仕方でそうするのかを説明しない。それは義務的規範でもあるのだろうか？　それとも許可的規範あるいは権能付与規範なのだろうか？　それとも構成的ルールはこの三つのタイプのすべてに属するのか？　明白な真理は、サールはルールが行動を指導する仕方について極めてあいまいだ、ということである。サールは〔直前の段落で検討された〕第二のテストを提案する際、権能付与規範と義務的規範との相違の方向に手探りしていたのかもしれない。権能付与ルールを「XはYとみなされる」、「ϕすることは、契約や遺言を作成すること、約束すること、売ること、立法することとみなされる」という形で述べることは少なくとも全く自然だ。これらは権能付与ルールの記述においてしばしば用いられている。

もし本当にサールが権能付与ルールという観念に向かって進んでいるとしたら、彼が約束や立法や裁判や結婚の儀式を構成的ルールによって構成される行為とみなす理由をわれわれは理解できる。し

＊　所得税法も約束に関する慣習も、人がその意図なしに自分の所得税を支払ったり約束をしたりすることが可能であるような「客観的テスト」を確立するかもしれない。

かしそれがもし彼の目的だとしたら、彼の分析には大きな欠陥があって不完全なものだ。それは前章で提起された諸考慮によって補われ、とって代わられねばならない。さらに、もしそれが彼の目的だとしたら、彼の分析は彼が考えているほどゲームや言語のルールの説明に関係しない。権能付与ルールはゲームのルールの中に現われるかもしれないが、ゲームは他のルールも含んでいるし、権能付与ルールを含まないゲームもありうるからだ（ゲームとそのルールについては以下を見よ）。さらに、言語のルールが権能付与ルールを含むかどうかを疑えるかもしれない。しかしこれはここで追求することのできない題材だ。

相互に関連する規範の体系

サールはさまざまの観念を明確に区別しなかったためにルールの二つのタイプ間の維持可能な区別の設定に失敗した、というのが私の受ける感じだ。彼が行わなかった一つの区別は義務的ルールと権能付与ルールとの区別だが、これだけが必要な唯一の区別ではない。本節の残りの部分で、私はサールの思考の基礎にあると思われる二つの観念、すなわち、相互に関連する規範の体系と共同的妥当の体系という観念を探ろう。それらの分析は彼が示唆するものとは極めて異なるということがわかるだろう。

サールは〈それ自体によって創造される行動様式を統制するルール〉という観念を空しく探究した。しかし彼が言ったことの中には、他のルールによって創造される行動様式を統制するルールに一層よくあてはまるものがある。たとえばある規範が、ある人物が別の人物によって与えられた権能をある仕方で用いることを要求するということや、そのような権能の行使をある状況において禁止あるいは許可するということがありうる。たとえば入国管理官は、その国に一定期間滞在する権利を与える滞在許可を外国人に発行する権能を与えられている。この権能は法律によって入国管理官に付与される。別の法律は、ある条件を満たさない人々からの申請を拒絶することを彼らに要求するかもしれない。また別の法律は、別のカテゴリーに属する人々に滞在許可を与える義務を彼らに課するかもしれない。彼らは他のあらゆるケースについて裁量（つまり弱い許可）を持つかもしれない。そのようなケースにおいて、権限行使を要求あるいは禁止する義務的規範の規範行為は、権能付与規範の存在を前提する規範行為として記述することしかできない。前記の例においては、その規範行為は滞在許可の発行あるいはその拒絶であって、これらの行為の性質を説明するには、滞在許可の発行を入国管理官に与える規範に言及するしかない。そのようなケースでは、義務的規範は権能付与規範と内的に関係している。前者の規範は後者の存在を前提し、それによって付与された権能の行使を指導しているのである。

規範が他の仕方で内的に関係していることもある。ある義務的規範の遵守あるいは侵害が他の規範の適用条件の一部になっているかもしれない。たとえばある規範の遵守が、それを遵守する人物にある公務員が褒賞を与えることを要求する一条件として、別の規範の中で特定されているかもしれない。刑罰に関する義務的規範が、何らかの規範を侵害した人物に義務を課するかもしれない。別の規範は、人々がある規範を侵害する場合に、彼らに対する権能を警察に与えるかもしれない、等々。

一般的に、ある規範の存在が別の規範の存在の十分条件の一部になっている場合や、ある規範の内容が別の規範への言及によってしか十分に説明できない場合、それらの規範は内的に関係している。さらに二規範間の内的関係には多くの異なるタイプがあって、それらのすべてを調べる必要はない。

つの例をあげれば十分だろう。〔①〕規範創造権能の行使によって創造される規範は、その権能を付与する規範と内的に関係している。〔②〕統制的権能を付与するあらゆる規範は、その権能の行使によって適用に影響を受ける規範と内的に関係している。

多くの規範的用語の一次的な役割は、内的に関係する二つの規範の間にリンクを作り出す架橋語(bridge terms)となることだ。「売買」「贈与」「遺言」「契約」「所有権」「抵当」「信託」といった用語がさまざまの規範の記述の中に登場する。これらの規範の中には、所有権を獲得する権能を付与するものもあれば、所有者に権能を付与するものもあり、また所有者にある行動を要求したり、排除的許可を授与したりするものもあり、さらに所有者との関係におけるある行動を他の人々に要求するもの、等々もある。

法や任意団体のルールのような多くの規範体系は相互に関連する規範、すなわち内的に関係する規範の体系を含んでいる。そのような規範の集合は、より大きな規範的体系の一部である必要はない。それはたとえば、ある人々のグループが実践する諸規範の一部かもしれない。それらの規範が内的に関係しているという事実のため、それらの規範は他の実践されている規範が持たないような統一性と相互依存性を持つ。この理由から、それらを規範的体系の一タイプとみなすことができる。相互に関連する規範の体系は、「内的に関係している」という関係が内部において連結している規範の集合として定義できる。* しかしながらあらゆる規範体系がこのタイプの体系というわけではない。われわれはゲームのルールを別のタイプの規範体系としてとることができる。

共同的妥当の体系としてのゲーム

規範理論に関心を持つ哲学者たちは、ルール一般の分析の基礎としてゲームのルールを用いることがよくあった。その結果、彼らの大部分はゲームのルールと他のルールの類似性を強調することに意を払ってきた。私もまた、ゲームのルールが他のルールと同じ意味でルールであると主張しよう。しかしながら私がゲームを論ずる主たる目的は、ゲームのルールがいかなる仕方で規範体系を形成するかを示し、この規範体系を次節で論ずる異なるタイプの規範体系と対照することだ。この任務のためには、ゲームを分析する際にしばしば犯されてきたさまざまの間違いを正す必要がある。特に私は、ゲームをルールあるいは規範の集合として定義することはできないと論ずる。

今日多くのゲームは高度に組織化されている。ゲームのルールを変更する権威を持つと一般に認められている組織が存在する。しばしばそれらの組織は、参加資格や参加者の行動や賞金等々に関する多くのルールに従う競技を組織する。私はゲームを論ずる際にこの制度的枠組みを無視するし、レフリーの役割やそれに関するルールも無視する。われわれの関心はゲームそれ自体のルールにあるからだ。

この議論を通じて念頭に置くべき点は〈ゲームの性質を説明するためには、ゲームのルールを超えて、その基礎にある諸理由に進まねばならない〉ということだ。ゲームの特徴の一つは、ゲームごとにその基礎に一つの意味（point）があるということである。そのように言っても大したことを言った

＊　私は内的に関係しているという関係を推移的関係とみなしている。Rは$A \leftrightarrow (x)(y)(x\Sigma A \ \& \ y\Sigma A \ \& \ x \neq y \rightarrow xRy \vee yRx)$という点で結合している。

ことにはならない。多くの規範の正当化は一つの共通の考慮に基づいている。たとえば人格の尊重が、多くの人々によって多くの道徳規範の基礎にあるとみなされている。そのようなケースの多くにおいて、この事実はルール遵守の理由に影響を与えない。もしある価値がいくつかのルールを正当化するとしたら、ある人にあるルールを実践させるべき理由は、その人に他のルールを実践させるべき理由にもなる。だがこれらのケースの大部分では、その人はたとえ他のルールに従わないとしても個々のルールに従うべきである。しかし時として別々のルールが、〈人がそれらのルールのすべてに合致しない限り、その一つだけに合致しても完全に無意味・無価値である〉という仕方で、一つの共通の正当化に依存していることがある。このことはゲームについて真だが、ゲームについてだけではない。たとえ別々のルールが人格の尊重という価値に基づいているとしても、他のルールに従うか否かにかかわらず（もっともそれらにも従うべきなのだが）前者のルールのそれぞれに従うべき理由は存在する。しかしながら、たとえばフォーマルなパーティーに関するエチケットのうち一つのルールだけに従うことには意味がないだろう。そんなことをする人はそれだけ一層滑稽に見えるだけだろう。人がそもそもエチケットのルールに従うとしたら、彼はその（必ずしもすべてではなくても）多くに従うべきだ。同様にして通常、人はゲームのルールのすべてに従うのでなければ、一つのルールだけに従うことには意味がない。これがゲームのルールを、規範体系を形成するものとみなすべき一つの理由である。

この第二のタイプの体系が共同的妥当の体系である。それは、ある人がすべての規範あるいは多くのうちのある指定された規範に従うときに限って、それぞれが彼にとって妥当するところの諸規範からなっている。共同的妥当の規範体系は、実践される場合にのみ妥当する規範に似ている（2-3節の、規範の三つの次元に関する議論を見よ）。規範は、その規範主体がそれを規則的に実践するか実践しようと意図する場合、あるいはその規範がすべての規範主体によって規則的に実践される場合、それぞれの規範主体にとって妥当しうる。同じように、共同的妥当の規範体系の規範のそれぞれが規範主体のそれぞれにとって妥当するときに規範がその体系に属するのは、規範主体がその体系の規範のすべてであるいはあるものを実践するか実践しようと意図する場合、そしてその場合に限られる。

ゲームのルールは共同的妥当の規範体系だが、さらなる独特の特徴を持っている。その最も重要な特徴は、〈ゲームのルールがそれ自体の妥当を支持する理由を構成する〉、つまり〈ルールに従う理由はルール自体から独立に説明できない〉ということだ。この点を説明するためには、われわれはゲームのルールのもっと詳しい検討から始めるのがよい。

ゲームのルール

チェスのルールがゲームの一タイプの単純な例になる。そのルールは三つのタイプのルールを含んでいる。第一は権能付与ルールだ。それは次のように定式化できる。「最初の手を指すべきプレイヤー、あるいは相手がその前の手を指したプレイヤーは、別の手を指すのでなければ、自分のルークを現在の場所からまっすぐ横あるいは縦のマス目に動かす権能を持っている。ただし現在の場所とそのマス目の間に他の駒がないこと、および、それが行くマス目が自分の駒で占められていないことが条件である。」別のルールがキャスリングの能力をルークに与えていて、また別のルールが、そのマス目に相手の駒（キングを除く）が存在するときの帰結（すなわち、その駒はこのゲームではもはや使用されない）を定めている、と私は想定している。同じような権能付与ルールが他の駒すべてにもあてはまる。

ルールの厳密な定式化は重要でない。今定式化したルールの中で、たとえば最初の手を指すプレイヤーへの言及は割愛できる。最初の手でルークを動かすことはできないからだ。その言及は、このゲームのすべての権能付与ルールについて統一的パターンを保つのが望ましいと考えられるために、無意味ではあるが含まれているのかもしれない。しかしながら、これらのルールが権能付与ルールであるということを知るのが重要だ。いかなる駒を盤上のいかなるマス目に動かすのも規範的行為である。それはチェスのルールの適用を規範的に統制する。第一に、個々の手はまさに同一のルールの下で、また他の駒に関する権能付与ルールの下で、両プレイヤーの指し手の権能に影響を与える。第二に、それはチェスの継続性ルール（continuity rule）の適用を統制する。継続性ルールについては以下で述べる。

上記のように定式化されたルールは不完全だ。それはルークを動かす権能がいかに行使されるべきかを特定しない。それは単にその権能行使の規範的帰結――すなわち、ルークが新しい場所に動かされたということ――を示すにすぎない。それは遺言の作成法について何も言わずに、いかなる成人にも遺言作成の権能を与えるルールのようなものだ。実際にはその権能が通常行使される仕方にはさまざまのものがある――盤上の駒を物理的に動かす、盤上のあるマス目を光らせる機械をコントロールするボタンを押す、チェス盤なしで行われる場合にはその駒が動くマス目を口に出して言う、等々。ルールが完全なものであるためには、たとえば、指し手を指す方法はプレイヤーが合意した方法ならば何でもよいと定めなければならない。

〔チェスのルールの三つのタイプの第二として〕チェスは一つの義務的ルールによって支配されている。それは大体次のように定式化できる――（ある仕方で決定される）先手とそれ以降のどのプレイヤーも、ゲーム開始時あるいは相手の前の指し手から合理的な時間〔あるいは特定された時間〕の間に、第一のタイプによって特定されている諸権能の一つを用いるべきである――。私は「手を指すべきである」と言うよりもこの煩わしい定式化を用いているが、それはこの義務的規範が、すでに論じた権能付与ルールに言及しそれを前提しているということを明らかにするためだ。それゆえ、いかなるプレイヤーのいかなる指し手もこの義務的規範の適用を統制している。それはプレイヤーがこの義務的規範を遵守できる仕方を決定しているのである。

チェスの義務的規範は私が「継続性規範」と呼ぶタイプの規範だ。その目的はゲームを進行させることである。あるいはもっと正確に言えば、それはゲームが進行するとはどういうことかを部分的に決定する。継続性規範に繰り返し違反することへのペナルティは、違反者が勝負に負けてそれから排除されるということである――もっとも継続性規範の小さな違反にはもっと軽微なペナルティがあるかもしれないが。ある義務的規範を継続性規範として示すものは、その規範に違反するとゲームが失われる〔勝負に負ける〕という事実だ。というのは、それを継続性規範と呼ぶ理由は〈ゲームの進行を続けるためにはある義務規範の遵守が必要とされる〉という事実だからである。

あらゆるゲームは継続性規範を含むに違いない。ゲームはむろん、違反に対するそれ以外のペナルティを伴う他の義務規範を持ちうる〔サッカーにおけるハンドリングを禁ずるルールや、クリケットにおける威嚇的ボウリング（intimidating bowling）を禁ずるルールのように〕。ゲームが一連の別々の動き〔指し手〕からなっているとき、その継続性ルールは直截であり定義しやすい。それはチェスにおいては次の手を指せという命令であり、クリケットにおいてはボウルせよという命令である。他のゲームの継続性ルールはもっと複雑で不明瞭だ。たとえばサッカーの継続性ルールは、一次的には、ボール保持のためのさまざまのルールや、前半後半の始まりとゴールの後ごとに最初のポジションから開始すべき義務や、ボールがサイドラインを越えたときにスローインを要求するルールなどを含んでいる。

われわれはすでに、チェスの継続性ルールがその適用を統制する権能付与ルールの集合を前提しているということを見た。これはボードゲームやカードゲームのようないくつかのゲームの特徴だ。この点でそれらは他の多くのゲーム、たとえばフィールドゲームと大きく異なる。クリケットの守備側プレイヤー〔野手〕の位置とボウラー〔投手〕がボールを投げる仕方は、バッツマン〔打者〕の手に強制を加えるようにデザインされている。それはちょうど、チェスのある指し手が相手の指し手に拘束を課するのとそっくりだ。ただ大きな相違として、チェスにおける拘束はゲームのルールによって完全に決定されているが、クリケットではそうでない。バッツマンの動きは物理的条件、たとえばボールの速度と方向によって大きく決定されている。ゲームの中には完全に規範によって決定されているものもあれば、そうでなくて物理的〔身体的〕スキルに大きな余地を残しているものもある。

チェスのルールや他のゲームの同じようなルールの中には、義務的規範でもなければ権能付与的あるいは許可的規範でもないものがある。私が言及している〔この第三のタイプの〕ルールは、プレイヤーの人数やチェス盤の基本的性質や駒の数等々を決めるルールだ。そのようなルールは規範ではない。それらはそれ自体においては行動を指導しないから規範的な力を持たないが、間接的に行動を指導する。それらのルールは規範であるところの他のルールと論理的に結びついているので、間接的な規範的力を持つのである。それらのルールは規範的ルールの解釈と適用を部分的に決定するので、この理由からゲームのルールとみなされる。それらは規範であるところのルールとの論理的関係によって説明される。それらの意味と機能のすべてはそれらのインパクトによって尽くされる。

自律的規範体系としてのゲーム

ゲームのルールに関するわれわれの説明の目的は〈そのようなルールは前の二つの章で与えたモデルに基づいて分析できる〉と示すことだった。しかしながらその分析はゲームに特有の特徴の大部分を無視してきた。これは〈ゲームに勝つ〉という観念が説明されなかったという事実の直接の結果である。これまで与えてきたゲームの説明はそのために不十分なものだ。ゲームに関するいかなる説明も、〈ゲームは勝って敗北を避けるためにプレイされる〉と述べて、何が勝ちと負けとみなされるかを明らかにしなければ十分でない。しかし〈ゲームは勝って敗北を避けるためにプレイされる〉と述べて、何が勝ちと負けとみなされるかを明らかにすることは、また別のルールを述べることではない。それはある価値を断定することだ。それぞれのゲームは、ルールと価値の両方からなる規範体系としてしか定義できない。[2] 勝つことと負けないことが価値であるのは、それらが作用的な一階の行為理由であるがゆえに価値だからではない。人は勝つためにプレイするのであって、この目標がゲームをする際に人の指し手を指導する。勝つことをプレイヤーに要求する義務的規範は存在しない。そしてプレイヤーが勝たない場合、あるいは負ける場合、プレイヤーはそのことによっていかなるルールも破っていない。彼らは単に自分の目標を達成しないだけだ。またプレイヤーが勝つよう努めることを要求する義務的規範もない。彼らが勝つようにあるいは負けないように努めない場合、彼らはいかなるルールも破っていない。彼らは単にゲームをプレイしていないだけだ。この点で、勝ち負けの価値は継続性ルールと異なる。継続性ルールはゲームをプレイしている人々、つまり勝って敗北を回避しようとしている人々にあてはまる。継続性ルールはプレイヤーに敗北を課することによって、ある行動を要求する。しかし負けが「ペナルティ」であるという事実は、〈負けないということはプレイヤーにとって価値である〉ということをある種前提しているのである。

〈ゲームの価値はそのゲームをプレイするか否かを決めるテスト基準を与える〉ということを知るのが重要だ。ゲームがプレイされるのは、正しい人数の人々が勝利の獲得と敗北の回避を価値とみなし、それに従って自らの行動を指導する場合に限られる。ルールに従うことは一般にゲームに勝つための必要条件だ。それだからゲームをプレイする人々は必ず大体はルールに従ってプレイする。しかしルールに従った行動はゲームをプレイすることの十分条件ではない。プレイするためには、勝つために、あるいは負けないために、ルールに従わねばならない。次のような仕方でチェスをプレイする二人を想像してみよう。黒の指し手も白の指し手もすべて相談で行われる。彼らは指し手ごとにそうするのだが、その意図は、手番ごとに黒の方からも白の方からも可能な最善の指し手を指すことである。二人はチェスのルールのすべてに従っているが、チェスをプレイしているとは言えない。彼らは単に一連の問題を解いているだけだ。

今述べたことは、ゲームの価値がプレイヤーにとっての行為理由となる二つの仕方の例証となる。〔第一に〕価値はプレイヤーにとって継続性ルールに従う理由になる。なぜなら定義上それが敗北を避けるために必要だからだ。価値はまた、ゲームの義務的ルールに従う理由になる。なぜなら後で見るように、ルールを破るとペナルティを課され、それは勝つチャンスを減少させるからだ。しかしゲームの価値はルールに従う理由だけではない。〔第二に〕価値はまたゲームをプレイするさまざまの戦略の中からの選択の理由にもなる。それはゲームの負けを一番避けて勝ちに至りそうな戦略を選ぶ理由だ（言うまでもないことだが、あらゆるゲームが勝つという価値と負けないという価値の二つを持つということは、戦術選択において問題をひきおこすかもしれない。三方以上のサイドを持っていて結果がゲームの組の完全な順序づけになるゲームはもっと複雑になることが多い）。

人は負けるためにゲームをプレイできないだろうか？　たとえば自分の子どもとプレイする親は、子どもが勝つことを意図しながらプレイすることがあるのではないか？　人は勝つこと以外の価値を追求することがあるかもしれないし、同時に矛盾する価値——勝つことと負けることのような——を追求することがあるかもしれない。しかし想像された状況では、二つの価値は同じ仕方で追求されていない。親は実際に負けることを望んでいて、勝つことを全然望んでいないからだ。しかしその親は、負けるためでは全然なしに勝つためにプレイしているふりをしている。だからわれわれは〈ゲームをプレイするためには、人は現実に勝とうとしてプレイするというよりも、そうするふりをしていることが最小限必要である〉と言うことができよう。しかしながら注意すべきことだが、〈勝とうとしてプレイするふりをするということ〉は、〈勝つための戦略の一部として有用である、あるいはそのように見えるだろう、という理由のゆえに「指し手」を選ぶこと〉を含んでいる。だから自分の勝利をゲームにおける自分の行動すべてを指導する価値とみなしているというふりをするにすぎない場合でさえ、人は実際に、勝つことを少なくとも時には価値とみなしていて、それに従って自分の指し手の一部を決めているのである（いずれにせよ、ここで措定されているのは、勝とうという**欲求**ではなくて、勝利を自分の行動を指導する価値とみなすことだけだ）。

この分析はゲームのほとんどのカテゴリーにとてもよく合致して、ゲームをプレイすることとそうでないプレイをすることとを区別する際に有益である。この二つのケースの間に明確な境界があるわけではなく、ボーダーラインにとても近いケースもある。子どものゲームの多くはこのタイプに属していて、原始的な種類のゲームとみなせるだろう。私は「隠れんぼ（hide and seek）」〔すぐ後の説明からわかるように、日本の隠れんぼとは小異がある〕を、断片化されたゲームの例として用いよう。

断片化されたゲームの独特の特徴は、ゲームが段階あるいはフェーズに分解されるということだ。それぞれのフェーズは他のフェーズと構造上同一である――たとえば、各フェーズにおいてすべてのプレイヤーは隠れるが、そのうちの少なくとも一人を見つけなければならない一人〔鬼〕だけは例外だ。断片化されたゲームは「自然」な目的を持たない。あるフェーズが他のフェーズに無限に続くことによって、そのゲームはいつまでも続けることができる。終わりがないというこの性質は、そのようなゲームには全体としての勝者も敗者もいないという事実を反映している。その代わり、フェーズごとに勝者と敗者のような者がいる。プレイヤーたちは独自の役割を割り当てられる。いかなるフェーズにおける彼らの役割も直前のフェーズの結果によって決められる。実際、ゲームそれ自体とは違って、フェーズは自然な目的を持っていて、次のフェーズのプレイヤーの役割が決まったときに終わる。隠れんぼでは、鬼が最初に見つけた人が、次のフェーズで他の人たちを探さねばならず、他の人たちは隠れねばならない。成功は役割ごとに定義される。隠れるプレイヤーは見つかると「負ける」（彼らに「勝ち」は存在しない。彼らは負けるのを避けているだけだ）。鬼は誰かを見つけたら成功で、それも速ければ速いほどよい。あらゆるゲームと同様、プレイヤーはゲームのこの価値――役割によって、隠れることか、他の人を見つけること――を採用する場合にしかプレイをしていない。ここでもまた、ゲームの価値はルールとは別物で、ルールに従う理由だけでなくそこで採用される戦略――ルールが許すさまざまの選択肢間の選択――をも指令するということがわかる。

今見たように、断片化されたゲームもまたルールと価値の結合によって構成されていて、その価値は勝ち負けと多くの特徴を共有している。しかしながらそのような価値は通常の勝ち負けと次の点で異なる。第一に、その価値は一フェーズの結果でしかなくて、別のフェーズに移るものである。そして第二に、それはもっとルースに定義され認知される。鬼が隠れている誰かを見つけるのが速ければ速いほど成功なのだが、成功と失敗の厳密な定義は存在しない。それはすべて程度の問題だ。

単純な偶然のゲームもいくつかの特有の特徴を持っている。これはプレイヤーに選択の余地がない——すべての指し手がルール（それはサイコロの目のような何らかのランダムな決定手続を含んでいることがよくある）によって決定されている——か、その結果がプレイヤーによる指し手の選択にランダムにしか関係していないゲームだ。そのようなゲームは実際には、各人の運がくじの結びつきによって決められる、手の込んだくじのシステムであって、勝利という支配的な価値は、すでに説明した意味において自律的なものである。

これらは単なる偶然のゲームだから、勝つために指し手を選ぶという問題はない。それでもいくつかのくじのシステムと違って、それらのゲームはプレイヤーが行動してくじ引きに参加することを要求していて、プレイヤーが単に機械的にそうするだけではゲームをプレイしているとはみなされない。彼らは勝つためプレイするか、あるいは少なくとも勝つことを価値とみなしているふりをしなければならないのだ。

勝つことと負けを避けることは、大部分のプレイヤーにとって究極の価値ではない。大部分のプレイヤーは単に勝つための勝ちを望んでいるのではない。彼らの大部分にとって勝つことは道具的な価値だ。それは賞金や賭け金を得たり、何らかの競争で選ばれたり、好調を保ったり、何らかの社会的地位を獲得したり、友人たちに認められたり、誰かを嫌な気持ちにさせたりするための手段かもしれない。人々はどんな理由からでも、勝つことを価値とみなすことができる。中でも一つのありふれた理由は、彼らがゲームを楽しむということだ。それゆえに彼らは勝つことを、彼らがゲームをプレイできるようにするところの価値とみなす。彼らは勝つためにプレイするのだが、プレイするために勝とうと努めるのである。

ゲームをプレイするためには、勝つことと負けを避けることを価値とみなす〔あるいはみなすふりをする〕必要がある。しかしそれは究極の価値とみなされる必要はないし、プレイヤーがプレイする際に彼らの行動に関係する唯一の価値であると彼らがみなす必要もない。他のいかなる状況とも同様、これらの状況にも一般的な道徳的価値があてはまるというだけでなく、ゲームに特有のさまざまな価値も存在する。きれいにスポーツマンらしくプレイすることは、勝つこと以上に重要だとしばしばみなされている。またこれらはゲームのルールを守るべき理由とみなされるかもしれないし、もっと重要なこととして、プレイヤーが従う戦略の決定にかなりの重みを持っている。

ゲームの特定の価値とルールとの間の関係を検討することは興味深い。何がゲームの勝ち負けとみなされるかは、ゲームのルールに言及しなければ定義できない。人が相手をチェックメイトできるのは、ルールに従った一連の指し手によってチェックメイトの地位に達したときに限られる。しかしゲームの価値は完全にルールによって決定されるとは限らない。チェックメイトされたことが勝ちとなる敗者のチェス〔loser's chess〕というものがあるが、これは普通のチェスと同じルールを持っている。しかしこれはまた〔普通のチェスとは〕別のゲームであって、このこともまた〈ゲームはそのルールだけではなくルールと価値によって定義される〉ということを示す。一方においてルールは価値の同定に資するが、他方において価値がルールを妥当なものたらしめるのである。ルールが拘束して人がそれに従うべきであるのは、そうすることが勝ちの実現にとって必要あるいは有用であるからだ。ここでわれわれはルールに関するさまざまの正当化問題を区別しなければならない。ゲームの価値は、なぜそもそものようなルールを持つべきかを説明しない。価値の同定はルールに基づいているのだから、それはわれわれがすでにルールを持っていることを前提している。他のルールではなしにこれらのルールを持つ理由は、これらのルールが楽しくて刺激的なゲームを作り出すのに寄与するかどうかといった考慮に依存する。ルールが妥当しているかという問いは、これらの考慮と関係しない。それはわれわれがルールを持っていると想定していて、その拘束力だけにかかわる。その問いはわれわれがこれらのルールに従うべきか否かを問うのである。それに対する答は〈イエス〉である。なぜならその価値の実現のためにはルールに従うことが必要あるいは有用だからだ。この答は〈関係者は実際にゲームの価値を価値とみなしている〉と前提している。言いかえれば、それはこのゲームをプレイしている人たちにしかあてはまらない。彼らだけが勝つことを自分にとっての価値とみなし、それに従って自分の行動を指導しているからだ。

われわれは一方におけるゲームの継続性ルールおよびそれに内的に関係するルールと、他方におけるゲームのその他のルールとを区別しなければならない。継続性ルールに従うことはゲームをプレイするために必要だ。そのようなルールを執拗に無視するとゲームに負けることになる。それゆえ継続性ルールの妥当はゲームの価値によって直接に確立される。継続性ルールを通じて、ゲームの価値は継続性ルールと内的に関係する諸ルールの妥当を間接的に確立する。それら以外のルールは、サッカーにおけるボールのハンドリングやオフサイドのルールと同様、ゲームの価値とそこまで密接に結びついていないが、それでも違反へのペナルティを通じて価値に基づいている。ペナルティはゲームの価値を実現するという観点から見て一般に不利益な規範的帰結である。このようにして、ゲームの価値はこれらのルールの順守にも理由を与える(3)。

われわれは他の価値がプレイヤーの行動に影響することもありうるということに注意したが、影響するとは限らない。ゲームをプレイするためにプレイヤーにとって必要なのは、ゲームの価値に導かれることだ。ゲームは論理上その価値によって支配されているのだから、そのあらゆるルールの妥当はそれらの価値に基づいている——これが実際に、ゲームのルールとみなされるものの定義である。プレイヤーはゲームをプレイしているときに多くのルールに従っているだろうが、そのすべてがゲームのルールとは限らない。そのゲームの価値によって妥当だと確立されるルールだけがゲームのルールである。そのためゲームのルールは、継続性ルールと、価値の実現に関係するペナルティを伴う他の義務的ルールと、それらに内的に関係するルールということになる。

ゲームの義務的ルールは排除理由だ。それを無視することは諸理由の差引勘定上は正しいかもしれないし、ゲームを一層面白くするかもしれないが、それは正当化されない。そのような考慮をすべて排除するようにルールが要求するからだ。ゲームのルールはその他のいかなる規範とも同じ意味において規範である。規範体系としてのゲームのユニークさは、その価値の特別の性質に基づいている。ゲームの価値は一層広い人間的関心と内在的に結びついていないから、人工的価値だ。われわれはゲームの価値について、それが抽象的な仕方で正当化されるか否かを問うことができない。それらの価値は、ある時にはある人について正当化されたり拘束力を持ったりするが、別の時や別の人にはそうでないかもしれない。ある時点である人が自分の行動をそれらの価値によって導いているか否か、また彼がそうすべきか否か、すなわち、彼が特定の具体的状況においてゲームをプレイすべきか否かをわれわれは決めることができるが、人が厳密にいつチェスあるいはフットボールの価値によって導かれるべきかを問うことには、通常ほとんど意味がない。この問いに十分な意味のあるときもある。「職業的チェス・プレイヤーは一日四時間チェスをプレイすべきである」は真なる言明かもしれない。しかしそれは当事者の特別の関心についての知識に依存する。ゲームの価値というものは一層広い人間的関心と内在的に関連していないから、その一般的正当化に関する探究はほとんど無意味だ。そのような探究が意味を持つのは、われわれが問題の状況と関係者の欲求と関心について一層の知識を持った時に限られる。

われわれはゲームの検討を、ゲームは共同的妥当の規範体系であると述べることから始めた。人はゲームの継続性ルールのすべてに従うのでなければ、ゲームのルールの一つに従っても無意味である。われわれはまた、ゲームは相互に関連するルールの集合からなっている、あるいはその集合を含んでいる、ということも見た。しかしこの二つの特徴のいずれもゲームの独自の性質を説明しない。ゲームは自律的な規範体系であるという点でユニークだ。私がそれを自律的と呼ぶのには二つの理由がある。第一に、それは規範体系として、相互に依存するルールと価値からなっている。価値はルールによってしか同定することができず、ルールの妥当は価値に依存する。第二に、ゲームの価値は、一層広い人間的関心と体系的に関連しているわけではないという点で、人工的な価値である。

4-2　制度化された体系：予備的考察

予備的分析

「制度（institutions）」〔以下、文脈によって「機関」と訳すことも多い〕という言葉をできるだけ広い意味で用いれば、多くの制度が規範によって設立され支配されるということは明らかだ。結婚と家族関係や財産や契約の制度を統制する規範は、共同的妥当の規範体系として見ることができる。しかしながら制度化された体系をこれから論ずるときわれわれが関心を持つのは、規範によって創造されたあらゆる制度ではなくて、特定のタイプの制度だ。それは規範によって設立されるというだけでなく、規範の創造と適用をその機能とする制度である。

多くの規範体系は、規範創造機関あるいは規範適用機関あるいはその両方を含んでいる。スポーツ団体、社交クラブ、教育機関、労働組合、その他の多くの組織（organizations）は両機関の片方あるいは両方を持っている。今日法体系は制度化された体系の中で最も重要なタイプなので、私は分析の例としてそれを用い続けることにする。しかし本節で分析する法体系の諸特徴は法体系に特有のものではない。それらは多くの制度化された体系に典型的なものだ。むろん私の分析があてはまらないような、制度に基づく規範体系も存在する。共通の源泉を持つ体系と絶対的裁量の体系〈いずれも後述〉はそのような体系の例だ。私の主張は単に〈本節と次節で与えられる分析は、法体系を最も顕著な例とするタイプの体系にあてはまる〉というものにすぎない。われわれは次章で、法体系を制度化された体系の特別の種類とする諸特徴を検討する。

本節の目的は〈規範創造機関あるいは規範適用機関が存在するために規範集合が規範的体系となるのはいかなる条件の下においてであるか〉を検討し、それらの条件がそれらの体系の規範間の関係および他の規範との関係に及ぼす規範的なインパクトを調べることである。これらの考察は〈規範創造機関あるいは規範適用機関の存在は、少なくとも法体系のようないくつかの規範体系の理解の核心にある〉ということを前提する。この想定は正当化されるだろうか？　それは〈実践されていること〉という独立の基準を加えれば規範体系に関して正当化される、と私は論じよう。

われわれは「共同体Cの法」あるいは「Cの諸規則」について語ることで、Cの中で実践されている規範体系に言及できる。このことが、法体系とカレッジや政治団体やゴルフクラブ等々の規則とに共通する特徴である。同様にして、われわれは「Cの中で効力を持っている法体系」あるいは「Cの中に存在する法体系」といった表現を用いていて、これらもまたCの中で実践されている体系に言及している。われわれはこのような表現を、体系の実践を前提していない表現と対照する。〔後者の例として〕われわれはかつて共和政ローマで効力を持っていた体系や、革命集団がある共同体の中で設立しようとしている体系や、学者集団がある国の議会に推奨した体系に言及できる。

われわれはそのような機会において、効力を持っている規範体系に言及するが、実践されている諸規範には言及しない、つまりCの法には言及するがCの諸法律には言及しないのだが、この事実には何か重要性があるだろうか？　法体系のことを考えてみよう。疑いもなく、義務的あるいは許可的な法規範の規範主体の全員あるいはほとんど全員がこれらの規範を拘束するものとして受け入れて、それに従って自らの行動を導いているとしたら、その体系が実践されていることに疑いはないだろう。実際この状態は、いかなる法体系についても他の制度化された体系についても理想とみなすことができる。

しかしこれはめったに実現されていない理想だ。どこを見てもわれわれが見出す法体系は、規範主体の一部あるいは多くが、自分たちに適用される多くの法律の内容を知っていないか、あるいは多くの法律を不正だとか抑圧的だとか外国の支配者あるいは専制的政府によって押しつけられたとかその他の理由から斥けている国々の中で、効力を持っている法体系である。要するに、ほとんどあらゆる法体系の規範主体の多くは、その規範の一部あるいはすべてを、自分たちを拘束するものとみなしておらず、それを規範として自らの行動を導くこともないのだ。このことは法に違反する行動に至ることもあるが、常にそうとは限らない。多くの人々は法に導かれることなしに法に合致する（conform）〔以下、文脈によっては follow と同様「従う」と訳すこともある〕。彼らがそうするのは、法が要求することを行うべき他の理由、つまり〈法がこれらの行為を要求している〉という事実とは無関係な理由を持っているからだ。彼らは、法によって実際に命じられている行為を行う道徳的あるいは自己利益的な理由を自分は持っていると考えているのかもしれない――それが実際に法によって命じられているか否かとは無関係に。

人々は多くの場合において、それが法であるという理由から法に合致するかもしれないが、自らの行動を導くものとして規範を受け入れているのではないかもしれない。彼らがそうするのは、他の人々が法を拘束力あるものとみなしていて、自分の法違反に対してある仕方で反応するだろう――警察が自分を逮捕・訴追するだろうとか、隣人たちが怒るだろうとか――という理由によるのかもしれない。すでに見たように、そのような考慮は諸個人をして規範を受け入れさせ、それに従って自らの行動を導くようにさせるかもしれない。ある人が〈一般に従われ信じられている規範を自分が無視したら不愉快な目にあうだろうから、自分自身もそれを採用して自らの行動をそれに従って導く方がよい〉と決心する場合には、この事情があてはまる。しかしわれわれが今見ているケースはこれと異なる。これらのケースでは、自らの行動をある規範によって導いていない人が、特定の機会にそれに合致しようと決めるのだが、その理由は、その人が街角に立っている警官か上の窓から見ている隣人に気づいていて、〈彼らは規範を受け入れているから、自分がこの場で規範に違反した場合の彼らの反応を考えると、自分はそうしない方がよい〉と知っているからである。

私はこの点を詳しく述べた。というのは、〈人々が大体において法に合致している〉というだけの事実を〈彼らは法を受け入れてそれによって自らの行動を導いている〉という証拠とみなさないことが大切だからだ。法へのあるレベルの一般的な合致が、法体系が共同体の法であるための必要条件であるということは否定できない。ある法体系が適用されるべき共同体が、それを違反においてしか尊重しないとしたら、すなわち、共同体が一般にそれに従わないとしたら、その体系が効力を持っているとは言えない。ここでの問題は、一般的合致は法体系が効力を持っていると言えるための必要条件だが十分条件ではない、ということだ。思い出すべきだが、要求される合致の程度は極めて高いものではない。犯罪の多さに苦しんでいる国でも、あるいは法律の多くが一般に無視できるとか、一部の地方が特に順法の程度が低い等々の事情があっても、法体系は効力を持っているかもしれないのである。要求される合致の基準は極めて高くはなく、そして法との合致は法に関する知識も〈これが法の要求するものである〉という理由による行動も前提していないのだから、ある共同体がそこにおいて効力を持っていない法体系に合致するということがありうる。学者集団が提案したある模範法体系が、現に存在する法律あるいはさまざまの社会慣習と部分的にオーバーラップしているために、今日の英国の人々によって実際一般的に従われている、という事態をわれわれは想像できる。だからといって、その提案された法体系が英国の法になるわけではない。

ある法体系がある共同体の法であると判断するための基準は、それゆえ、それが一般に従われているという条件と、さらに〈その体系のあらゆる規範が現実に実践されている〉という要請には足りない何らかの付加的条件を含んでいなければならない。(4) H・L・A・ハートは（『法の概念』pp. 109-14〔邦訳一八〇―一八八頁〕で）その付加的条件は〈少なくともその体系の公務員が体系の諸規範を受け入れていて、自らの行動をそれによって導いている〉ということであると示唆した。このテストは、われわれが想像した模範法体系が英国の法でないのはなぜか――それはその体系の公務員によって拘束力あるものとみなされていないから――を説明するだろう。ハートのテストは実際にわれわれの直観に合致するし、ある法体系がある共同体の法であるか否かをわれわれが判断する根拠を説明する。ある法体系が共同体の法であるのは、それがその法律の規範主体によって一般に従われていて、体系の法律によって定められた公務員が法律を是認（endorse）して従っている場合、そしてその場合に限られる。同一のテストが他の制度化された規範体系にもあてはまる。このテストの特徴のいくつかはさらに以下で検討するが、しばらくの間その帰結のいくつかに注意してみよう。

制度化された体系の第一の大きな特徴はこうだ。――それらの体系は、実践されている、あるいは効力を持っているということに関する基準を持っているが、この基準は、その規範のすべてが実践されているということと同一ではなく、公務員と制度の活動にかなりの重みを置いている――。

〔第二の特徴として、〕法体系および類似の組織化された体系のすべての規範は、規範創造機関か規範適用機関のいずれかを設定する諸規範と内的関係を持っている。あらゆる種類の規範体系について、どの規範がその体系に属するかを決定する基準が必要とされる。ゲームのルールは、すでに見たように、ゲームの価値との関係によって同定される。制度化された体系のルールは、それらの体系を特徴づける諸制度〔機関〕との関係によって同定される。このことは、これらの制度がその体系の中で持っている重要性の単純な結果である。これまたすでに見たように、そのような制度の作用が、全体としての体系が実践されているか否かを決める際に大きな役割を果たす。〈その体系が実践されているという事実は、その諸規範が実践されているという単純な作用ではない〉というのは本当だが、〈あらゆる規範は、それが属する体系が実践されているか否かを決定する事実に何らかの仕方で関係している〉という想定は合理的だ。もしその想定がなかったら、ある体系が実践されているか否かを決定する基準は恣意的なものになってしまう。その基準は体系の諸規範に、あるいはその一部に、いかなる関係も持たないものになるのだ。だから次の結論が出てくる。――実践されているというこの種の基準を持つ規範体系は、諸制度を設立し統制するところの諸規範に内的に関係している諸規範からなっており、その諸制度の作用が、当該の体系が実践されているか否かを決定する――。

体系の諸機関と諸規範との間で統一化を行う関係の性質は以下で検討するが、そのような規範的機関の表面を一瞥するだけでも、その役割の候補として二つのタイプの関係が現われる。規範創造機関との関係の程度に応じて、それらの機関は何らかの条件の下で規範を制定し、規範適用機関との関係の程度に応じて、それらの機関は何らかの条件の下で規範を適用することになるのだ。

制度化された体系のこの二つの特徴が一緒になって、第三の重要な特徴を生み出す。そのような体系に属する諸規範の体系的な妥当は、その体系が実践されているという事実に条件づけられている。ある規範が妥当するのは、その規範主体がそれを是認して従うべきである場合である。規範体系が妥当するのは、その諸規範が妥当する場合である。ある規範を妥当していると判断しうる、多くの異なった根拠があるかもしれない。規範体系に属する諸規範は、そのような体系への所属という事実とは全く独立した根拠によって妥当しているのかもしれないのだ。法体系は殺人を禁じある種の取り決めの尊重を要求する諸規範を含んでいる。通常これらのルールは、いかなる法体系への所属からも独立して妥当するルールとみなされている――もっとも〈これらのルールが法的に拘束するという事実が、その妥当の代替的根拠である〉と考える人も多いだろうが。〈ある規範が体系的に妥当する（have systematic validity）のは、それがある規範体系への所属に基づく根拠によって妥当する場合である〉と述べることにしよう。規範体系が体系として妥当するのは、その体系のすべての規範がその体系との関係で体系的に妥当する――すなわち、それらが妥当するのはその体系への所属のゆえである――場合、そしてその場合に限られる。規範体系の妥当を論ずる際にわれわれが通常関心を持っているのはその体系的な妥当である。つまりわれわれは、その諸規範がその体系に属しているという事実が、それを妥当していると判断する理由になるか否かに関心を持っているのだ。

すでに明らかなはずだが、私は「〔体系的に〕妥当する（valid）」という言葉を「法的に妥当する（legally valid）」とは違う意味で用いている。ある規範が法的に妥当するのは、それが何らかの法体系に属している場合であり、その場合に限られる。規範は、それが妥当せず体系的にも妥当しなくても、法的に妥当することがある。それはある法体系に属しているかもしれないが、その規範主体がそれに従うことは正当化されないかもしれない。〔その一方、〕法規範が体系的に妥当しているためには、それが法的に妥当していることがむろん必要だが、これだけでは十分条件でない。「ｘは（法的に）妥当する規範である」やそれと似た文章は、標準的には、ｘがある法体系に属するという意味か、それは妥当する（つまり、従われるべき正当化される規範である）という意味か、法に従うべきだという前提の下でそれは妥当するという意味で用いられる（そのような言明の性質については、5-4節を参照）。

法体系とそれに似た体系の第三の主要な特徴は、それらは実践されている体系である場合に限って体系的に妥当する、ということだ。ローマの法体系や法改正委員会が提案する法体系に属する規範は、道徳的に妥当する規範や他の根拠によって妥当する規範かもしれない。しかしその規範が提案された体系や廃止された体系に属するという事実は、その規範を妥当しているとみなす理由にならない。規範が法体系に属するという事実がその妥当にとって意味を持つのは、その法体系が効力を持っている、すなわち現実に実践されている場合に限られる。先に示したように、この結論は制度化された体系が持つ前記の特徴に基づいている。規範が体系的に妥当するのは、それが体系に属するという事実がその妥当の理由（の一部）である場合に限られる。大まかな言い方をすれば、規範がある制度化された体系に属するのは、それがその体系の機関によって制定されたか、あるいは関連する機関によって適用される場合に限られる。その結果として、規範の体系的妥当は、それらの規範が関連する機関によって創造されるか適用されるという事実に基づかねばならない。別の言い方をすれば、制度化された規範の体系的妥当は、規範創造機関あるいは規範適用機関が行動を統制し紛争を解決する権威に依拠している。その権威は社会的権威――共同体を支配する権威――だ。そしてここでの問題は〈社会がこれらの機関によって統治されるのはよいことか？〉でも〈これらの機関はこの共同体の中で権威を持つべきか？〉でもなくて、〈事態がこの通りであるなら、これらの機関は権威を持つか？　また従われるべきか？〉である。これらの機関の社会的権威はその社会内の社会関係を適切に統制する能力に依存しているに違いないのだから、それらが権威を持つためには、それらによる支配が効率的で、それらが創造あるいは管理する規範体系が現実に実践されていることが必要だ。その規範体系が実践されているという事実は、それが社会関係を適切に統制しているということを示すわけではない。しかしもしそれが実践されていないとしたら、それは全然統制していることにならないし、諸機関は権威を失う――たとえそれらがいくら権威を持つに値するとしても。従って、〈制度化された体系の体系的妥当は、体系が実践されていることに依存する〉という結論になる。

われわれは法体系とそれに類似した規範体系が持つ三つの主要な特徴をあげた。第一に、それらの体系は、実践されているということに関する基準を持っているが、この基準は部分的には、規範創造機関か規範適用機関の活動に依存する。第二に、そのような体系への所属のためのテストは、関連する規範を設立する諸規範とのある内的関係に依存する。第三に、そのような体系の体系的妥当は、それが実践されていることに依存する。これらの特徴を列挙する際、私は法や類似の諸体系に関するわれわれの一般的な知識に頼ってきた。これらの特徴から、いくつかの規範体系にとって機関というものが重要であることが明らかになるが、まだ確証されていないのは、〈そのような諸機関が存在するときはいつも、この種の規範体系も存在する〉ということだ。この点を明確化するために、われわれはこれらの機関に基づく規範体系の性質をもっとよく見なければならない。

共通起源の体系

これまでのところ、われわれは規範創造機関と規範適用機関の果たす役割を区別してこなかった。しかし両方の種類の機関は法体系やそれに類似した体系の理解にとって同じくらい重要だろうか？法哲学者は長い間、法創造機関の役割を強調する人々と、〈法の体系的性質を理解する鍵は法適用機関の機能にある〉と考える人々に分かれてきた。私は他のところで後者の見解を支持して詳しく論じた。前者の見解の短所がどこにあるかを簡単に説明しよう。予備的分析は〈ある規範体系に関するわれわれの理解にとって、二つの面で規範的機関が核心的である〉と示唆した――第一に、その体系が効力を持っているかどうか、実践されているかどうかを決定する際に、そして第二に、その体系の同一性基準における諸機関の役割を通じて、どの規範がその体系に属するかを決定する際に。どちらの観点から見ても一次的に重要なのは規範適用機関であって規範創造機関ではない、と私は示唆しよう。

私が批判しようとする見解は、法体系や類似の規範体系を、共通の起源を持つ体系とみなす。このタイプの理論には二つの主要な変種がある。(5) 特にホッブズとオースティンによって代表される変種は、法体系を、一人の立法者が直接あるいは間接に発するすべての規範の集合として定義する。ケルゼンの著作を最善の例とする第二の変種は、法体系を、一つの規範から直接あるいは間接に法的妥当を導き出すすべての規範の集合とみなす。〔第一の変種によると〕規範が立法者の行為によって作られたならば、それは立法者によって直接作られたのである。規範が、立法者が直接あるいは間接に制定した規範によって与えられた権能の行使によって制定されたならば、立法者がそれを間接に発したと言われる。〔第二の変種によると〕規範がその別の規範によって与えられた権能の行使によって制定されたならば、前者の規範は法的妥当を別の規範から直接に導き出したのである。規範が第三の規範――それ自体があの別の規範から直接あるいは間接に法的妥当を導き出すのだが――によって与えられた権能の行使によって制定されたならば、前者の規範は法的妥当をあの関連する規範から間接に導き出したのである。

いずれの見解によっても、あらゆる体系は共通の起源を持つ。オースティンの考えでは、ある法体系に属するあらゆる法律の究極の源泉であるところの、「主権者」と呼ばれる一人の立法者が存在する。主権者は自分自身で法律を制定するか、あるいは制定する権能を下位の立法者に授権する。ケルゼンによれば、法体系に属するあらゆる法律の源泉であるところの、根本規範と呼ばれる一つの規範が存在する。根本規範は法律を制定する権能、あるいはその権能を授権する権能を授権する。この二つのタイプの理論の間には重要な相違があるし、どちらか一方にしかあてはまらない反論も多いが、両方にあてはまる重要な反論が少なくとも二つある。この二つの反論が示すのは〈制度化された体系の最も単純な形態しか共通起源の体系ではない〉ということだ。そのような体系は通常、少人数のグループの相対的に短期間の活動を支配する体系である。法体系や本節冒頭であげた種類の類似の体系のような複雑な体系は、共通起源の体系ではない。共通起源の体系というモデルは、複雑な制度化された体系が持つ二つの主要な特徴を説明できない。そのモデルはこれらの複雑な体系の統一性と存在の説明に失敗するのである。

（統一性からの）第一の反論は〈いくつかの法体系は複数の立法の権威を含んでいる〉と論ずる。(6) そこには複数の立法者が存在するが、それぞれの権威は、他の立法者の作った規範からも、他の立法者に権能を与える機関からも導き出されない。たとえばブリテンでは、議会の権威はコモン・ローから導き出されるのではないし、コモン・ローの権威が議会から導き出されるのでもない。また裁判所と議会の両方に権能を付与する他の規範があるわけでもない。いかなる一**つ**の規範もそれを行うことはできない。裁判所と議会の権能はその範囲においても行使の態様においても極めて異なる。それゆえもし両者がそもそも法によって授権されるとしたら、少なくとも二つの別々の規範によって授権されることになる。だから英国の法体系の規範すべてに共通する起源は存在しない。さらに、慣習法に基づくがゆえに拘束する法体系もある。それらの法律の多くが拘束するのはある実践に基づいているからだが、それらの慣習に従うよう人々に命ずるいかなる法律も制定されていない。むろんそのような体系の中には、すべての法律の単一の立法者も、すべての法律の制定の権能を付与する規範も存在しない。その理由は単純で、法律の多くはそもそも制定されたものではないからだ。

第二の反論は複雑な制度化された体系の存在にかかわる。共通の起源は法体系への所属の必要条件ではないということを見てから、それは大部分の制度化された体系の性質を説明するために十分でもないということを指摘する価値がある。すでに見たように、体系の規範のすべてが実践されないとしても、これらの体系は効力を持ちうる。そのわけは後で説明するが、ある機関が諸規範を実践するという事実が、その体系が実践されているということの証明にとって核心的だ。このテストは規範創造機関の実践に依存することがありえない。規範創造機関にせいぜい可能なのは、それに向けられた規範を実践することだけである。そしてある体系がそのルールを定める人々にとって受容可能であるというだけの理由で、その体系が効力を持っているとみなすべき理由は存在しない。その体系が効力を持っているという事実は、その規範の規範主体である人々に何が起きているかに何らかの仕方で依存しているに違いない。われわれは〈その人々がそれらの規範を実践するということが必要だが、それらの規範に合致しているというだけでは不十分である〉ということを見たのだから、規範適用機関の実践に依拠せざるをえない。もし規範適用機関が、規範主体の中で規範に合致しなかった人々に対して規範を規則的に執行するならば、われわれはその体系が実践されているとみなすことができる――たとえ住民の多くがその諸規範を実践していないとしても。なぜこれが説得力あるステップなのかというと、その諸規範は規範主体によって実践されていないとしても、彼らに対して規範適用機関によって適用されているからである。われわれが依拠しているのは、諸規範に関する規範主体の行動に関連する事実だ。もし規範主体が彼ら自身で進んで規範に従わないとしたら、警察や裁判所等々によって従うよう強制される。これはむろんその状況に関する非常に粗野で不正確な記述だ。しかしそれは、規範適用機関の実践を、その体系が効力を持っているか否かを決定するテストの本質的な一部とみなすべき理由を明らかにしている。すでに説明したように、この結論それ自体から、〈規範体系の統一性のテスト、どの規範がその体系に属するかを決めるテストはまた、規範創造機関よりも規範適用機関の方に関係するだろう〉ということになる。

4-3　制度化された体系：一つの分析

規範適用機関

規範創造機関ではなくて規範適用機関が、制度化された体系に関するわれわれの観念への鍵を与える。制度化された体系とは、ある規範適用機関を設定するか、あるいは規範適用機関とある仕方で内的に関係する諸規範の集合である。制度化された体系の性質を理解するためには、第一に、何が規範適用機関であるか、そして第二に、規範適用機関を創造する規範と体系内のそれ以外の規範との間の関係が何であるかを説明しなければならない。

規範適用機関を他から区別する特徴は何か？　これは悪名高い難問だ。われわれは裁判所の性質に関する論争を見るだけでその困難に気づく。法律家と社会学者はさまざまの両立不可能な説明を与えてきて、論争は今も熾烈である。この論争史を見て最初に注意すべきなのは、この問題を研究しているさまざまの理論家が実際には多様な問題に取り組んでいるということだ。裁判所や審判庁を定義する特徴を研究している法律家は、特定の法体系の中で生ずるさまざまの法的問題のいずれかの解決に関心を持っているのかもしれない。たとえば、その体系内のある裁判所は司法部のあらゆる司法的決定について監督する権能を持っているとか、証拠法あるいはそのルールの一部はすべての司法部の手続にも適用される、といったことだ。法律家が「裁判所とは何か?」という問いに直面するとき、彼が通常関心を持っているのは、そのような法律が生み出す多くの問題の一部だ。Aという機関は、関連する裁判所の監督領域に服するか?　証拠法の一般原理はAにおける手続に適用されるか?　こういった諸問題である。社会科学者は、法律家の問題と通常間接的に関係しているとはいえかなり異なる彼ら自身の問題を持っている。彼らは紛争解決の異なった社会的方法や要求の明晰化の異なった経路等々の分類に関心を持っているかもしれない。規範適用機関を同定する特徴を求める際のわれわれの目的は、一次的には、法体系および類似の体系を定義する特徴になるような規範適用機関の性質を確定することだ。われわれの問いへの適切な解答は、法律家や社会科学者の問いへの満足すべき解答である必要がないし、彼らの問いへの解答として意図されているわけでもない。

ある人々は、司法機関その他の規範適用機関が果たす社会的機能によってそれらの機関を定義しようと試みてきた。他の人々は、これらの機関を設立する規範に解答を求めてきた。私は後者のアプローチをとることにする。規範適用機関は何よりもまず、規範によって設立される機関であって、それらの機関のアイデンティティの手がかりはこれらの規範に求めるべきだ。規範適用機関がある社会的機能に役立つように設立されるということは真かもしれないが、同じ機能は他の手段でも果たされうるし実際果たされている、ということがありそうだ。それゆえ規範適用機関は、その機能自体よりもその機能を果たす仕方によって同定されるべきである。これは機関が果たす機能を研究することが重要でないと言っているのではなくて、機関は他の手段によって同定されるべきであるという趣旨にすぎない。

法体系については、〈義務の遂行あるいは権能の行使であるところの公務員のいかなる行為も、一般に法適用行為とみなされる〉と述べることができる。容疑者を逮捕する警官、トレーダーに許可を与える公務員、被告は原告に一定の金額を支払えと命ずる判決を下す裁判所——普通これらはすべて、公務員による法の適用の例とみなされている。これらのケースは、公務員による行為であるという点でのみ、税金を支払ったり財産を売ったり被用者に命令を下したりする私人の類似の行為と異なる。そのため「規範適用機関」の最も一般的な解釈によると、これらの機関は公機関と同一である（「公(public)」という言葉のある意味において）。

公務員を同定する特徴は何か？　これは重要であるとともに難しい問題だ。しかしながらそれはここでは避けるのがよい問題である。というのは、われわれはすべての制度化された体系の中に公務員を見出すだろうが、その体系が制度化された体系とみなされるためには必ずしも彼らのすべてがその中に存在しなければならないわけではないからだ。われわれは公務員の代わりに規範適用機関の下位クラスを同定しようとすべきである。それはつまり、あらゆる制度化された体系において存在しなければならない規範適用機関のことだ。

「規範創造」と「規範適用」の間の用語上の対照は、規範適用機関のある重要なクラスに注意を集める——それは他の規範を創造することによってではなく、規範を物理的に実行することによって規範を適用する機関である。裁判所はそれ自体が規範であるところの判決を下すことによって法を適用するが、刑務官や家屋の撤去を命じられた公務員は物理的に法を執行する。私は後者の種類の規範適用機関を「規範執行（norm-enforcing）」機関と呼ぶことにする。規範執行機関が現代のあらゆる法体系の中で重要な役割を果たしていることに疑いはない。しかし二つの理由から、規範執行機関は法体系および類似の体系を同定するための鍵とみなすことができない。第一に、あらゆる法体系は実力行使を統制して、法との合致を確保するために最終的には実力に依存しているが（5-2節を参照）、そのすべてが法執行機関を持っている必要はない。法体系のあらゆる特徴を備えていながら法執行の機構を持っていない規範体系もありうる。判決がひとたび言い渡されると、その実現が紛争当事者に委ねられる体系の中でも、個人は好きなときに自分の権利を実力で確保することが許されていない。彼は裁判所に行って自分の権利の権威ある宣言を得なければならない。しかしひとたび決定を得れば、彼は合理的な実力を行使してそれを実現する権利が与えられていて、この目的のために彼の名の下に実力を行使する権原を他の人に与える権利も与えられるかもしれない。そのような体系も明らかに法体系だ。それは法執行機関を持たないが、他の規範適用機関を持っていて、このためにそれを制度化された規範体系とみなすことが許される。第二に、法体系以外にも制度化された体系が存在するということを忘れてはならない。たとえば任意的団体を支配する規範体系は、実力行使を全然統制しないかもしれないし、あるいはともかく規範執行手段としての実力行使を提供しないかもしれないから、いかなる規範執行機関も持っていないかもしれない。

それゆえわれわれは何か他のところに、制度化された体系に関するわれわれの理解の核心に存する種類の規範適用機関を求めなければならない。われわれが求めているタイプの制度は規範創造と規範適用を独特の仕方で結びつける機関である、と私は示唆したい。これらの機関を、その重要性を示すために一次的（規範適用）機関と呼ぼう。一次的機関は規範適用機関の一種である。規範執行機関は規範適用機関の別の一種であり、また他の種類の規範適用機関もある。規範執行機関は規範の物理的実行にかかわり、このことがその規範適用の性格を決定する。一次的機関がかかわるのは、規範的状況を既存の規範に従って権威的に決定することだ。司法部を考えてみよう。裁判所と審判所は諸個人の権利と義務を確定する権能を持っている。しかしいかなる個人もそれと同じことができるのではないか？　ジョンは自分がアランに一〇〇ドルの債務を負っているとかポールがジャックに債務を負っているとかを確定できないのか？　ジョンは事実について無知かもしれないが、裁判所と同じようにそれを調べることができる。裁判所と私人の違いは、単に裁判所が事案の事実とそれに適用される法律を確定するためのよりよい便宜を持っているというだけではない。裁判所は人々の法的状況の**権威的**確定（*authoritative* determination）を行う権能を持っているのだ。私人はその問題について意見を表明するかもしれないが、私人の見解は拘束しない。

裁判所は拘束する決定を下すことができる。この事実は、裁判所が間違えることがありえないという意味ではない。裁判所の決定はたとえ間違っていても拘束するという意味だ。法的状況に関する私の意見は、もしそれが間違っていれば拘束しないから、全然拘束しない。ある規範適用が拘束するということは、たとえそれが間違っていても、たとえそれが実際には規範の誤適用であっても、拘束するということだ。この一見すると逆説的な定式化が、一次的規範適用機関の性質と機能を明らかにする。

この逆説は、ある決定（判決にせよ宣言にせよ）について〈それは既存の規範を適用しているとともに、拘束力を持っている〉とどうして言えるのかという問題から生ずる。ある決定が、既存の諸規範のゆえにある個人が持っている権利と義務を確定しているにすぎないとき、われわれはそれを規範の適用とみなす一方、それが諸個人の権利と義務を変更するときに限って、われわれはその決定が拘束するとみなす、というのがわれわれの感じ方なのかもしれない。諸個人に義務を課すか、義務から解放するか、権利を与えるか、権利を奪うかする新たな規範についてのみ、われわれはそれが妥当するか否かを問うことができる。もしその決定が、諸個人がすでに持っている権利と義務を確定するだけで変更しない趣旨なら、そこから生ずる唯一の問題は、その決定が正しいか正しくないか（correct or incorrect）だけである。拘束力の問題が生ずるのは、創造的決定——規範的状況を変更する決定——との関係に限られる。創造的決定は、拘束するあるいは拘束しないということがありうるが、正しいあるいは正しくないということはありえない。この反対が適用的決定にあてはまる。〔——われわれは以上のように感ずるのかもしれない。〕

この見解によると、ある決定が拘束するとともに規範適用でもあるということは不可能である。しかしこれは「拘束する（binding）」という言葉の意味をあまりにも狭く解する見解だ。たとえある決定が規範的状況を変更しない場合でも、それがかりに変更するならば拘束するとしたら、それは拘束力を持ちうる。ある新しい立法を考えてみよう。その立法者たちは気づいていないかもしれないが、これは古いが妥当している法律の内容を繰り返すにすぎないものだとする。この新しい立法が誰の権利も義務も変えないということが明らかでも、それは妥当する、あるいは妥当しない、と判断されうる。もし新しい立法が妥当するならば、それは古い法律がもはや力を持っていなかったとした場合に法的状況を変更したことになるのだ。別の言い方をすれば、もしそれが妥当するならば、それは古い法律が課した権利と義務の新たな基礎を作り出す。これと同じ意味で、被告が原告に金銭債務を負っているという裁判所の〔確認〕判決は、たとえそれが既存の規範によって存在していたとしても拘束する——裁判所の判決がなかったら債務が存在しない場合でさえ、その判決は拘束するならば。ここから〈規範適用的決定は、それが間違っていてさえも拘束する場合に限って拘束する〉という私の元来の定式化が出てくる。

今やわれわれは一次的規範適用機関を定義する特徴を述べる位置にある。一次的規範適用機関とは、特定された諸個人の規範的状況を決定する権能をもつ機関であって、現存の規範の適用によってその権能を行使されることが要求されているが、その決定はたとえ間違っていても拘束する、という機関である。この特徴づけについていくつかのコメントがここでふさわしい。

（1）この定義はある種類の機関を同定しようと試みている。その定義では機関一般の性質が前提されているが、説明されてはいない。ここで問題になっているのは一次的**機関**〔**制度**〕であるということを強調するのが重要だ。制度化された体系は〈それらは拘束する適用的決定を行う権能を付与する規範を持っている〉という事実だけによって同定されるのではない。制度化された体系は、そのような権能を諸機関——つまり、拘束する適用的決定を行う権威を自らの手に集中している、中央集権化された諸組織——に付与する諸規範を含んでいなければならない。

（2）裁判所や審判庁やその他の司法機関が一次的機関の最も重要な例だ。しかし警察官のような他の公務員も一次的機関でありうる。司法手続に従う義務を一次的機関に課すべき明白な理由が存在するが、これが常になされるとは限らないからだ。しかしながら〈一次的機関という観念は司法機関の性質を分析しようとするいかなる試みの中でも必要なステップとなる〉と考えるのが合理的だと思われる。

（3）一次的機関の定義はさらに洗練されねばならない。そのままでは、その定義は絶対的に拘束する最終的な決定にしかあてはまらない。その定義は、上訴や再審等々の可能性、また決定がある目的については拘束するが別の目的についてはそうでないという可能性を容れるように変更されねばならない。多くの法体系においては、決定に至った訴訟原因に関してのみ拘束する法適用の決定が存在する。

（4）この定義が諸機関を同定するのは、拘束する適用的決定を機関が行う権能によってである。このことは同一の機関がそれ以外の権能と機能を持つという事実と両立する。特に、裁判所は先例を創造し一般的ルールを定める権能や、諸個人に特定の行為を命ずる権能や、事案の事実を権威的に確定する権能（既判力理論（res judicata doctrine））を持っていることがしばしばあるが、これらすべては、拘束力を持つ法適用的決定を行う権能とは完全に異なるか、あるいはせいぜいのところ、重なり合っているにすぎない。法適用的決定は具体的事案における諸個人の権利義務の決定〔確定〕であって、それは先例を創造したり、諸個人が自分の義務あるいは他の人々の権利を無視したという理由で彼らに損害賠償や罰金を支払うよう命じたり彼らを投獄したりする権能とは全く異なる。適用的決定は宣言的判断と最も密接に結びついている。実際この定義は〈宣言的判断は裁判所の多くの決定の中の一要素である〉と示唆している。これは規範力理論の効果の一部だ。しかし規範力理論は一層広いもので、特定の状況における権利と義務の確定だけでなく、純粋な事実認定にも適用される。

一次的機関が存在するということが、制度化された体系を定義する特徴である。この主張は、法体系とそれに類似する体系の典型例に関するわれわれの共通知識だけでなく、そのような機関が存在するときに社会関係を統制する際の核心的な役割にも基づいている。一次的機関の存在は、〈当該の規範体系は紛争解決のための制度化された権威的な方法を提供する〉ということを示す。〔契約のような〕随意的〔任意的〕（voluntary）な債権債務を認めるいかなる規範体系も、〔裁判所を持たなくても〕合意による仲裁や類似の方法を通じて紛争の権威的解決を暗黙のうちに準備している。しかし紛争解決のための制度化された体系的方法を備えている規範体系とそうでない規範体系との間の相違は、社会的行動を統制する際の効用と機能において極めて重大だ。ここから〈一次的機関の存在は規範体系の一つの重要なクラスを定義する特徴である〉という結論が出てくる。(7)

制度化された体系と絶対的裁量の体系

一次的機関が重要である一つの理由は、それが紛争解決の制度化された権威的方法を与えるということだ。一次的機関のもう一つの重要な側面はむろん、その義務が現存の規範の適用であるということである。この事実の意義は、一次的機関を持つ規範体系を、全く異なる性格の紛争解決方法に基づく仮定的体系と比較することで測定できる。私は後者の体系を絶対的裁量の体系と呼ぶことにする。その体系の規範はある種の紛争を解決する権能を持つ審判庁を設立する。この体系は他の規範も含んでいるかもしれない。審判庁の勤務資格と任命方法を特定する規範や、勤務条件や裁定手続やさまざまの審判庁の厳密な権能（ある審判庁は人身損害を、別の審判庁は純粋に財産上の紛争を取り扱うかもしれない、等々）を特定する規範を含んでいるかもしれないのである。このような性質を持つ体系は、諸個人が紛争を審判庁に付することを義務化するかもしれないし、しないかもしれない。以下では、この体系はそれを義務化せず、審判庁の決定を執行する機構も持っていない、と想定する。しかしこの体系の諸規範からは、〈ひとたび審判庁がある個人の権利と義務を宣言するならば、その決定が問題を決着させる〉という結論が実際に出てくる。

完全な裁量の体系の審判庁は、特定化されたいかなる規範に基づいて決定を下すことも要求されていないので、一次的機関ではない。実際、その審判庁はその決定の基礎になるべき理由についてただ一つの指令にしか従わないということが、完全な裁量の体系を定義する特徴である。その指令とは〈常に審判庁は、あらゆる妥当する理由を基にして最善であると自らが考える決定を行うべし〉というものだ。審判庁が適用しなければならない基準は、立法されたものにせよ慣習的なものにせよその他のものにせよ、何一つない。また審判庁はそれ自身の先例に従うべきであるということもない。この独自の体系の審判庁は、恣意的な仕方で決定する権限を持っているわけではない。審判庁は理由に基づいて行動しなければならないのだが、事案を決定する理由の選択は審判庁自身の絶対的裁量の下にある。審判庁はそれ自身の真摯で拘束を受けない判断によって行動しなければならない。

絶対的裁量の体系は、法体系や類似の体系とは、第一にある点で異なる。その審判庁はいかなる共通の基準に従うように強いられているわけでもなくて、自らが最善と考えるいかなる決定もできるのだから、そのような体系は、紛争が生じた場合に諸個人が自分のためになる決定を行えるような指導を彼らに与えることがない。別々の審判庁ごとに、別々の理由が妥当すると信ずるかもしれない。同一の審判庁さえいつでも考えを変えることがありうる。審判庁には時間を通じた首尾一貫性が要請されておらず、そこに持ち出される紛争は、少なくとも可能性としては、究極的価値の問題を常に含んでいる。他方、法体系や類似の体系は諸個人に指導を実際に与える。それらは諸個人の権利と義務を確定する規範を含んでいるのだ。これらの規範は一次的機関が適用するよう拘束されている規範とまさに同一であって、それが理由で、一次的機関はそこに持ち出される紛争における諸個人の権利と義務について、彼らに指導を与えることにもなる。

一次的機関に基づく制度化された体系は、審判庁を制度化する規範だけでなく、諸個人の行動を指導する規範を含んでいる。一次的機関は規範を適用するのだから、それが適用すべき規範があるに違いない。この自明の理が絶対的裁量の体系と制度化された体系との区別の基礎にあって、これは二つの重要な含意を持っている。第一に、それは〈制度化された体系は、調整された指導と評価の体系（co-ordinated guidance and evaluation systems）である〉ということを明らかにする。そこには行動を指導する規範と、行動を評価し判断する機関が含まれている。その評価は、行動を指導する規範とまさに同一の規範に基づいている。実際のところ、ある規範がその体系に属しているか否かをわれわれが確定するテストは、大まかに言えば、〈それは一次的機関が行動を判断し評価するときに適用すべき規範である〉というものだ（このテストは5-1節で論じられ、いくらか変更を受けることになる）。このようにして、〈法体系やその他の制度化された体系はそれ自身の内的評価体系を持っている〉と言うことができる。われわれはたとえば法的視点から行動を査定することができる。そして法的視点は、評価の対象となる個人を法的に拘束する諸規範と全く同一の、裁判所が行動を評価する際に拘束される諸規範からなっている。

制度化された体系と絶対的裁量の体系との相違の第二の重要な帰結は、〈前者は裁判所がそのメリットについてどう判断するかにかかわらず適用するように拘束されている諸規範を含んでいる。実際それらからなっている〉ということだ。もっと正確に定式化すると、〈制度化された体系は次のような規範からなっている。それは、一次的機関が適用するように拘束されていて、あらゆることを考慮するとそれらを適用することは望ましくないと一次的機関がみなす場合でも無視する自由があるわけでない規範である〉ということになる。だからといって〈一次的機関はどのルールあるいはどの決定が正しいかに関する自らの見解を無視して常に既存のルールを適用する計算機械である〉という結論にはならないのだが、〈一次的機関はある諸規範の価値に関する自らの見解にかかわらずそれらの規範に従うべきであって、自らの見解によって行動することが許されているのは、それが当該の諸規範によって許されている限りにおいてにすぎない〉という帰結は生ずる。たとえば法は、裁判官が彼らが正当あるいは適切とみなす原理によってケースを決定するように指令することがある。* 他の多くの場合、裁判所が従うよう拘束されている法律だけでは一つの正答が与えられないケースにおいて、法は裁判所が判断を下すことを要求する。あらゆる法体系には曖昧さや開かれた構造や不完全性があるので、その体系が正答を与えない多くの紛争が存在する。その体系がいくつかの解決を間違いとして排除する場合でも、それは法律上間違っているわけでも正しいわけでもない他の解決を残しているかもしれない。そのようなケースについてその体系が、事実あらゆる法体系がそうしているように、〈裁判所はその紛争の解決を拒まず判断を下すべし〉と要求するとしたら、それによって、裁判所は何が正しいかに関する自らのとらえ方に従ってケースを判断するよう要求されることになる。言うま

＊　通常そのような指令は、当該のケースと似たケースを支配する諸法律の目的の整合性を保つために設定された、さまざまの制約に服する。

でもなくそのようなケースでさえ裁判所の裁量は一般的な法原理によって制限されうるが、それらの原理も個人的価値判断の要素を排除することはないだろう。

この見解に対する一つの反論が圧倒的であると考えられるかもしれない。多くの法体系では、たとえばコモン・ローの全法域では、未決定のケースを裁量によって決定する権能だけでなく、確立した判例を覆す権能も持つ裁判所が存在する。実際それらの裁判所は法律を破棄して、自らが古いルールよりもよいと判断するルールにとって代わらせる権限を持っている。この事実は〈法は裁判所が従うように拘束されているルールだけからなる〉という私の主張に対する反対例であると主張されるかもしれない。〈そのような裁判所は、確立した法を廃棄したり覆したりする権能を、まさに同一の法体系の法律から導き出している〉と論ずることはむろん可能だ（し、実際私はそうしたい）。しかしこれはわれわれの問題に対する回答にならない。というのは、そうだとしてさえも、裁判所が自由に無視することのできる法律に拘束されているということがいかにして可能なのだろうか？　その答は、それは全く不可能だというものだ。それでもやはり私見への反対例とされたものは状況を誤って記述しているために失敗している。

裁判所があるルールを無視あるいは変更する完全な自由を持っているとしたら、そのルールは裁判所を拘束しておらず、その法体系の一部ではない。しかしコモン・ローの法域の裁判所は拘束しているコモン・ローのルールについてこの権能を持っていない。裁判所はそれらのルールを変えた方が理由の差引勘定上よいと考えるときはいつでも変えられるわけではないのだ。裁判所はある種の理由によってのみルールを変更できるにすぎないかもしれない。たとえば、そのルールが不正であるとか、不公正な差別であるとか、それが属する法律群についての裁判所のとらえ方と一致しないといった理由で変更できるかもしれない。しかし裁判所が、それらのルールは許容可能な理由のリストに含まれない他の理由のために最善のルールではないと判断するとしても、裁判所はやはりそのルールに従うよう拘束されている。

実践的推論の他の領域にもこの状況と並行したものがある。人々は自分の約束を守るべき責務を負っている。このことは、〈人々は、すべてを考慮して自分の約束を破ることが最善であると判断するときはいつでもそうする自由があるというわけではない〉ということを意味する。しかしこれは〈何ごとが起きようと人々は自分の約束を守るべきである〉ということを意味しない。ある種の理由があれば約束を破ることは正当化できるだろう。その結果として、ある人がある責務の下にあるという事実は、ある状況においてそれを無視する自由があるということと衝突しないのである――〈理由の差引勘定の結果、その責務を無視することが最善であるとその人が判断するときはいつでもそうする自由があるというわけではない〉との但し書の下で。この理由のために、反対例と称されたものは失敗に終わる。それが示しているのは、〈コモン・ローの法域においては、妥当しているある法律を時として破棄する自由を持つ裁判所が存在する〉ということだけだ。それらの裁判所はある特定の理由のためにのみそうする権利を持っている*（そして、すべてを考慮した結果それが望ましい時はいつでも、ではない）のだから、それらの裁判所がそれらの法律を破棄する権能を行使する自由は、それらの法律

＊　裁判所が持つ自由は、法律によって特定されたタイプの理由によって行動する自由だが、この事実は裁判所の個人的裁量を否定するものではない。裁判所は〈そのタイプの理由が存在するという結論を事実は正当化するか否か〉を確定する裁量だけでなく、〈何がそのタイプの妥当する理由――たとえば、不正な法律であるということ――とみなされるか〉に関する自らの個人的見解に基づいて行動する裁量も有するからだ。

に従う責務を負っているという事実と衝突しない。

歩を休めて結論をまとめる時になった。諸個人を導く規範から成立しているが、紛争解決——諸規範の適用から生ずる紛争の解決すらも——のための制度化された方法を与えない規範体系が存在する。普通の諸個人の行動を導くいかなる規範も含まないが紛争解決のための制度を提供する規範体系（われわれの言う絶対的裁量の体系）も存在しうる。法体系と他の多くの制度化された体系については、それらがこの両方の特徴を組み合わせているということが特徴だ。つまり、それらの体系は諸個人を導く規範も、少なくともある種の紛争（その中にはその体系の規範の適切な適用に関する紛争が含まれるが、それだけとは限らない）を解決するための機関を設立する規範も、共に含んでいるのである。その結果として、〈そのような体系を特徴づけるものは、一次的規範適用制度を設定する規範を含んでいるという事実である〉ということになる。

制度化された体系と排除理由

制度化された体系はその他の種類の規範適用機関も含んでいるかもしれないし、その一次的機関は、権威的な規範適用の決定を行う以外の権能も持っているかもしれない。これらの付加的な機関と権能は制度化された体系ごとに異なるかもしれない。しかしそのような体系はすべて、諸個人を指導する諸規範とそのような規範の適用から生ずる紛争を解決するための制度化された方法の両方を持っているのだから、一次的機関を設立する規範を持っている。制度化された体系はこの点で絶対的裁量の体系と異なる。一次的機関は、自らが何を行うのかが最善かに関する自らの見解にかかわらず、ある基準によって行動するように拘束されていることがあるからだ。しかし制度化された体系は、紛争解決のための機関を与えない規範体系とも根本的な仕方で異なる。

一次的機関の導入は規範体系への単純な付加ではない。その導入は、行動の権威的評価という新しい一次元全体を加えて体系を根本的に変身させる。むろん人々は他のタイプの規範体系の諸規範を基にしても評価活動を実際に行うが、制度化された体系だけが、その体系の諸規範に基づいて権威的に行動を評価することを機能とする一次的機関を提供する。われわれはこのようにして、体系の視点（法的視点等々）からの評価を語ることができる。これが意味しているのは、その体系の一次的機関が適用するように拘束されている諸基準に基づく評価だ。一次的機関による公的な行動評価はむろん、その体系が普通の諸個人に与える指導と一致していなければならない。もしその体系が、ある個人は自分がなすべきでないことを行っていると判断するとしたら、それはその規範が当該行為を行わないよう彼を指導しているということを含むし、その逆も真である。そのため、もし一次的機関が自らはある規範を適用するように拘束されていないとみなすとしたら、その規範はその体系に属していないことになる。このようにして、一次的機関の導入はその体系への所属の基準に影響を与える。つまり、もしその体系の行動指導と評価とが一致するならば、その体系は一次的機関が適用するように拘束されている規範だけを含んでいるとみなされるに違いないのだ。法理論家の中には〈法は裁判所が実際に適用するすべての基準からなっている〉という結論を出す人もいたが、この結論は〈裁判所は法の論点について間違っている〉と述べることを不可能にしてしまうし、制度化された体系と絶対的裁量の体系とを混同することにもなる。

私はこれまで制度化された体系が**諸規範**からなると自由に述べてきたが、この用語法を正当化してこなかった。規範は排除理由であるか、許可であるか、そのような理由あるいは許可と論理的に結びついているかである。法律あるいはその他の制度化された体系のルールは、排除理由かそれとも許可か？　制度化された体系の権能付与ルールは正しい仕方で排除理由と論理的に結びついているか？制度化された体系の中の排除的要素はどこに見出すべきか？　その答は一次的機関の分析の中に含意されている。われわれがすでに見たように、一次的機関とは、理由の差引勘定によると自らがある理由によって行動すべきであるとは考えていない場合でもそうするように拘束されている機関である。その意味は〈一次的機関は、他のあらゆる理由を排除して特定の理由によって行動すべき機関、すなわちある理由によって行動しないという排除理由に従う機関である〉ということだ。われわれはさらに次のことも見た。他の基準によって優越される場合でさえ一次的機関が依拠して行動すべき諸基準は、それらの機関が属する体系のルールであって、それらのルールはその体系の部分でない諸基準を排除すべきなのである。これらの考慮から生ずる結論はこうだ。――制度化された体系はルールの集合からなっていて、そのルールの一部は一次的機関を設立するが、そのルールのすべては、一次的機関がそれらに基づいて、それらと衝突する他のあらゆる理由を排除して行動するように拘束されているところのものである。(8)

ここでもまた法をわれわれの典型的ケースとして用いよう。ある人がCにおいてAすることを法的に要求されているとしたら、裁判所は彼がCにおいてAしない場合に〈彼はなすべきだったことを行わなかった〉と判断するよう拘束されている。裁判所は〈CにおいてAしないことは、実際には彼がなすべきだったことである。法の外にあって法の要求が与える理由を覆す理由が存在したのだから〉という趣旨の議論に耳を傾けることを拒むだろう。多くの人々はこの言明を〈裁判所はその人が**法律上**（*in law*）なすべきだったことを行わなかった〔原文は「行った」だが、文脈からはこうなるはず〕と判断する〉という趣旨に変えたいと感ずるかもしれない。裁判所は彼を法的視点からのみ判断してい て、あらゆることを考慮した結果彼がなすべきだったことについては何ら判断を下していない、とい うわけだ。これも論点を述べる一つの方法だが、「視点」という言葉のルースさのため誤解を招きか ねない。〔それは以下の理由による〕

われわれはジョンについて〈彼は常にキリスト教の視点から道徳的問題を判断する〉と言うとき、〈彼は他の理由が妥当すると信じていない〉ということを含意している。キリスト教の視点は、道徳的争点についてジョンが妥当すると信じている判断に関連するあらゆる理由を含んでいる。それだから彼は道徳的争点をこの視点から判断する。ここでわれわれは彼の視点を、彼が妥当すると信じている諸理由の性質を同定する方法として述べている。しかしある人を法的視点から判断する裁判官は、彼の行為に関係するその他の理由が妥当することを必ずしも否定しない。すべてを考慮すれば彼の行為を正当化する他の理由が存在する、と裁判官は信じているかもしれない。それでも裁判官はその行為を断罪するかもしれないが、それはその判断が法的視点だけからの判断だからだ。ある意味で、この「視点」の用法は部分的で不完全な判断を述べている。それは運輸大臣が「経済的視点からはわれわれはいくつかの地方鉄道路線を廃止すべきだが、それらの路線は重要な社会的機能を持つので、政府はそれらを維持するために補助金を用いるべきである」と述べるのといくらか似ている。ここで人はある視点からなすべきことを判断するとき、妥当する他の理由が存在することを否定していない。この用語法では、ある視点からの判断とは、なされるべきことに関する部分的な判断にすぎない。法的視点から判決を下す裁判官は、その状況に適用されるそれ以外の妥当する理由があるということを否定していない。それゆえ、裁判官はなされるべきことに関する部分的判断を発しているとみなすことができる。しかしながら前の例における運輸大臣と裁判官の間には大きな相違がある。大臣は経済的視点から部分的判断を発したが、彼の行動は状況に関する全面的な査定に基づいている。大臣は自分の判断は不完全でありそれ以外の理由を無視していると認めつつ、それと同時に自分の部分的な判断に基づいて行動するということができない。ところが裁判官の方は、自分の判断は妥当する諸理由についての部分的査定に基づいているとみなしながらも、それが行為を正当化するとみなす。だから、法的視点からの判断が部分的で不完全な判断であるということは真だが、この視点は、そこに属さない理由によっては行動しないことを要求する排除理由を含むので、その判断が行為の基礎となるのである。

すでに見たように、裁判所は法と衝突する他のあらゆる理由を排除する法的ルールに基づいて諸個人を判断する*。それゆえ裁判官はあたかも法の要求を排除理由として受け取るべきであるかのように諸個人を裁く。裁判所は実際上、諸個人が法的基準に従って他のあらゆる理由を排除して行動するかのようにみなすよう拘束されている。すでに論じたように、普通の諸個人に適用される体系のルールは、一次的機関が諸個人を裁くべきルールと同一なのだから、あらゆる法的ルールは一階の理由であるとともに排除理由でもあるという結論が出てくる。

法的視点はもっと厳密な定式化を必要とする。われわれは法的ルールの別々の種類を次のように区別すべきだ。

（1）　ある行為の遂行（あるいはその不作為）を要求するあらゆる法的ルールは、その行為の遂行（あるいは不作為）を支持する理由であるとともに、〈それ自体は法規範でも法的に認められた理由でもないところの衝突する諸理由に基づいて行為しないこと〉を支持する排除理由でもある。

（2）あらゆる許可的法的ルールはまた排除的許可でもある。すなわちそれは、規範行為の遂行の許可であるとともに、〈それ自体は法規範でも法的に認められた理由でもないところの諸理由に基づいて規範行為を差し控えることをしないこと〉の許可でもある。

（3）あらゆる権能付与ルールは、3-2節で述べた仕方で、法的な義務的あるいは許可的規範と関係している。

同様の分析が他の制度化された体系のルールにもあてはまる。この議論が示そうとしているのは、〈普通の諸個人を導く規範とそのような規範の適用から生ずる紛争を解決するための機関を設定する規範の両方を含む体系、すなわち一次的機関に基づく体系は、必然的に排除的な体系である〉ということだ。その体系の諸規範は、それに属さないかそれが認めない理由と基準と規範の適用を排除する。法的視点もそれ以外のいかなる制度的体系の視点も排除的な視点だ。法規範は衝突するかもしれないし、法によると何がなされるべきかを決める際、人は衝突する別々の法的考慮を秤にかけねばならないかもしれないが、法〔それ自体〕は排除的体系であって、それは法の外にある諸理由の適用を排除するのである。

＊　ただしこの排除が範囲において完全なものではないということを常に忘れてはならない。裁判官は時として先例を覆す裁量を有する。

排除理由は、制度化された体系の分析の中にまた別の仕方でも含まれている。一次的機関による適用的決定はたとえそれが間違っていても拘束する、ということをわれわれは見た〔一九〇頁〕。これが意味するのは、〈xはある行為を遂行する義務を負っている〉という趣旨の一次的機関による権威的決定は、xがその行為を遂行する排除理由になるということだ。一次的機関がそのように決定したという事実が、そのケースにあてはまる衝突する諸理由が何であるかにかかわらずxが行動すべき理由になるのである。一次的機関の適用的決定が持つ独自の特徴は、それが外部のあらゆる理由だけでなく、体系それ自体が持つ衝突するルールをも排除するということだ――〈権威的な適用的決定はたとえ間違っていても拘束する〉と述べることはそこまで含意している。さらに、イングランドのある裁判所がxはAすべきであると間違って決定するとしてみよう。ここにはxが何をすべきかに関する二つの衝突する法的評価がある。むろん、決定的な評価はその裁判所の決定に基づくものだ――しかしそれは、〈その裁判所の決定は、xがそれと衝突するあらゆる法律を無視する排除理由になる〉ということを意味する。裁判所の決定はそれらの法律を変更したわけではなく、それらの法律は変わらないままだ。裁判所による誤った決定を、立法によって作られた例外と混同してはならない。両者は同一の実践的帰結（たとえばある人が投獄されるといった）を持つかもしれないが、これらの帰結は別々の規範のルートを通って達成される。立法による例外はxが持っていた元来の理由であるところの法律に変化を加えることによってその義務を打ち消すが、誤った司法的決定は法律に変更を加えないからだ。その決定が法律に変更を加えると考えるのは、〈それは言ってみればそれ自体を自動的に匡正するので、もしその決定が法に合致しないとしたら、法の方が決定に合致するようにされる〉と主張することになる。誤った司法的決定も、衝突する法律による行為を排除する排除理由であるので、立法による例外と同じ実践的帰結を達成できる。

制度化された体系は、その体系の規範以外のあらゆる理由の適用を排除する排除理由というパラメーターによってとりまかれた規範からなっていて、その核心には、その体系に属する他の規範をも含む他のあらゆる理由を排除する、権威的な適用的決定が存在するのである。

4-3 制度化された体系：一つの分析

認定のルール

H・L・A・ハートは制度化された体系に関するわれわれの理解への最も重要な貢献の中で、そのような規範体系を説明しようとするあらゆる試みを苦しめてきた問題の多くに対する解決策として、認定〔承認〕（recognition）のルールというドクトリンを提起した。ハートのドクトリンはいくつもの論文や書物の中で広く論じられてきていて、その徹底的検討を行うのは私の意図でない。(9) しかしながら、これまで述べてきた議論を認定のルールのドクトリンと比較するのは興味あることかもしれない。私はハートのドクトリンを論ずる際、制度化された体系一般へのその適用可能性を考慮しよう。ハート自身はそれを法だけに適用して、それを法の顕著な特徴の一つとみなしている。しかし彼の議論が妥当だとしたらそれは他の制度化された体系にもあてはまるし、それが失敗だとしたらそのような体系のすべてについても失敗だ。

ハートによると、

（1）認定のルールは、その中に含まれる妥当規準によって同定されるルールを適用するよう公務員に要求するルールである。

（2）あらゆる法体系は少なくとも一つの認定のルールを持っている。

（3）いかなる法体系も複数の認定のルールを持たない。

（4）いかなる認定のルールも、それが属する体系の公務員によって受け入れられ、実践されている。

（5）しかし公務員は、それを道徳的に善いルールとか正当化されるルールであるとして是認する必要はない。

（6）法体系は、その認定のルールとそれによって同定されるすべての規則からなっている。

本節の中であげられた諸考慮はこれらのうち（3）と（6）を除くすべてを支持する。この二者は変型あるいは廃棄されねばならない。第一の命題は認定のルールの定義として受け入れることができる。必要なコメントはただ一つしかない。それは、認定のルールを理由によって行動すべき二階のルールと混同すべきでない、ということだ。認定のルールが公務員に適用するよう要求するルールは、まさにその公務員自身に宛てられたルールだけに限られない。それはそのようなルールだけでなく、普通の諸個人に宛てられた他の多くのルール（税金を支払い、他の人々に暴行を働かず、契約を守る、等々を命ずるルール）にも、諸個人に権能や許可を与えるルールにもあてはまる。認定のルールは、他のルールを規範主体が見るのと同じように見ることを公務員に要求する二階の理由ではない。それが公務員に要求するのは、彼らが権威的な適用決定を発する権能を行使するときにそれらのルールを、たとえばあたかも税法が彼らに納税を命じているかのように受け取るのではなく、〈その法律に従う

xは税を支払うべきである〉とか〈xは支払うべき税の支払いを怠っている〉などと宣言しているものとして妥当していると考えることである。

第二の命題は明らかに真である。それは〈制度化された体系は、その諸規範の適用に関する紛争を解決する権能を有する一次的機関を持っている〉という事実の直接の帰結だ。このことは、そのような体系が一次的機関に向けられた規範を含んでいて、それらの規範はある規範の適用を一次的機関に要求するということを意味する――そしてそれらの規範が認定のルールである。その一方で、〔第三の命題が言うように〕法体系は一つの認定のルールしか持てないと想定する理由はない。法体系の統一性は、それが一つの認定のルールしか含んでいないということに依存するのではない。法体系の統一性は、ある一次的機関が適用するように拘束されているルールだけをそれが含んでいるということに依存する。ある体系に属するとみなされるべき一次的機関は、その決定の権威性を相互に認定しあう諸機関である。『法の概念』の文章の中には、〈等しく妥当するルール間の衝突が生じないように、妥当の異なった諸基準がランク付けされている〉ということをハートが本質的であるとみなしていると示唆するものがある（p. 145〔邦訳二三三頁〕を参照）[10]。それゆえわれわれは〈あらゆる法体系は少なくとも一つの認定のルールを含まねばならないが、複数の認定のルールを含みうる〉と結論すべきだ。

〔第四の命題について〕慣習法の認定のルールはその体系の公務員によって実践されねばならないか？　もし当該の体系が効力を持っているとしたら、答は明らかにイエスだ。なぜなら一次的機関がそのルールを適用するということが、その体系が効力を持っているということのテストの一部だからだ。これは〈もしそれが効力を持っているとすれば、その一次的機関はその認定のルールを実践しそれに従っている〉ということを意味する。

〈第五の命題について〉一次的機関が認定のルールを実践しそれに従っているからといって、一次的機関が認定のルールを道徳的に正当化されているとみなしているということにはならない。ハートのこのテーゼは極めて頻繁に無視されたり誤解されたりしているので、いくら繰り返しても足りないほどだ。制度化された体系の規範主体の少なくとも一部が、それは道徳的に正当化されると考えているということは通常である。その公務員の多くがこの見解を共有しているということはさらに一層普通だ。しかし〈これらの事実は普通であり広範に見られるとはいえ論理的必然ではない〉ということを忘れないのが極めて重要である。さらにそれは単に論理的に可能だというだけではない。公務員がその認定のルールに従うがそれを道徳的に正当化されているとはみなさないということは珍しくない。第一に、ある人物があるルールに従っているという事実のためには、彼がそれを妥当するとみなしている、つまり〈規範主体がそれに従うことは正当化される——正当化されるのは、おそらくそれがすでに存在していて実践されているからにすぎず、それは創造されるべきではなかったし現在でも変更されるべきであるという事実にもかかわらずそうなのだが〉と信じている、ということしか必要とされない。さらに公務員がそのルールに従っているのは、自分がそうすることの正当性に関する信念を持たずにそうしているのかもしれないし、自己利益的な理由（安楽な生活あるいは社交上の気楽さを保つための最善の方法、等々）からかもしれない。それどころか、彼によるその体系の道徳的排斥に基づく道徳的理由によるのかもしれない。たとえばアナーキストは、〈もし自分がたいてい常に法に従っていれば、法に従わないことがその転覆に一番役立ちそうな、少数だが重要な機会にそうすることができるだろう〉という根拠から裁判官になるかもしれない。また別の人は、〈新しい法律を作り現存の法律を変更できる裁判官の権能をいざとなれば活用できるとしたら、自分が反対する法律の適用をするように拘束されているとき、自分がそうすることは正当化される〉と信じているために裁判官になるかもしれない。

最後に〔第六の命題について〕、法体系がその一次的機関に適用される認定のルールのすべてと一次的機関が適用するよう要求されているルールのすべてを含んでいるということは真だが、それは他のルールも含んでいるかもしれない。基本的に（そして次節で導入される変更に従って）、制度化された体系は一次的機関が適用するように拘束されている諸規範からなっている。その中に含まれるのは、第一に、一次的機関に宛てられたすべての規範、第二に、普通の諸個人に宛てられたすべての規範である。後者は一次的機関に宛てられた諸規範がその適用を一次的機関に要求しているところのルールだ。この第二の種類の規範は、認定のルールが同定する諸規範からなっている。第一の種類の規範は認定のルールを含んでいるが、他の規範も含んでいるかもしれない。制度化された体系が、認定のルールでもなければそれによって同定されるルールでもないところの、公務員に宛てられたルールを含んではならないという理由は存在しない。唯一の制約は、〈もし当該の体系が効力を持っているとしたら、それらのルールは単に一次的機関に宛てられるだけではなく、一次的機関によって従われてもいるに違いない〉ということだけだ。

第5章　法体系

5-1　法の独自性

法哲学とは、ある社会制度（one social institution）に適用される実践哲学にほかならない。これまでの章の議論の大部分は、法にもその他の規範や規範体系にも等しくあてはまる。そのため法は、特別に法的ではない規範と規範体系の諸側面の例証としても用いることができる。われわれは法体系それ自体として検討する際にも、しばしば一層広い適用の問題を取り上げることになるだろう。本節の目的は法の独自性を指摘することだ。しかし法の規範性と規範的言明を取り扱う本章のその他の部分は、決して法哲学だけに限定されない諸問題を提起する。

これまでの議論で、われわれは制度化された体系の典型例として法体系を取り扱ってきた。結果としてその議論は法体系の性質を説明するために多くのことを行ってきた。しかしながら、これまで言及してきた特徴のすべてが法体系に独自のものではなくて、他の制度化された体系にも共有されている。本節は法体系がいかなる点において他の制度化された体系と異なるかを示す。それらの特徴は

〈法体系は制度化された体系の中で最も重要なものである〉という事実をも説明する。これは論理の問題としてそうなのであって、法を定義する諸特徴の直接の結果である。

制度化された体系一般は、まずその構造の性質によって特徴づけられる。それは一次的諸機関を設定する規範と、それらの機関が実践する規範によって適用するよう拘束されているあらゆる規範からなっている。法体系がそれ以外の組織化された体系と異なるのは、第一に、同じ社会の中で実効的である他の組織化された体系との関係による。これらの関係を最もよく例証できるのは、あらゆる法体系が統制する、あるいは統制すると主張する、人間活動の諸領域に着目することによってである。

〈ある規範体系がある行動領域を統制する〉とは何を意味しているのか？　あらゆる規範は、その規範行為である行動、すなわちその規範が要求するか許可するところの行動、あるいはその規範が権能の行使とするところの行動を統制する。規範体系はその諸規範が統制するあらゆる行為を統制するのだ。これは〈規範体系は排除的許可を与える体系の諸規範が許可するあらゆる行為を統制する〉ということを意味する。しかし規範体系はそれが単に弱い意味で許可するにすぎない諸行為、すなわちその不作為を要求する規範が存在しないというだけの理由で許可されている諸行為を規制しない。規範体系は、それが統制し、その体系の諸規範によって認められた権能の行使が直接間接に制定することができる規範が統制しうる、すべての行為を統制する権威を主張する。

法体系を、それが統制する行動領域、あるいはそれが統制する権威を主張する行動領域によって特徴づけようとするこの試みは、極めて厳密なものではありえない。ある体系を法体系とする一般的諸特徴はいくつかあって、そのいずれも原理上程度の差を容れるものだ。法体系の典型例ではこれらの特徴が極めて顕著に現われるが、そのすべてあるいは一部がこれほど明確に存在しない体系や、一つか二つが全く欠けている体系を見出すこともできる。法体系である規範体系とそうでない規範体系の間に厳密な境界線を引こうとする試みは恣意的かつ無意味だろう。境界事例に直面したときは、その問題含みの信任状を受け入れ、典型例との類似点と相違点をあげるだけにとどめておくのが最善である。*

三つの特徴が法体系を特徴づける。

法体系は包括的である

私がこの命題によって意味するのは、〈法体系はあらゆるタイプの行動を統制する権威を主張する〉ということだ。この点で法体系は他のあらゆる制度化された体系と異なる。通常それらの体系は何らかの目的に結びついた組織の活動を設立し、それを支配する。スポーツ団体や商事会社や文化組織や政党はすべて、ある限定された目的を達成するために設立され、それぞれその目的にだけ関係する行動について権威を主張する。ところが法体系はそうでない。法体系は、それが統制する権威を主張する行動領域についていかなる限定も認めない。もし法体系が確定された目的のために設立されるとしたら、その目的は、法体系が主張する能力の範囲に関する限定を容れないものだ。

われわれはこの包括性という特徴の性質を厳密に見てみるよう注意すべきだ。それは〈法体系はあらゆる種類の行動を統制する権威を実際に持っているが、他の体系は持っていない〉という意味では

＊　国際法はまた別種の境界事例だ。それは本節であげる諸条件を満たすが、制度化された体系とみなすことができるかには疑問がある。

ない。それが言っているのは〈法体系はあらゆる形態の行動を統制する権威を**主張する**が、他の体系はそう主張しない〉ということにすぎない。さらに法体系は必ずしもあらゆる形態の行動を実際に統制するわけでもない。このテストが意味しているのは〈法体系はあらゆる形態の行動を統制する**権威を主張する**〉、つまり〈法体系は行動を統制する諸規範を含む。あるいは、もし制定されたとしたら行動を統制する諸規範を制定する権能を付与する諸規範を含む〉ということに尽きる。

あらゆる法体系が主張するところの権威が統制しようとする共同体の行動は、いかなる形態のものでもありうる。法体系はあらゆる人の行動を統制する権威を主張する必要はない。〈ある行為は、それが単に許可されているだけの場合でも規範によって統制されている〉ということもまた忘れてはならない。さらにこのテストは、あらゆる法体系が何らかの仕方で行動を統制する権威を主張することを要件とするが、必ずしも法体系はどんな仕方でも統制できると主張するわけではない。それゆえこのテストは、たとえば、いかなる法的手段によっても変更できない憲法の条項によって保障された諸自由を含む法体系によっても満たされる。そのような体系は、許可された行動を許可するという方法でしか、統制する権威を主張しないかもしれない。

最後に忘れてならないことだが、このテストはせいぜいのところ、ある体系が法体系であるための必要条件を与えるにすぎないのであって、十分条件を与えるのではない。それゆえ、法体系ではないある体系がこの条件を満たすことがあってもわれわれは驚くべきでない——おそらくそのようなケースはごく少ないだろうが。さまざまの教会の法はこのテストを通過するが、そのときは他の条件も満たすことが多いから、それらは通常の法体系だ。このテストを満たすが他のテストは満たさない宗教的規範体系がもし存在すれば、それは境界事例だということになる。

法体系は至高であると主張する

この条件は前の条件に含まれていて、その一側面を詳しく述べたものにすぎない。この条件が意味するのは、〈あらゆる法体系は、他の制度化された諸体系の設定と適用をその対象共同体（subject-community）が統制する権威を主張する〉ということだ。別の言い方をすれば、あらゆる法体系は、対象共同体のメンバーが属するあらゆる規範的組織の設立と作用を禁止あるいは許可あるいは制約する権威を主張するのである。

この条件はここでもまた、そのような組織の作用を許可する権威だけを主張する可能性を認めるという点で弱い条件だ。しかしながらそのためにこの条件が重要性を失うわけではない、と私には思われる。規範によって排除的許可を与えるという、主張された権威は規範的体系の極めて重要な特徴であって、単なる弱い許可の存在と比べられるものではない。なぜなら後者の体系は当該の行動を統制せず、それを統制する権威も主張しないからだ。

複数の法体系は必然的に両立不可能だろうか？　二つの法体系が両立できて、一つの共同体が両者を実践することがありうるということは明らかだ。もし両者があまりにしばしば衝突するということがなければ、その人々が両方の体系に従うことは可能であり、両者が設立した機関はすべて機能しうるだろう。これはたいていのケースにおいて望ましくない不安定な状況になるだろうが、それは存在しうるし、常に望ましくないとも不安定だとも限らない。二つの法体系は両立可能かと問う際に私が問うているのは、両者が事実問題として両立できるか否かではなくて、むしろ法的問題として両立できるか否かだ。片方の法体系は、別の法体系が同一の共同体に権利上適用されるということを認められるだろうか？　それともそれは、他の法体系が同一の人々に適用される権利を持つことを否定するだろうか？　むろんほとんどあらゆる法体系は、ある規範体系がその対象共同体に適用されることを許すが、その別の規範体系が法体系でもある場合は、その適用をおそらく許さないのではないか？

多くの法体系が相互に両立不可能であるということに疑いはないが、それがあらゆる法体系について必然的な真理であると想定すべき理由はない。ほとんどの法体系は少なくとも部分的に両立可能だ。法体系はたとえば、他の体系の一部の法規範の治外法権を認める。さまざまの国々では世俗法と宗教法が比較的安定して相互に承認しあって共存しているが、これは異なった程度における両立可能性の実例だ。しかしながら、あらゆる法体系は少なくともある程度まで両立不可能になる可能性がある。あらゆる法体系はその対象共同体に関して至高であると主張しているのだから、いずれの法体系も、同一の共同体について他の法体系が行うかもしれない至高性の主張を認めることができない。

法体系は開かれた体系である

規範体系は、その内部で当該の体系自体に属さない諸規範に拘束力を与える趣旨の規範を含んでいる程度に応じて、開かれた体系である。「異質（alien）」な規範が体系によって「採用される（adopted）」程度が大きければ大きいほど、その体系は開かれている。社会的集団の他の形態を維持するということが法体系の性格だ。法体系がそれを達成するのは、諸個人と諸団体の契約や取り決めやルールや慣習を維持し執行すること、そして諸外国の法律を抵触法（conflict of laws）に関するルールを通じて執行すること、等々によってである。

そのような理由から認められる〔異質な〕諸規範は、それらを承認する法体系の一部であるとは通常みなされない。しかしながらそれらの規範は、そのような体系内部で、それらの規範に従って行動しそれらを執行するよう裁判所に要求する諸規範によって認められ、拘束力を与えられる。それゆえ、制度化された体系内のメンバーシップを定める基準は、それらの規範を排除するように変形されねばならない。ある規範体系の規範適用機関が適用するように（それらの機関が実践する諸規範によって）拘束されているすべての規範をその体系に属するものとして同定するが、単に「採用された」にすぎない規範は除外するテスト――それが必要とされるのである。しかし採用された基準というものをいかに特徴づけるべきだろうか？　開かれた体系の性格をもっと精密に定義するにはどうすべきだろうか？

多くの人々はそれを区別する徴（しるし）を規範採用の仕方あるいはテクニックの中に見出そうとしてきた。私にはこれは袋小路だと思われる。このような区別は、その根拠と無関係な形式的でテクニカルな相違に頼らざるをえず、直観に反する結果に至る。むしろわれわれはそれらの規範に拘束力を認める理由に依拠しなければならない。われわれの目的は、法の一部であるがゆえに認められる規範と、他の社会的制度や集団を支援するという法の機能のゆえに認められる規範とを区別することだからだ。

ある体系が開かれた体系であるがゆえに規範を「採用」するのは、それらの規範が次の二つのテストのいずれかを満たす場合、そしてその場合に限られる。第一のテストは、〈それらの規範は、別の規範体系の規範主体（norm subjects）によって実践されているその体系に属している。そして同一の規範主体に適用されるものとして実効的である限り認定されている〉ということを要求する。このケースでは、それらの規範が認定されねばならないのは、当該の体系が共同体の活動統制方法を尊重しようと意図しているからである――同一の統制が他の仕方で採用されてきたか否かにかかわらず。

もう一つのテストは、〈それらの規範は、その体系が付与する諸権能の使用によって、規範主体が創造する、あるいは同意している規範である。それらの権能がなぜ付与されるかというと、それは諸個人が自分自身の事柄を自分の好きなように取り決めるのを可能にするためである〉ということを要件とする。このテストの第一の部分は抵触法等々が認める規範にあてはまり、第二の部分は契約や商業会社の規則などにあてはまる。

　これらの要請を満たす規範は規範体系によって承認されるが、その体系の一部ではない。体系がそのような規範を承認するとき、その体系は開かれた体系である。そしてすでに述べたように、あらゆる法体系は開かれた体系である。[*] さまざまの他の規範と組織を維持し奨励することが、法体系の機能の一部なのである。

法の重要性

　私は〈法体系はこれら三つの条件の結合によって特徴づけられる制度化された体系である〉と主張する際、法と人間社会に関するわれわれの一般的な知識に依拠してきた。もし私の主張が正しいとしたら、これらの条件が法の重要性の説明の端緒を与えるということを見て取るのは容易だ。法によって全然支配されていない人間社会は存在しうる。しかしある社会が法体系に服するとしたら、その体系はその社会が服する最も重要な制度化された体系だ。法は社会生活が形をとる一般的枠組みを提供する。法は行動を指導し紛争を解決するために、あらゆる種類の活動に介入する至上の権威を主張する体系だ。それはまた通常、社会内部の他の諸規範の創造と実践を支援あるいは拘束もする。法はこれらの主張を行うことによって、社会生活のあらゆる側面の行動に一般的な枠組みを提供すると主張し、自らを社会の至上の守護者として位置づけるのである。

5-2　法と実力

法の規範性の問題

ここまでのところ、われわれは気軽に法を規範として述べてきた。この言い方は法が行為理由であるということを意味する。その想定は正当化を必要とするだろうか？　必ずしもそうではない。人は「ルール」「義務」「責務」「権利」「権能」といった多くの規範的用語を法律と法的状況の記述のために用いていて、この事実は法的ルールを規範とみなす十分な正当化になる。唯一疑問になるかもしれないのは、法的ルールが排除理由であるか否かだ。4-3節で与えられた議論の趣旨は、その通りだと立証することだった。しかし法を記述する際に規範的言語を用いることが〈法的ルールは〈他のルールと同様〉規範である〉という想定を十分に正当化するにしても、これは〈法的ルールが規範であるのはいかにしてか〉や〈そのように言うことは厳密には何を意味するのか〉をほとんど説明してくれない。〈法を記述するために規範的言語が用いられる〉という事実は、法哲学の二つの大きな誤謬の温床になった。第一の誤謬は〈法律は必然的に道徳的理由である〉†〈あるいは〈法律は道徳的に正当化される〉あるいは〈法律のそれぞれに従う道徳的理由が常に存在する〉〉という誤った信念であり、第

＊〈あらゆる法体系は開かれた体系である〉と述べることは法体系を推奨することではない。法体系は間違った規範を「採用」して、「採用」されるべき規範の採用を拒むかもしれないからだ。

† 議論を単純化するため、私は直接には義務的規範だけに言及する。必要な変更を加えれば同じ議論が他の規範にもあてはまる。

二の誤謬は〈法体系が存在しうるのは、その対象である共同体の大部分がそれは道徳的に妥当していると信じている場合、そしてその場合に限られる〉という、同じように根拠のない信念である。第二の誤謬は前章〔の最後〕で論じた。第一の誤謬は以下で論ずる。本章の残りの部分の主目的は、〈法的ルールは規範（すなわち行為理由）である〉と述べることが何を意味しているか、また法の記述のために規範的用語を用いることを正当化するのは何であるかの説明だ。この検討の前置きとして、われわれの問題にとって適切であるとみなすことのできない二、三の可能な解決案に触れよう。

〈人々は法が現実に要求しているところの行為を行う理由を持っている〉ということが明らかにしばしばある。このことはそれ自体としては、**あらゆる**法律が理由であると言えるのはどうしてかを説明しない。しかし〈人は常に、法が現実に要求しているところのあらゆる行為を行う理由を持っている〉と示すことができると仮定しよう。たとえそうだとしても、われわれの問題の解決には足りない。われわれは〈これらの行為を行う理由とされるものは、それらの行為が法によって要求されているという事実なのか?〉をも知りたいだろうからだ。われわれは同様にして、〈諸個人は法的ルールでもあるところのルールに従うべきである〉と知るだけでは満足しないだろう。われわれは〈諸個人はそれらのルールが法的ルールであるがゆえにそれらに従うべきなのか?〉をも知りたいだろうからだ。確立されねばならないのは、諸規範が妥当しているということだけではなくて、体系的に妥当しているということである。われわれが知りたいのは、〈ある規範はある国の中で実効的な法体系に属する〉という事実がわれわれの実践的推論にいかなる相違をもたらすかだ。われわれは〈法律は妥当している諸規範の体系と一致する〉という〔だけの〕ことを示す解答では満足できないのである。

制裁に基礎を置く解決

ジュリーという女性のケースを考えてみよう。彼女はある金額の所得税を支払うよう法によって要求されている。さらに、もしジュリーが支払わなかったら、彼女の雇用者は彼女を解雇するだろうし、彼女の病身の父親は彼女が脱税していると知ってひどく心を痛めるだろう。彼女に税を支払うよう要求する法律が存在するという事実が、彼女が税を支払う理由だ。もっと正確に言うと、そのような法律が存在するという事実が、少なくとも二つの完全な理由の一部である。違法行為に対するジュリーの雇用者の対応と自分の職を失いたくないという彼女の欲求が、所得税法の存在と一緒になって、服従行為を支持する一つの完全な理由となる。これは賢慮的〔自己利益的〕(prudential) 理由と呼ぶことができよう。ジュリーが病身の父親に与える心痛は、苦しみの防止に関する何らかのふさわしい価値および所得税法の存在と一緒になって、彼女の服従行為を支持するもう一つの完全な理由となる。これは道徳的理由と呼ぶことができよう。

ジュリーのケースでは法律は現実の理由（の一部）である。この法律がなかったらジュリーは税務署に金銭を支払う理由を持たないからだ。われわれはそれでも〈これらの事実と類似の事実だけでは、法を記述する際に規範的言語を用いることを十分説明できない〉と正当に感ずる。そのような事実がわれわれの問題を解決できないのはなぜかというと、一つの理由は、それらの事実が常に存在するという保証がないということだ。われわれは法的ルールを規範と呼ぶ用意があるのだから、そのルールが適用されるすべての状況において存在する特徴を指摘することによってその説明をしなければならない。その説明は〈ある規範主体はある見解を持つ病身の父親をたまたま持っている〉という事実に依拠することができないのだ。

多くの法理論家はこのような推論の線に沿って、〈法の規範性の問題への解答は、法を破る人々に対して制裁（sanctions）が科されるべしと法が規定しているという事実に存するに違いない〉という結論を出した。他の法理論家は類似の考慮に動かされて、〈法の規範性の核心にあるのは、法違反者に対する体系的実力行使という制裁である〉という見解を抱いた。これらの説明について何が言えるだろうか？　それは確かに説得力に欠けていない。定義上、自分に対する制裁と実力行使というものは人々が通常避けたがるものだ。だからもし違法行為者に制裁あるいは実力が科されるはずだとしたら、通常の状況における通常の人々にとって、これは法に従う理由になるだろう。しかし違法行為者は常に制裁あるいは実力行使にさらされるだろうか？　あるいは（というのも、これだけがわれわれの論点だから）違法行為者は彼らが違法行為者であるという理由で常に制裁あるいは実力行使にさらされるだろうか？

あらゆる法違反が制裁や実力行使を受けるということは明らかに事実ではない。しかしもっと弱い一般化があてはまるということは本当だ。私はこれを動機づけ的一般化と呼ぶことにする。これは大体次のように進む。——法違反がその実行者に対する制裁あるいは実力行使の機会になるということは、通常、あるいはたいてい、あるいはしばしば、事実である。この一般化の厳密な力がどうであるかは重要でないが、そのような一般化がなぜ真であるかは重要だ。第一に、法はあらゆる法違反に対して制裁あるいは実力行使を定める。第二に、法はたいてい実効的であって、その制裁は一般にそれが値する（deserved）場合に科せられる——。

これらの想定が真だとすると、それらは一緒になって動機づけ的一般化を正当化する。ある法違反が生じたという事実は〈その違反者に対する制裁あるいは実力行使がなされそうである〉という信念しれない。むろんさらなる情報が加わると、この結論が偽になるかもしれない。ある犯罪の厳密な状況が立証されるとき、犯人が警察による逮捕の前に死んでしまうとか、彼の犯行が決して探知されないとか、探知される前に犯人が外国に行ってしまい戻ってこないとか、警察への賄賂によって犯人の安全が買い取られるといったことが生ずるかもしれない。あらゆる蓋然的一般化と同様、この一般化が持つ力も証拠に基礎を置いている。動機づけ的一般化はごく狭い証拠による基礎しか持たない。それはある行為が法の違反であるという知識だけに基づいている。

これらの想定は本当に真だろうか？　おそらくわれわれは［二つ前の段落末尾であげられた］第二の想定を、〈全体の議論は、ある共同体の中で実効的な法体系にあてはまるものと考えられている〉という根拠によって受け入れられるだろう。そして法体系が実効的であるのは、それが大体において実効的であるときに限られる。一層興味深い想定は第一の方だ。法的義務のあらゆる違反に対して制裁が規定されているということは真だろうか？　法があらゆる違法行為者に対して実力を行使せよと命じているということは真だろうか？　ここでわれわれは実力の行使と制裁とを区別しなければならない。この二つは同一であると想定されることがあるが、両者は明らかに異なる。死刑や鞭打ちのように、ある人物に対する実力行使である制裁もあるが、ほとんどの制裁は権利の撤回あるいは義務（たとえば罰金あるいは賠償を支払う義務や、ある地区や建物を立ち去る義務）の賦課を内容としている。また法に従った実力行使は制裁に限られない。実際、実力行使が制裁として用いられることは稀だ。一番よくあるのは、通常の法への遵守（たとえば、建築規制や公衆衛生の要求の遵守。それは財産の破壊や動物や人間の強制隔離を含む）及び制裁を科する命令（たとえば、罰金が支払われない場合の財産差し押さえや脱獄防止のための実力行使）への遵守を確保するための執行手段として実力行使が用意されることである。

制裁なき法体系

あらゆる法律は、法違反者に対する制裁あるいは実力行使を用意する別の法律によって支えられているだろうか？(1)　そうであることは必然だろうか？　既知のあらゆる法体系が広く制裁に基づいていてそれらすべてが究極的には実力行使に依拠しているということは否定できない。問題は〈法体系が制裁と実力行使に頼っている程度について何か一層厳密なことが言えないか？〉である。既知のあらゆる法体系について一般化することは危険だが、そのすべてが実力の行使を統制する、すなわち、ある場合にはそれを禁止し別の場合にはそれを許可あるいは要求する、と述べても安全だと私には思われる。さらに、法体系は実力を統制する仕方においてそれぞれ極めて異なるが、少なくとも二つの特徴を共有している。既知のあらゆる法体系は、第一に、その体系の公務員が公務に携わっているとき彼らに対する実力行使を禁じている。第二に、制裁への遵守を強行するための実力行使を認可している。

これらの一般化は控え目なものだが、〈もし法が制裁に基づいているとしたら、それは実力行使に結びついているにとても近い〉ということを示唆しているだろう。というのは、制裁の執行を保証しているのは、これらの制裁を執行すべく実力行使を行うことが認可されていて自分自身が実力行使によって抵抗されないであろう公務員だからだ。法による制裁の使用についても同じような一般化が可能だろうか？　おそらく〈既知のあらゆる法体系は、**一般の諸個人に向けられた**あらゆる法的ルールの意図的違反に対する制裁を用意している〉という第三の特徴が存在する。この定式化は〈個人に対する制裁の実行が、彼の個人的免責特権（たとえば外国外交官や国会議員としての）や制限条項などによって妨げられることが時としてあるかもしれない〉という事実と両立するように意図されたものだ。これらの「例外」はわれわれが考察している規範性の説明の妥当性に影響を与えることがない。

これら三つの一般化は、それらが証明するとされる想定の正しさを立証するだろうか？　私にはそうでないと思われる。その想定とは〈法はあらゆる法違反に対する制裁あるいは実力行使を定める〉というもので、これは必然的な真理とみなされていた。われわれの三つの一般化は、**公務員**に向けられているが制裁によって裏づけられていない義務的規範が存在することを許す。だが一層重要なのは〈それらの一般化は既知の法体系について経験的に真であるというにとどまり、われわれの法概念の論理的特徴ではない〉ということだ。この二点のうち前者をさらに詳しく述べる必要はほとんどない。われわれが皆知っている通り、裁判所や大統領やその他の高位にある公務員は、法的問題としてはそれを破っても制裁を受けないような義務に服している。

だが後者の点はもっと難しい。制裁を定めなかったり実力による法執行を認可しなかったりする実効的法体系が存在することはありうるだろうか？　その答は〈それは人間的には不可能だが論理的には可能である〉というものだ。それが人間的には不可能であるというのは、ありのままの人間にとって、法への合理的な程度の合致を確保し法の完全な崩壊を防ぐためには、必要なときに執行される制裁の助けが必要だからである。それでもわれわれは、法に服していて、制裁の有無にかかわらず法に従うべき十分以上の理由を持っており自分でもそう認めているような、他の理性的存在者たちを想像することができる。おそらく人間もそのような存在者に変身できるかもしれない。そのような社会において立法者はわざわざ制裁を制定しないだろう。制裁は不必要で余計なものになるからだ。もしそのような規範体系が法体系の上記の諸特徴のすべてを持っているとしたら、それは制裁を欠いていても万人によって法体系として認められるだろう。

〈制裁に頼ることは普遍的であり変わることがないだろう（人間性が変わらない限り）〉という主張は疑いもなく論争的だ。このことはわれわれの法観念の一部を形成する特徴ではない〉が、その論争は昔からあって複雑である。私見を擁護して三つのコメントだけを加えたい。

（1）天使の社会さえ、調整を確保するための立法機関を必要とするかもしれない。天使たちは、価値についてもそれらを実現するための最善の政策についても意見が一致するかもしれない。しかし前記のような種類の社会はそこまでの程度の意見の一致を前提していない。そのメンバーは多くの異なった衝突する目標を追求するかもしれないし、紛争と利害対立を相互の合意によって解決する際にわれわれが出くわすのと同じ困難を共有するかもしれない。彼らとわれわれが異なるのは、彼らが自らの法機関への普遍的で深く根づいた尊敬の念を持っていて、その決定に従いたくないといういかなる欲求も持たないということにとどまる。それゆえ彼らはわれわれが立法機関と執行機関を持つための理由のすべてを持つ。

（2）われわれが想像している社会には裁判所の必要性がないから法体系も必要でない、と考えられるかもしれない。だがこれは間違いだ。その社会は少なくとも二つの理由から裁判所を必要とする。第一に、事実に関する意見の不一致や法律行為とその効果の解釈に関する争いがたくさんあるだろう。第二に、少なくとも部分的には統制されていない紛争、すなわちそれを解決するために現行法では単一の決定が不可能で裁判所による裁量を必要とする紛争がたくさん存在するだろう。紛争が全く統制されていない場合、その解決には一次的機関が必要とされない。しかしそのような紛争の大部分は部分的に統制されている。法はいくつかの解決を排するが、他のいくつかの可能な解決の間で決定することができない。そのような紛争の解決のためには、一次的機関であるとともに裁量権を持つ裁判所が必要だ。これらの理由から、われわれが想像した共同体は一次的機関を備える適切な法秩序を持つべき十分以上の理由を持つ。この想像上の共同体を無私の聖人の共同体として考えるべきではない。そのメンバーは自分が自己利益を追求することが正しいと考えるときはそうするが、彼らは間違いを犯すかもしれないのだ。

(3)

この共同体の中でも偶然の事故は起こりうるし、人々が事実を誤って把握したり法律を誤って解釈したりするために損害が生ずることもあるのだから、その社会は救済のための権利と義務を定める法律を持つだろう。たとえば人は補償と賠償を支払わねばならない。このことから、その法は制裁を定めていることになるだろうか？　たとえ制裁が存在するとしても〈その社会は（刑事法は持っているが）刑事的制裁を持たないし、制裁の実施のための実力行使を認可もしない〉ということはやはり真だろう。そのような手段は必要でないだろう。しかしこの想像上の法体系の中で定められる民事的救済は制裁でないのか？　そのような救済は、人々を違法行為から抑止するため（これはあらゆる現行法体系において民事的救済の目的の一つである）のものではなくて、〈それらの救済措置が適用されるのは、事故あるいは無知のために自らの義務を怠る人々と、自分に適用されるということをひとたび確信すれば自らの義務を遵守する準備がある人々だけである〉という認識とともに定められる。下宿人が自分の引き起こした損害を賠償すると約束する賃貸借契約の規定は、制裁を規定しているのか？　われわれが想像している法体系における救済の義務は制裁であると言わねばならないのか？

これはここで解決する必要のない複雑で難解な問題だ。というのは、〈法の規範性を説明するために、制裁なき法体系が可能であるか否かは重要でない〉と論ずることができるだろうからである。制裁なき法体系の法律の規範性について何か他の説明がなければならないということは本当だ。制裁あるいは実力行使に基づく説明はそのような法体系にはあてはまらないが、だからといってこの事実が〈そのような説明は、前記の三つの条件があてはまるあらゆる既知の法体系についても真でない〉ということを意味するわけではない。法の規範性に関する説明が法体系によって異なると信じたくない人もいるだろう。しかし前記の三つの条件は、あらゆる既知の法体系だけでなく、ありのままの人間性を前提とした人間社会の中で可能なあらゆる法体系にあてはまると言うことができる。法の規範性について、人間的に可能なあらゆる法体系にあてはまる説明を受け入れながらも、根本的に異なる環境においては異なる説明が必然であると認めることは可能である。

そういうわけで、制裁なき法体系が可能だからといって、人間社会の法の規範性について、制裁あるいは実力行使に基礎を置く説明を前記の三つの一般化が与えられないということにはならない。公務員に向けられた多くの制裁なき規範については、確かにまだ問題が残る。おそらく制裁志向の説明の微調整とみなすことができる解決を見出すことができるかもしれない。だがそれにもかかわらず、制裁志向の説明は全く別の理由から最終的には失敗する。

補助的理由としての制裁

実効的な法体系は制裁を定めているという事実は疑いもなく行為理由だが，間違った種類の行為理由である。* 制裁に裏打ちされた規範は，せいぜいのところ補助的な部分的理由にすぎないからだ。完全な理由は，その制裁を避けたいという行為者の欲求か，それが行為者に適用されることは彼の利益に反するという事実かを含まねばならない。これは作用的理由である。つまり，行為者がその法律に注意する理由を持つのは彼が制裁を逃れたいからだ。その法律それ自体が，制裁として帰結する行為を同定し，制裁を設立し，かくしてその作用的理由がいかなる行為の理由となるかを決定する。

制裁に関する限り法は補助的理由にすぎないが，この事実は法的制裁の重要性を軽視する趣旨ではない。制裁は，社会的調整を確保し人々に法との合致の理由を与える，極めて重要な方法だ。しかし法が補助的理由であるという事実は，ある法律が義務的規範であるのはどうしてかを説明できない。義務的規範は2-3節で示したように完全な作用的理由であるからだ。さらに，もしある法律が義務的規範だとしたら，それは一階の理由であるとともに排除理由でもある。しかしある法律が制裁によって裏打ちされているという事実は決して排除理由にならない。それは単なる〈補助的な〉一階の理由にすぎない。避けることのできない結論は，〈制裁とそれを執行する実力行使は疑いもなく重要だが，法の規範性を制裁中心に説明しようとする試みは行き詰まる〉というものだ。それは法律がある

＊　その事実がそもそも行為理由であるということを否定したい人がいるかもしれない。彼らは，それは〈もしその法律が破られたら，制裁が適用されるだろう〉と信ずる理由であるにすぎないと言うかもしれない。こちらの事実だけが行為理由だというのだ。しかしこの誘惑には抵抗すべきである。Aという事実がBという事実の発生の原因あるいは理由であるがゆえにBの発生の証拠であり，そしてBがある行為の理由であるとしたら，われわれはAをその行為の理由とみなすことが正当であることが多い。

意味で理由である仕方を説明するが、法律がいかなる仕方で規範であるかを説明しないのである。

5-3　法と道徳

基本的主張

法の独自性の説明（5-1節）はその重要性の説明でもあった。法は人間社会の存在にとって必要ではない。法体系の存在に基づかないさまざまの形態の社会組織についてわれわれは知っている。しかし法を持っている社会において、法は社会の中で最も重要な制度化された体系だ。法は組織化された社会的活動が発生する一般的な規範的枠組みを与える。法の重要性を考えると、法と道徳の関係という問題が常に法理論の中心問題の一つとみなされてきたのも当然だ。この問題の多くの側面が法理論家によって考慮されてきた。その多くは法と道徳そのものとの関係ではなくて、法とそれが実効的である社会が受け入れて実践している道徳的見解との関係についてのものである。このようにして人々は、法の発展に民衆道徳（popular morality）が及ぼすインパクトと民衆道徳の発展に法が及ぼすインパクトに関心を持ってきた。彼らは〈法が道徳的信念をそれ自体として強制することは正しいか?〉を論じ、〈法体系がある社会において実効的であるのはその社会のメンバーの多くがその道徳的妥当性を信じている場合に限られる、というのは必然的な真理か?〉について思索を巡らしてきた。

また法と道徳そのものの間の関係にも多くの注意が向けられてきた。これらの考察の中心に位置しているのは〈法と道徳の間に必然的な関係はあるか?〉である。法が、あらゆる法が、道徳的な価値を持つというのは必然的な真理か?　これらの問いに肯定で答えることが法理論の適切さの基準であると考える哲学者たちは、通常「自然法論者」と呼ばれる。(2) 根本的に相違する多くの自然法論者が存在する。彼らに関するわれわれの検討は詳細なものでも包括的なものでもないだろう。われわれが彼らに関心を持つのは、彼らが法の規範性という問題への解答を示唆する限りにおいてである。一部の自然法論者によると、法律は道徳的に妥当するがゆえに規範である。法律は妥当する道徳規範とみなすことができる。確かに法律は派生的な道徳規範であって、その妥当を究極的な道徳規範から導き出すのだが、それでもやはり道徳的に妥当する規範とみなすことができて、この事実こそが、われわれが法律を規範とみなし、規範的言語を法の記述に適用するのはなぜかを説明するのである。〔自然法論者は以上のように主張する。〕

自然法論者はその主張の強さによって分類することができる。強い方から弱い方に、次の主張を区別することができる。

(1) 個々のあらゆる法律は差引勘定上道徳的に善であり、それゆえ道徳的に妥当し、道徳的に、従われるべきである。

(2) 個々の法律は、そのメリットによって考慮されると、道徳的に中立あるいは悪いものでさえあるかもしれないが、それでも常にそして必然的に、いかなる法律にも従うべき一般的理由があって、それらの理由は、個別の法律の不正さ、それどころかいかなる数の法律の不正さに関するあらゆる可能な考慮をも凌駕あるいは排除するものである。そのような考慮（一つの法律を破ることは社会の崩壊に至るだろうとか、あらゆる法は正統な権威によって制定されたとかいったもの）は〈あらゆる法律はその内容にかかわらず道徳的に妥当し、道徳的に、従われるべきである〉ということを確証する。

（３）いかなる法体系も、道徳的に妥当し、道徳的に、従われるべきである法律を、少なくともいくつか必然的に含んでいる。

さらなる微妙な区別を行うことが疑いもなく可能だが、われわれの現在の目的にとってはこれで十分だろう。ここでさらに一つのコメントを加えることが必要だ。人が法（あるいはいくつかの法律）に従うべき道徳的理由が絶対的理由であるという想定はなされていないのである。それらの道徳的理由は、たとえば、負傷者を病院に連れて行くとか少数グループの抑圧を防止するといった必要性によって優越されることがあるかもしれない。法を尊重すべき理由にもかかわらず、これらの考慮が違法行為を正当化するかもしれない。つまり法を尊重すべき理由は状況によって圧倒されるのだ。自然法論者の中には、法の道徳的妥当は絶対であって何ごとも違法行為を正当化できないと考えた人もいた。しかし私はこの見解を確立するために必要な議論には触れない。自然法論のもっと弱いヴァージョンに対して向けられる批判が、この強いヴァージョンにも当然あてはまるからだ。

定義による議論

自然法論者に限らない多くの人々が、自分たちの共同体の法律は道徳的に妥当すると信じている。しかしほとんどの人にとって、法の道徳的妥当はその内容かそれを作り出した体制の性質によるものだ。ある「教育法」は善いものでそれゆえ道徳的に妥当するかもしれないが、悪くて道徳的に妥当しない別の法律が存在した可能性もある。ある政府は真に民主的な政府だからその法律は道徳的に妥当するが、もし軍隊がクーデタを起こすならば、その法律は道徳的に拘束しないことになる。他方自然法論者は〈法の道徳的妥当は偶有的な事実に依存しない〉という見解にコミットしている。彼がコミットしている見解は〈法の道徳的妥当を確立するために十分なものは、法としての法の本性（the nature of law as law）である〉というものだ。

法と道徳の間のこのような概念上の連環を説明する最善の方法は、〈それは法を同定する諸特徴の説明の中に反映されている〉と示すことだ。実際に〈法の道徳的価値を保証する仕方で道徳に明示的に言及することによって法を定義する〉ということがこのアプローチの本質的部分である、とみなす人がいるかもしれない。これは「定義による方法」と呼ぶことができよう。それは明示的に道徳的な性質の集合によって法を定義するものだ。たとえば、あらゆる法は道徳的に妥当するとか、正義の教えに従っているとか、道徳的に正統な権威によって制定されるといったものである。以下で見るように、これだけが要求された概念的関係を確立する唯一可能な方法ではない。しかし私はまず定義による方法に反対する三つの議論を提出したい。

（1）定義によるアプローチは多くの反対例を消去する説明をしなければならない。われわれは皆残念ながら、言論の自由や信教の自由など多くの基本的自由を抑圧する多くの人種差別的法律をよく知っている。また法の機構を通じて邪悪な目的を追求する専制政府も知っている。定義による方法の支持者は〈そのようなケースは不幸にもあまりに多いが、自分たちの主張を反駁するものではない。なぜなら定義上悪法は法でない、あるいはともかく、道徳的権威を持たない政府の法律は法でないからである〉と論ずるだろう。しかしながらこの答は見当外れだ。それが示しているのは、この理論はこの点で首尾一貫しているということだけであって、それが正しいということではない。この理論によるとそのような明らかな法律が法でないとして除外されてしまうからこそ、この理論は正しくないのである。われわれの普通の法概念はこの種の反対すべき法律がありうると認めるのだが、この理論はその法概念を正しく説明していない。

(2)　第一の反論はわれわれの通常の法観念に関する事実を述べているにすぎないが、第二の反論はこの事実の説明として理解できる。私はこれを法の他質性（heterogeneity）への反論と呼ぼう。もしあるものが持つことのできる性格のすべてを評価的性質と非評価的性質に分類するとしたら、定義による方法は〈法は評価的性質と非評価的性質の両方を持つものとしてしか同定できない〉という主張のために、法の定義の他の方法と異なることになる。他の自然法論者も含めて他のあらゆる法理論家は、非評価的性質だけによって法を同定するのだから。

非評価的性質を同定する基準が厳密に何であるかについてはむろんほとんど意見の一致がないが、それがどのようなものであるべきかの一般的な理解は存在する。その基準は特別の種類の社会組織を形成する諸現象を取り出すべきなのだが、その社会組織とは、多くの社会システムの重要な構成要素であると考えられ、他の社会組織とは重要な点で異なるものである。まさにここに定義による方法の弱点がある。この方法の含意は〈規範が法であるためには、社会組織に属しているだけでは足りず、何らかの道徳的テストも満たさねばならない〉というものだ。さて、社会組織の研究がその道徳的価値とは無関係に重要な

（3）

仕事であることは明らかである。われわれが道徳的価値を忘れるべきだということはないが、同一の社会組織が時には正しい目的のために、時には不正な目的のために、用いられることがありうるし、実際にもそうであるということをわれわれは認めるべきだ。社会組織が時には善く時には悪いという事実は、必ずしも社会組織としてのその性格に依存しておらず、他の状況に依存しているかもしれない。もしある規範が他の諸規範と全く同じ仕方で作用するとしたら、もし経済的・社会的活動へのその規範の効果が他の諸規範の効果と全く同じくらい重要だとしたら、もし警察や裁判所のそれに対する態度が他の規範に対するものと同一だとしたら――そのとき、その規範は不正であるという理由によって法としての地位を否定されるべきではない。それを否定することは、それらの規範が属している社会制度に関する人の見解を歪めるような仕方で、規範を誤って分類することになる。原理上、人は法が何であるかを知ることができる、というのが共通の土俵である。何が実効的な法であるかは時として論争的な問題になりうるが、原理上解決可能だ。これは〈定義によるアプローチに従う自然法論者は、少なくとも制限された道徳客観主義にコミットしている〉ということを意味する。彼は〈何が道徳的に正しいか不正であるか、善であるか悪であるかは、少なくとも原理的に、そして少なくとも法の同定に関連しうる道徳の領域においては、知ることができる〉と主張せざるをえない。道徳的客観主義を斥ける人々やもっと限定された主観主義（すなわち〈一部の道徳的論点への解決しか原理上知ることができないが、それ以外の道徳的論点もまた法の道徳的な妥当に関連するかもしれない〉という見解）を支持する人々は定義によるアプローチを斥けざるをえない。

派生的アプローチ

定義によるアプローチに対する反論は原理的なものだ。そのアプローチは道徳の性質についての誤ったとらえ方に基づいていて、法体系の最も根本的な特徴、すなわち〈法体系は社会組織のある様式としてのその役割を示す諸特徴によって同定される規範体系である〉という特徴を歪めている、というのである。近年の自然法理論に対する反論のほとんどはこれらの論点に集中している。その結果、あらゆる自然法理論は定義によるアプローチに基礎を置いているという印象が形成されたが、これは間違いだ。〈法はある種の社会制度として同定されるべきである〉ということを認めて道徳的客観主義を前提しないような自然法理論も存在する。しかしながらそのような理論も〈法と道徳の間には必然的な連環がある〉と主張して、そのためにあらゆる法は法として道徳的価値を持っているとする。詳細な検討には立ち入らないが、私は簡潔に、第一にこの種のアプローチに対する原理上の反論が存在しないのはなぜかを説明し、第二にこのように信ずる自然法論者が行うかもしれない議論の性質と彼らが克服しなければならない難点を示したい。そして第三に、このタイプの自然法論がたとえ成功しているとしてもそれは法の規範性を説明することができないと論じたい。

私はこのアプローチを派生的アプローチと呼ぶ。なぜならそれは法を社会志向的に同定することが必要であると受け入れているからだ。法は第一に社会組織の一形態であり、そのようなものとして同定されねばならない。このように信ずる自然法論者はベンサムやケルゼンやハートによる法の特徴づけを原理上受け入れられる。彼ら自然法論者がこの三人による法の特徴づけのすべてあるいは一部に賛同しなければしないほど、彼らによる批判は自然法論の擁護にならなくなるだろう。彼らの批判は自然法論者でなくても支持できるような批判だろう。派生的アプローチの支持者はこう主張する。――法がひとたび社会制度として同定されるならば、〈この種の規範体系がもし人間社会の中で実効性を持つとしたら、それは必然的に道徳的価値を持つ〉と論ずることができる――。換言すれば、あらゆる法体系が持つ道徳的諸性質はそれが持つ無道徳的諸性質（non-moral properties）に依存しているのである。

次のことは完全に健全だと思われる。もしある社会において実効的であるあらゆる法体系が、その体系を同定する諸特徴のおかげで、あるいはその体系が実効性を持つために成立していなければならない諸条件のおかげで、ある道徳的属性を持つとしたら、派生的アプローチは法と道徳の間の必然的連環を確立することに成功している。問題は〈法体系を同定する諸特徴あるいはその実効性のために必要な諸条件は、そのような体系が何らかの道徳的価値を常に持っているということを意味するのか？〉である。その通りだという可能性を受け入れるために道徳客観主義者である必要はない。ここには道徳的見解の「認識論的地位」に関するいかなる含意も存在しないからだ。だから私の知る限り、自然法へのこのアプローチは成功するかもしれない――それが成功するかどうかはさらに証明されねばならないが。

自然法のそのようなヴァージョンを支持する可能な議論を検討しよう。〈法体系の存在そのものが――最悪の法体系の存在でさえも――善である〉（単なる存在からの議論）とか、〈あらゆる法体系はいくつかの善い法律を必ず持っている〉（内容からの議論）とか論ずる人がいるかもしれない。まず単なる存在からの議論を取り上げよう。たとえば〈法は定義上、それが存在する社会内部の社会生活に枠組みを提供するのだから、ある道徳的価値を持っているに違いない〉と論ずることができるだろうか？　この議論は法がなかったら社会は存在しないとは前提していない。法に服さない社会も存在しうる。またそれは法とアナーキーの二者択一しかないと前提してもいない。ほとんどの場合、選択の対象はある法秩序か別の法秩序というものであって、別の法秩序の方が善いこともあるだろう。この議論が主張しているのは、〈法秩序を持つ社会の中で、法秩序はその社会の中に存在する社会組織の維持に寄与するので、そのようなものとして道徳的価値を持つ〉ということだけだ。これは〈ほとんどコストを伴わずに（たとえば無血クーデタによって）現存の法体系をよりよい法体系に替えることができるのだから、人は理由の差引勘定上法に従うべきではない〉という主張とも両立する。この議論が確立しようともくろんでいるのは、〈人は法に従うべき一応の義務を常に持つ。なぜなら法はそれが存在するところでは現存の社会秩序の維持に寄与するからである〉ということだけだ。

単なる存在からの議論を支持する他の議論もありうる。〈法秩序は定義上、その一次的機関を通じて紛争解決の方法を提供し、諸個人の行動を指導する一般的ルールも提供する。これらはある価値を有するものとみなすことができる〉と論ずることもできる。その法律がいかに悪いものであっても、紛争解決の基礎となるルールの統治に人間行動を従わせることは、それ自体として道徳的価値を持っている、あるいはある道徳的価値の実現を確保する、というのだ。たとえばある理解によると、法に従った正義は法と不可分の道徳的価値とみなすことができる。

このようなすべての議論が基づいている道徳的前提は争うことができる。〈どんな人間社会も、それがいかに邪悪なものであれ、その存在には道徳的価値がある〉というのは真実だろうか？　法と不可欠であってその発現が常に道徳的価値を持つような、法に従った正義という首尾一貫した観念があるだろうか？ 私はこれらの道徳上の難問についていかなる見解も表明するつもりがない。たとえこれらの議論が健全だとしても、それは法の規範性という問題を解決しないからだ。法規範を道徳的に妥当する規範として説明するためには、法規範が何らかの道徳的価値を持っていると示すだけでは足りない。〈法に従うことを支持する道徳的な結論となる理由が存在する〉と示す必要はないということは本当だが、〈法の道徳的価値はその道徳的欠点よりも大きい〉ということは示す必要がある。もし人が法に従わない優越的理由を持っているとしたら、それらの理由は緊急事態（たとえば地震や戦争）の発生のような外的理由であるに違いない。それらの理由は〈法は道徳的に妥当しない〉ということを示す理由ではありえない。それらが示せるのは〈ある状況では法を無視することが道徳的に正しい〉ということだけだ。この議論の目的は〈あらゆる法的ルールが規範である〉と説明することなのだから、それは〈あらゆる法的ルールは道徳的に妥当する〉と示さなければならない。単なる存在からの議論は、遍在する道徳的価値を指し示そうとしているのであって、あらゆる法体系が持っていて道徳的に価値のある一つの法律あるいは一つのグループの法律を選び出すわけではないのだ。この議論は全体としての法体系が価値を持つと証明する。しかしこれが個々の法的ルールの道徳的妥当について持つ含意は何か？ その含意は状況と問題の議論のタイプによって異なるだろう。

社会の維持に基づく議論は、法体系の永続化のために必要な基本的憲法典と、法の存在や社会の維持のため法が果たすべき役割のために不可欠であるような他の法律が、道徳的に妥当するということを示すかもしれない。しかしそのような議論にほとんどあるいは全く影響されないような法律が明らかにたくさんあるだろう（たとえば、商事法や計画法や公衆衛生法や交通法の、あまり知られていない諸規定）。これらの法律が道徳的に妥当するということは、このような仕方では保証できない。同様にして、法が必ず正義のある価値を体現しているとしても、それらの価値はある法律には関係しても別の法律にはそうでもないだろう。この考慮はある法的ルールが法的に妥当するということを十分に示すかもしれないが、それがあてはまらない多くの法的ルールもあるだろう。〔これらの指摘に反対して〕あらゆる法の中に体現されている正義の価値が個々の法律に何らかの価値を付与し、それが妥当するという理由を与える、ということが真であるかもしれない。しかし、この点は個別的議論に関する詳細な検討なしには確証できないが、そのような議論だけでは、内容上極めて悪い法律は妥当していないと説く理由のすべてに優越するには足りないと思われる。

同じような困難が、内容からの議論にもまつわっている。法体系はその制度化された性格によって同定されるので、いかなる内容のいかなるルールをも持ちうる。しかしながら〈もしある法体系が人間社会の中でいくらかの間でも効力を有するとしたら、それはある内容を持つある法律を持つに違いない〉と論ずることはできよう。前節で私は実力と制裁の最小限の統制に関する三つの一般化〔二二六頁以下〕を示唆した。法体系は財産と随意的責務と性行動を少なくともある程度統制する法律も含んでいるに違いない、と論ずることができる。ここで言う必然性は事実に関する必然性であって論理的必然性ではない。これらは法を同定する特徴の一部ではなくて、法体系が人間社会の中で存続できるために持っていなければならない特徴だ。

H・L・A・ハートほど〈あらゆる法体系の内容に共通する諸要素がある〉という主張の性質と地位の明確化に寄与した人はいないが、彼はこれらの議論を自然法のアプローチの中に存在する真理を説明するものとみなす。この解釈は正しいかもしれない。しかしもしそうだとしても、〈あらゆる法体系の中には実力行使と財産と随意的責務と性行動を統制する法律が必ず存在する〉という以上のことを確定する必要があるだろう。これらの行動領域が道徳的に善い仕方で統制されねばならないと示す必要があるのだ。実力行使と財産制度が道徳的に悪しき仕方で統制されるということはありえないだろうか？　たとえばそれは抑圧的な奴隷制度を支持するために統制されることがありえないだろうか？　しかしここでもわれわれは判断を停止できる。内容からの議論について他にどんなことが言えるとしても、その議論が法の規範性を説明できないということは明らかだ。その理由は極めて単純で、この議論の趣旨は〈あらゆる法体系はいくつかの正しい法律を含んでいるに違いない〉と示すものにすぎないからである。この議論はこれらの法律の妥当を確定するには十分かもしれないが、他の法律についてはどうなのか？　侵害されると法体系の存立自体が脅かされるような法律は、そのような議論からいくらかの力を得るかもしれない。しかしそれらが妥当すると保証するために常に十分だろうか？　そして、もし侵害されても法体系の存立が全然脅かされないような多くの法律についてはどうか？

最後に、単純であると同時に決定的でもあって、定義によるのであれ派生的であれ自然法論のあらゆるヴァージョンにあてはまる別の議論がある。それはあらゆるヴァージョンを反駁しようとするのではなくて、それらが法の規範性を説明できないことを示そうとするものだ。*　われわれは皆、法を記述する際に規範的な言語を用いる。われわれは皆（何人かの哲学者を除くと）、法がルール、つまりすでに説明したように、規範からなっているとみなす。法が必然的に道徳的であるという自然法論を受

＊　忘れてはならないことだが、自然法論を採用する動機づけの多くは、それが法の規範性を最もよく説明するという信念から来ている。

け入れない多くの人々――実際、それを斥ける多くの人々――も規範的な言語を法に適用することにやぶさかでない。この事実が意味するに違いないのは、〈法と法的状況を記述するために規範的用語を用いるのを説明するために、論争の余地のある自然法理論に依拠することはできない〉ということだ――そして法の規範性の問題の核心にあるのは、規範的言語の使用の説明である。

私の論点は〈法的文脈における規範的言語の使用を説明する一理論が、すでにあらゆる論者によって受け入れられているに違いない〉ということではない。これは明らかに偽である。私の議論は〈もし自然法理論がそのような文脈における規範的言語の使用を説明しようとするならば、その理論はすべての法律が道徳的に妥当するということだけでなしに、このことが一般的に知られていて、かくして規範的価値の法への適用を説明するということも示さなければならない〉というものだ。だがこの想定は偽であるから、自然法論は法の規範性を説明できない。

5-4　法の規範性

法的視点

一方における実力と制裁の使用、そして他方における道徳的考慮が、人々が法に従う理由になるかもしれないが、そのいずれも、法的ルールがなぜ規範であるかを説明できない。自然法論も制裁志向のドクトリンも一つのことを共有している。いずれも法の規範性を、法は妥当する行為理由であると示すことで説明しようとするのだ。この問題への第三のアプローチも長い法理学的伝統を持っている。このアプローチによると、法の規範性の問題への鍵は、法が本当に妥当する理由であるということではなくて、人々がそう**信じている**ということである。

法の規範性の問題は、法あるいは法的状況を記述する際に規範的言語を用いることをいかに説明するかという問題だ。〈法的ルールは妥当する規範である〉という単なる事実だけでは決して説明にならない、と論ずることができるだろう。規範的言語が一般に使用されていることの説明は、その言語使用者の信念（正当化されるにせよされないにせよ）に求めなければならない。法的ルールは妥当する行為理由かもしれないし、そうでないかもしれないが、これは法的文脈における規範的言語の使用の説明には無関係なのである。

これから先に明らかになるように、私は信念に基礎を置く説明の方が妥当に基礎を置く説明よりも真理に近いと信じている。だがそれでも信念に基礎を置く説明も難点を持っている。一つの大きな難点は今ここで述べた方がよいだろう——もっともその検討は本節後半まで延ばさねばならないが。信念に基礎を置く説明は伝統的に、〈いかなる法体系も、ある人々がその法律は妥当していると信じていなければ実効的でありえない〉と立証することに関心を持ってきた。しかしこの探究の線は原理上不十分だと思われる。本当に立証すべきなのは〈法を記述するために規範的言語を用いる人々は、法律が妥当する理由であると信じている〉ということである、と言える。しかし誰もが法体系を記述するために規範的言語を使用できる。世界の裏側に住んでいる人々も、法体系が効力を持っていた時代の一千年後に生きている人々も、その法を記述するために規範的言語を用いることができるのだ。法に規範的な仕方で言及しうる人々すべての信念が法の効力の必要条件である、ということはありえない。この事実は、〈法体系が効力を持ちうるのは、ある人々がその法律は妥当していると信じている場合に限られるとしても、そのことは規範性の問題とは無関係である〉ということを示す、と論じられる。私はこの反論に以下で取り組む。私はまず〈法が存在するためには、ある人々が法律は妥当する理由であると信じていなければならない〉という見解を検討し、その後で、この事実がどのようにして法の規範性の説明に役立つかを検討する。

法体系が実効性を持つための必要条件に関する議論（4-2節を見よ）は〈人々が一般に法に従うことは必要でないし、彼らが法律は妥当する理由であると信じているということも、そこであげた理由から必要でない〉と示した。しかしそこで論じたように、裁判所が法に従うことは必要だ。裁判官として行動する裁判官は、法が妥当する行為理由であるという信念によって行動する。さらに、4-3節で論じたように、裁判官は法律を排除理由としている。つまり彼らは、法的でない理由によって行動することを法によって許されている場合を除いて、法的でないあらゆる理由を無視するのである。

〈体系Sの〉法的視点は、Sの諸規範と、Sの規範主体が行動の基礎とするようにSの諸規範によって要求されているところの他の諸理由からなっている、と言うことができよう。理想的な順法的市民（ideal law-abiding citizen）は法的視点から行動する人だ。彼は法に従うだけではない。彼は法規範と法的に認定された規範を規範としてそれらに従い、それらの規範を、衝突する諸理由を無視する排除理由としても受け入れるのである。

法体系の規範主体が理想的な順法的市民であることも、また、そうであるべきだということ（つまり、法的規範が道徳的に妥当するということ）も、法体系が実効性を持つために必要ではない。しかし裁判官が裁判官として行動するとき全体として法的視点に従って行動している、ということは必要だ。これはまた、〈裁判官は通常の市民が理想的な順法的市民であるように要求されているとみなし、それに従って彼らを裁かねばならない〉ということを含意する。

規範的言明

信念に基礎を置く説明は、法に関する規範的言明を通常二つのグループに分ける。その一部は法的視点が妥当していると信ずる人々が行う言明〔内的言明〕だ。彼らはそのような規範的言明を行って、妥当している行為理由が何であるかを断言する。二番目のグループは規範に対する人々の信念と態度に関する言明〔外的言明〕からなっている。

疑いもなく、いずれのタイプの言明もよくなされる。両者が次のような仕方である論理的優先性を持っているとみなすことさえ合理的なように思われる。すなわち、規範的ディスコースの完全な豊かさと多様性は、法と法的状況に関するディスコースの中に反映されている、というふうにである。あらゆる種類と様式の規範的言明が法的文脈の中で用いられているし、用いられうる。他のあらゆるタイプの言明の使用は、次の二つの基本的タイプのいずれかが利用できるということを前提している。それは第一に、いかなる〔妥当する〕理由あるいは規範が存在するかの言明であり、第二に、〈規範が従われている、あるいは実践されている〉、あるいは〈人々はある理由に従って行動している、あるいはそれらが妥当していると信じている〉という事実の言明である。それ以外の形態のいかなる規範的言明も利用できないとしてさえも、この二つのタイプの言明は用いることができるはずだ。

この二種類の言明が一次的であるという事実は、信念に基づく説明が正しい種類の説明であることを示す。しかしこの二種類だけが可能な規範的言明の形態だと想定してしまうと、ひどい歪曲に至る。私は規範的言明の完全な分類も説明もするつもりはないが、もう一つの種類の言明に注目したい。それは法に関するディスコースとそれ以外の文脈における規範的ディスコースのいずれの理解のためにも、大変重要な種類の言明である。(3)

「Aは八〇ポンドの所得税を支払うべきである」、「このゾーン内で二時間以上の駐車禁止」——このような言明は一次的用法においては、人々が持つ行為理由が何であるかを述べるためになされる。それはその理由が「法的」であるということを明らかにする。所得税と駐車ゾーンは法の産物なのだ。しかしそのような理由が法的理由であると述べることは、経済的理由のために誰かがバミューダ旅行をキャンセルせざるをえなかったと述べるのに似ている。〔「法的」とか「経済的」といった〕限定のフレーズは、理由であるところの事実の性質を限定あるいは定義するが、理由の力については何も含意していない。「オスマン帝国の法体系は男性が複数の妻を持つことを許可していた」といった言明は、理由を述べるためではなく、実効的な法体系がどのようなものであるか、あるいはあったか、実効性を持つ、あるいは持っていた体系がいかなる法律を含んでいるか、を述べるために用いられるのが標準的である。

事態を難しくするのは、「Aは八〇ポンドの所得税を支払うべきである」のような文章が、Aが行うべき理由を持つ行為が何かを述べるためではなく、彼の法的状況が何かを述べるためだけに用いられることがよくある、ということだ。述べていることを明確にするため、人はしばしば「Aは法によって……するように要求されている」、「法によると彼は……すべきである」、「法的に言って、あなたは……すべきである」といった文章を用いる。しかし注意すべきことだが、いずれの種類の文章も、ここで問題になっている種類の言明、すなわち法的状況がどうなっているかを述べる言明を行うために利用できる。そのような言明をいかにして分析できるだろうか？　ここで詳細な分析は不可能だが、説明へのいくつかの試みは斥けられるべきであって、ある分析の一般的方向を示唆することができる。

斥けられるべき分析は、考慮の対象になっている言明を基本的な二つのタイプの言明のいずれかに同化させるものだ。そのような説明の一つは次のように主張する。

(1) 法(law)によるとAはφすべきである

という発言は、

(2) もしAが順法的であろうと望むならば彼はφすべきである

という発言の省略形である。

この種の分析を好む人々もこの説明を斥けなければならない。この説明は「法によると」やそれに類した言明を、いかなる(妥当する)理由があるかに関する言明に還元しようとする。それは「法によると」や類似の限定を、〈その文は条件を述べるために省略的な仕方で用いられている〉と解釈するのだ。「べし」文を帰結とする条件文は、そのような理由を断定するものではないが、それと同様に、〈法によると何がなされるべきか〉に関する言明は、行う理由があることに関する言明ではない。それは人が行うべき理由を持つことに関する偽装された条件的断定である。しかしこのタイプの分析によると、条件文の前件は〈法的になされるべきこと〉を〈なされるべきこと〉にするための十分条件を完全に一般的な仕方で述べなければならないことになる。人が順法的であろうと望むということは、そのような十分条件の一つにすぎない。他の条件もありうる。だからこの分析は次のように変形されねばならない。

(3) もしその法(the law)に従うべき理由があるとしたら、Aはφすべきである。

しかし（１）の分析としての（２）を斥けたのと全く同じ反論からして、（３）も斥けねばならない。（３）すらも、（１）においてなされるべきこととして法（law）が要求すると言われたことを受け入れるための十分条件のすべてを、完全に一般的な仕方で述べてはいないからだ。その法体系（the legal system）の大きな部分に対する不服従を正当化するような重大な欠陥が存在するが、それでもそれが法によって要求されているという理由で、（１）によると法の要求することを行う理由がある、ということがありうる。〔また〕何らかの法体系を持っていることが重要だとか、実効性を持っているその法体系が根本的に健全であるといった理由のために、その一部——大部分かもしれない——を尊重すべき理由はあるが、それでも多くの法律が従われるべきでないので順法的市民の理想は正当化されない、ということもありうる。このようなケースでは、人はφすることが法的に要求されているためにφすべきなのだが、（３）の前件は偽である。だから（３）は、それを（１）の分析とみなすことを正当化できる条件を満たさない。

Lという法（the law L）のゆえに（１）が真である、と想定しよう。次の命題を（１）の分析とみなすことができるだろうか？

（４）　もしLが体系的に妥当するとしたら、Aはφすべきである。

この種の考察は（４）も失敗であると示す。Lが体系的に妥当するのは、それがそのすべての規範主体に体系的に妥当する場合に限られる。しかし（１）の中の「べきである」が無条件になるためには、〔すべての規範主体ではなく〕AがLに従うべき理由を持っていれば足りる。では次の命題はどうだろうか？

（5）　もしLがAに適用されるものとして体系的に妥当するとしたら、Aはφすべきである。

これもまた（1）の分析として失敗している。Lはφすることが一例であるようなある行為を要求しているのかもしれない。またLはAに適用されるものとして妥当していないかもしれないが、それでも〈Lはφすることを要求している〉という事実はAがφする理由になるかもしれない。だから条件的分析は結局次の主張に落ち着くように思われる。

（6）　法によるとAはφすべきであるという理由でAがφすべきだとしたら、そのときAはφすべきである

が、

（1）　法によるとAはφすべきである

の分析である。

これは明らかにばかげている。

規範に対する人々の態度に関する言明として（1）を説明しようとする選択肢も同じように不成功に終わる。次のものは（1）の分析だろうか？

（7）　ある法体系によるとAはφすべきであって、Cの住民の多くはその法体系の諸規範に合致し、裁判所も一般的にそれに従っている。

この示唆について行うべきコメントが二つある。（1）はある法体系によると状況がどうであるかを述べている。（7）が、いかなる法体系に言及しているかを同定する趣旨にすぎない限り、それに異論をつける余地はないが、それは次のように言いかえられるべきだ。

（8）　Cの住民と裁判所が従っている法体系によると、Aはφすべきである。

〈その法体系によると、状態はそのような言明の述べるものである〉とされるその法体系は、ある社会で現在効力を持っているものかもしれないし、かつて効力を持っていたものかもしれないし、また決して効力を持ったことがなく、たとえばある改革者や運動が提案したものかもしれない。（8）が示唆する線に沿った再定式は諸個人や諸共同体の実践に必ずしも言及しないだろう。そのような言及がなされるとき、その言及は〈いかなる法体系によるとAはφすべきなのか〉の同定に役立っているにすぎず、「法的に……すべきである」や「法によると……すべきである」の意味を説明していないのである。

もし（7）が（1）の分析とみなされるべきだとしたら、共同体の実践への言及は〈いかなる法体系によるとAはφすべきなのか〉を同定するだけのものと解することができない。それは人が法的にφすべきであるということ自体を何らかの仕方で説明しなければならない。おそらく（7）の意図は、人々が自分が何を行うべきだと信ずるかによって、あるいはある人々が他の人々に何をするよう命ずるか、等々によって、人が法的に行うべきことを説明しようというものだったのだろう。だがもしそうだとしたら（7）は全く不十分だ。なぜならそこからは〈Aはφすべきである〉という命題に対する人々の信念や態度について何も出てこないからである。もしその意図が（1）を人々の信念等に関する言明に還元しようというものならば、（7）は議会や裁判所等々の信念や態度や行動に関するずっと詳細な言明にとって代わられねばならない。問題は、あらゆる法的言明について、それと同義とまでは言わなくても論理的に等値であるところの、人々の信念・態度・行動に関する言明が存在するわけではない、ということだ。

では〈法によると何がなされるべきか〉に関する言明を説明する方法は何か？　解答の端緒は、そのような言明は基本的タイプのいずれにも還元できないと認めることだ。そのような言明は、人が法的視点からして何を行う理由を持っているか、すなわち法規範が妥当している規範だとしたら何がなされるべきか、だけを述べている。しかしそれはこの条件文を述べていない。〈もしその法が妥当していたら、それがなされるべきことである〉と述べているのではない。またそれはなされるべきことを述べているのでもない。それはその法が妥当していると前提していない。それはたとえばある科学理論が妥当するという想定の下でなされた言明のようなものだ。そのような言明は、前提が前件であるような条件文ではないし、その理論が真であると前提してもいない。われわれは〈それらの言明はその理論の視点から、あるいはその理論を想定して、事態を述べている〉と言うことができる。

このタイプの規範的言明は人が考えがちであるよりもしばしば見られるもので、法に限定されていない。もし私が菜食主義者の友人とディナー・パーティーに行ったら、私は彼に「君はこの料理を食べるべきでない。これには肉がはいっている」と言うかもしれない。菜食主義者でない私は、その料理に肉がはいっているという事実がそれを食べることに反対する理由であるとは信じていない。それゆえ私は友人がそれを食べない理由を持つとは信じていないし、その理由を持っていると述べたりもしない。私は単に彼に、菜食主義者の視点からなすべきことを教えているだけだ。むろん仲間の菜食主義者ならば、全く同一の文章によってなすべきことを述べることができる。しかしこれは私が言っていることではない。状況を理解している私の友人にもそれがわかるだろう。

この解釈に反対する人がいるかもしれない。私は菜食主義者でないのだから〈料理の中に肉がはいっている〉という事実それ自体をその料理を食べない理由とみなさないということは本当だが、この事実と〈友人は菜食主義者である〉という事実を理由とみなしている、と言われるかもしれない。しかしこれはとても奇妙な種類の理由だと思われる。私は〈もし私の友人がその料理には肉がはいっていると信じていてそれを食べるとしたら、それは首尾一貫性の欠如あるいは意志の弱さを示している〉と確かに信じている。しかし友人はその事実を知らないのだから、その料理を控える理由を持っていない。そして他にいかなる理由があるのだろうか？　当然私は友人に料理の肉について教える理由を持っている、あるいは持っていると信じている。私は彼が知らずに肉を食べたことを知ったならば感ずるに違いない当惑あるいは後悔を彼に感じさせたくないのかもしれないし、彼がその信念に従って生きるのを助けたいのかもしれない。しかしこれらは、彼が妥当する理由とみなすだろうと私が知っていることを、彼に教えるべき**私の**理由である。私は**彼**が理由を持つと信じないし、そう述べることもしない。私はある視点が彼の視点だと知っているために、そこから見ると存在する理由を述べるのである。

次にチェスの教科書を考えてみよう。それは白〔先手〕と黒〔後手〕がさまざまの状況で行うべきことに関する多くの言明を含んでいる。ここでもまた、これらの言明はゲームをプレイして勝とうとする人の視点から見てなすべきことを述べている。この本の著者は無条件になすべきことを述べているのではない。著者は人が勝とうと望むならばなすべきことに関する条件付きの言明を述べているのではないし、これが熟練者の信じていること、等々だと言っているのでもない。彼はある視点からの規範的言明を行っているのだ。

弁護士にせよ他の誰にせよ、人は法的助言を与えるとき、法的視点からの事態を述べている。彼がそうするのは、その助言の相手が法的視点を完全にあるいは部分的に受け入れていると信じているからかもしれない。しかしそのような想定をしていないときもある。彼は自分の助言の相手が順法的でなく、その関心は警察や裁判所が自分の行動についてどんな見解を持つはずかを知ることだけにある、と知っているかもしれない。法学教師や法について書く人も通常同じことをしている。彼は法的視点から事態がどうなっているかを述べるが、自分の講義や著書に人々が関心を持つ理由については何も特定の推定を行わないのが通常だ——彼らは情報に関心を持っているだけなのかもしれない（試験に受かるとか、どんな種類の理由のためにでも）。

法廷で主張を行う弁護士もそれ以上のことをしていないかもしれない。彼は裁判官が法によって行動する義務を負っているということを知っていて、法によると事態がどうであるかを述べているにすぎないかもしれない。自然なことだが、弁護士にせよ法学教師にせよ他の誰にせよ、法について語る人は、すでに述べたように、法のゆえにいかなる理由が存在するかを述べるかもしれない。だが彼らはそうしないかもしれないということを知るのが重要だ。彼らは単に、法によると何がなされるべきかを述べているにすぎないかもしれない。

これまで述べてきた所見は法的視点からの言明の分析にはならない。それがもくろんでいるのは一次的には、このタイプの言明が二つの一次的タイプに還元できないと証明し、これが法の外でも広く用いられていると示すことである。それらの所見はまた、そのような言明の分析への道を示す二つの特徴を明らかにする。第一に、それらの言明は当該の法体系の中に、なされるべきだと言われる行為を要求する規範が存在するか否かによって、真であるか偽である。第二に、もしその言明が真であって、それを真たらしめる規範が妥当しているとしたら、人はその言明によると法的になされるべきである行為を行うべきである。

そのような言明は法の文脈の中に広範に存する。ここでもまた、ある視点からの言明あるいはある価値集合による言明が、道徳を含む実践的推論の全領域の中で用いられているということを強調すべきだ。その使用が特に広範に見られるのは、共同体が広く信じて従っている理由と規範が論じられるときである。それもとりわけ、その共同体内部で効力を持っている制度化された体系の場合においてである。その視点を受け入れて、自分が何をなすべきかを知るために、その視点によると何がなされるべきかを知りたいと思う人々が常に存在する。実践されている諸規範、特に規範適用機関が執行する諸規範の場合、そのような体系あるいは規範によると何がなされるべきかについて、派生的な個人的関心を持っている人々も多い。他の人々がそのような規範に従い、諸機関がそれを執行するという事実は、それ自体が、当該の規範や機関が妥当していると信じていない人々にとって理由となるかもしれない。われわれは5-2節において、〈法がある行為を要求している〉という事実がそれを行う理由となりうるのはどうしてか――その制裁の規定や、違法行為が人の評判に及ぼすインパクト、等々を通じて——のいくつかの例を見た。これらのケースはすべて、〈諸規範が妥当していると信じ、それに従う人々が存在する〉という事実に依拠している。そのことが、法による言明が広範に用いられている背景である——〈それらの言明を是認していない人々さえ、法が何を要求しているかについて実践的な関心を持っている〉という事実が。これがその人々をして、彼らが必ずしも妥当しているとは受け入れていない視点からの規範的言明を行うようにさせるのである。

第二版への後記：排除理由再考

本書初版を一九七五年に公刊して以来、いくらか残念なことに私の仕事は方向を変えて、実践的推論の考察から離れていった。私はこれらの論点に戻ると、本書の多くの部分を拡張し限定したいという願望で満足するしかない。そのほとんどは新しい独立の著作の中でしか行えない。この後記は、実践的理由に関する本書の中心的な新しい発想の信任状を再び査定するための機会である。(1) その発想とは〈あるルールとそれに関連する規範的概念を理解するためには排除理由が重要である〉というものだ。私が排除理由と呼ぶ種類の理由が存在するという主張それ自体を、多くの読者は疑念をもって受け取った。私はまず排除理由という観念を論じてから、〈多くの人々は排除理由が存在すると信じているし、彼らの考えは時として正しい。なぜならいくつかの排除理由が存在するからである〉と主張したい。その後でようやく、排除理由とルール、約束、決定、規範的指令等々の関係に移ろう。

ある理由のために行動する理由

あるおなじみの区別から始めて、それを述べる二、三の用語を導入しよう。ジェインが宿題に手こずっているとき彼女を励ます必要が、デレクが家にいるべき理由になるとしてみる。そのときもし彼が家にいるとしたら、彼はその理由に合致（conform）している。一般的に、ある理由がある行為を遂行する理由となる状況において人々がその行為を行うとき、人々はその理由に合致している。そしてデレクが単に家にいるだけでなく、彼がジェインのニーズを実感し、そしてこれこそ自分がそうする理由であるということも実感しているのでそうするとしたら、彼はその理由を遵守（comply）している、とわれわれは述べることにする。

単なる合致にどこか間違ったことがあるだろうか？　明らかに、ある理由に合致する人々はそれに反して行動していない。他の事情が等しければ、彼らは非理性的ではないが、他の事情が等しいとは限らない。彼らの行為理由は考え違いだったり非理性的だったりするかもしれない。しかしそうだとは限らない。デレクは重要な電話を待っていたために、あるいは面白いテレビ番組を見るために、家にいることを決めたのかもしれない。家にいることにおいて、彼は実際にジェインを励ましたのだ。だがこれは彼が家にいた理由ではなかった。彼は何らかの点で欠けるところがあったのか？

明らかにデレクはジェインのニーズへの適切な感受性を持っていない。少なくとも、この機会にその感受性を示していない。だがこれは適切な態度をとらないということであって、ジェインを励まさなかったということではない。ではジェインを励ます理由に関する限り、デレクは期待できるすべてのことを行ったことになるのではないか？　事態はそれほど単純ではない。もしデレクがジェインのニーズへの感受性を持っていたら――つまり、その機会に彼がそうあるべき程度に感受性を持っていたら――彼は彼女が励ましを必要としていることに動機づけられたはずだ。ここから、デレクはジェインを励ます理由だけでなく、彼女のニーズゆえにそうすべき理由を持っていたことになるのではないか？　私は彼がそのような理由を持っていたと考える。彼はジェインを励ます理由に合致する理由だけでなく、それを遵守する理由も持っていた。言い換えれば、ジェインのニーズは合致的行動の理由だけでなく、遵守的行動の理由にもなる。それは彼女を励ます理由であり、また彼女が励ましを必要としているという理由のゆえにそうすべき理由でもある。彼女のニーズは自己回帰的理由だと言ってもよい。私が本書で用いた用語法によれば、それはジェインを励ますべき一階の理由と、彼女が励ましを必要としているという理由のゆえにそうすべき二階の積極的理由とを組み合わせるのである。

この用語法は少々物々しすぎるかもしれないが、重要な争点はこうだ。行為理由は合致（conformity）を支持する理由なのか、それとも遵守（compliance）を支持する理由なのか？　つまり、人は自分にあてはまる理由に合致すれば、理由を持っていることをすべて行うことになるのか、それともそれらの理由を遵守する必要があって、そうでなければ咎があるのか？[2]　この争点は理由に関するわれわれの理解の根底に達する。理由は行為を目標としていて、もしその行為が起きればすべてよしなのか？　それとも理由は人の推論を目標としていて、いわば人の推論や動機づけの中にも現われることを求めているのか？　行為理由は常に遵守の理由であるという見解は、実践的理由は行為の指導（guide）であるという発想とうまく合う。もし人が理由によって指導されていないとしたら、その人はなすべき仕方で行動していない。[3]〔その一方〕もし行為理由が合致を支持する理由として理解されるなら、人はそれでも行動の指導としての行為理由について語ることはできるが、それは〈もし他の事柄が等しければ、それらの理由が人の推論あるいは動機づけの中に登場することは正統である、すなわちオーライである〉という意味においてにすぎない。[4]　理由が指導するというのは、ミシュランのパリ・ガイドが指導するというのと同じ意味になる。私はそれを使ってもよいが、そうしなければならないことはない、というわけだ。私はその存在に気づいている必要さえない。別のガイドを使うことには何ら間違ったところがない――もしそれがよいガイドであるならば。重要なのは、私がパリの中で見るに値するものを見ることだ。同様にして、理由をこのように理解するならば、重要なのはその理由の対象である行為がなされることである（その理由が阻却されないとして）。その行為が、この理由か何か他の（よい）理由によってなされるかは重要でない。

どちらの理由理解の方が正しいのか？　行為理由は常に遵守理由であるという考え方の主たる正当化は、〈デレクの例が示すと思われるように、遵守しないことは適切な感受性の欠如を常に示す〉というものだ。その行為理由の性質が何であるかによって、不遵守は道徳的感受性あるいは自分自身の福利への適切な配慮あるいは国家への忠誠心の欠如になるかもしれないし、美への不十分な対応などになるかもしれない。しかしながら、その理由がわれわれの推論の中にも動機づけの中にも現われない場合、感受性が欠如しているとは限らない。たとえば、ある理由を重要なものたらしめる状況にわれわれが気づいていないので、その理由に動機づけられていないとき、必ずそのような欠如があるわけではない。私がある友人のところを訪れるが、その理由は、私が退屈していて、彼は私が少しの間訪れることを気にしないだろうと考えているからだ、としてみよう。それどころか、私は知らなかったが彼はその日早くに悪いニュースを聞いていて、そこから生じた悲しみを紛らわせる必要があったとする。私のおしゃべりは彼の気を紛らわせる。私は友人を助けるという理由に合致したが、彼の聞いたニュースを知らなかったのだから、その理由を遵守したわけではない。それでも、私が一般的に彼のニーズに感受性を持ち、必要な時は喜んで助け、この時彼の状況を知らなかったことについて過失がなかった以上、〈私は彼の気を紛らわせるべき理由に合致しただけであって、それを遵守しなかった〉という事実の結果として感受性を欠いていることにはならないと思われる。

三つの一般的考慮が〈特別の状況を別にすれば、行為理由は合致理由であるにすぎない〉ということを示唆する。第一に、われわれが自分の信念を自分の持っている信念理由に基づかせることには何の咎もない。もしわれわれの信念が自分の信念理由と一致しないとしたら、われわれは非理性的であるか、少なくとも何らかの認知的過失を犯している。われわれの信念が〈理由に基づくべきである限り〉自分の持つ理由に十分な基礎を置いているとしたら、われわれは理性的である。われわれがある信念を持つ理由が、その信念を支持する、自分にとって入手可能な理由のすべてを尽くしていないというだけで、われわれが間違っているということには全然ならない。行為理由については事情が違うかもしれない。しかし行為理由も信念への理由とかなり似ていると考えるべき理由がある。[5]

第二に、優越されるなどの仕方で阻却される理由を知らず、それによって行動するように動機づけられないということには、何の間違った点もない。私はもし家にいたら庭の草取りができるだろうが、母親の買い物を手伝うために、あるいはある失効する保険を更新するために外出する。私は庭の状態を全く忘れているのだ。[6] 確かにここには何の間違いもない。〈理由が指導しなければならない〉という見解は、〈この場合私は阻却された理由を考慮してその存在に気づかなければならない〉と示唆するかもしれない。これは理性が人々を指導する仕方に関する主知的すぎる見解だと私は思うが、もしそうだとしたら、この見解は少なくとも、人が衝突する動機づけの間で引き裂かれるということを示唆することになる。人は一方において、草取りをするため家にいるように動機づけられるべきであり、そして一層強く他方において、保険の更新か母の買い物の手伝いのため外出するように、動機づけられている、というのである。これは私には明らかに偽であると思われる。

第三に、不作為のケースがある。ここでもまた例外的なケースはあるだろうが、実践的理由を統一的に説明する方を選ぶべきだ。私は誰も人を殺したことがなくて、その理由は単に、誰かを殺したいという気に一度もなったことがない、その考えが一度も念頭をよぎらなかった、ということだけなのだが、私には何の咎もない。私が殺人者にならなかったのは、殺人が不正であるという事実に動機づけられたからではない。私は自分がその事実を知らないと言っているのではない。もし私がそのことを知らなかったら、それは不正になるだろう。私が言いたいのは〈私が誰か人を殺せる機会を持っているときはいつも、その行為の考えは一度も私の念頭をよぎらなかった〉ということだけだ。私は自分がずっと殺人を犯さないことについて何の理由も持ってこなかった。そしてこれは、私の信ずるところでは、これについて最善の心理的背景である——他の多くの不正行為の不作為についてと同様に。つまり、われわれがそのようなケースにおいて〔わざわざ〕道徳的に動機づけられるとしたら、われわれは単純に不正行為の考えが起きない人々よりも立派でない仕方で振舞っていることになる、と私は感ずるのだ。(7)

これらの考察は〈理由というものは合致的行動を支持する理由である〉ということを証明するわけではないが、この見解を支持すると思われる。道徳上の不作為について私がとった立場は、〈行為が道徳律への尊敬から行われなかったら、それは道徳的価値を欠く〉というカント的見解と反対だ。カント的見解の訴求力は思考の混乱によって強化されることが多い。この見解を〈行為が道徳的動機から行われなかったら、それは道徳的価値を欠く〉という見解と同視する人がいる。こちらの見解はとても説得力がある——行為の道徳的価値は道徳的性格あるいは道徳的徳に寄与するかそれを表現する証拠である仕方に関係する、ということを前提とすると。道徳的徳を表現するのは道徳的要請に単に一致する（coincide）にすぎない行為ではなくて、正しい（道徳的）動機からなされる行為である、という考えはもっともらしい。しかしカントはさらに一歩を進める。彼の見解のしばしば論争的な側面は〈道徳律への尊敬だけが適切な道徳的動機である〉というものだ。多くの人々は、（カントが単なる傾向性にすぎないとみなした）さまざまの動機がさまざまの行為について適切な道徳的動機になると信じている。たとえば、自分の子どもへの愛情は子どもに対する親の義務を果たす適切な動機である。これらの義務に合致していてもその理由が自分の子どもへの愛情でない人々は間違っている。彼らは親が持っていてそれによって動機づけられるべき必要な道徳的態度を示さないのだ。(8)

そのような見解をもう少し考えてみよう。(9) 私が述べている非カント的見解が〈道徳律への尊敬は行為理由になる〉と受け入れるとしてみよう。人は自分の子どもを彼らへの愛情から世話するある理由（道徳律）を持っているが、この愛情は子どもへの愛情であって道徳律への愛情ではない。人は子ども自身のために彼らを愛すべきなのであって、それがビジネスのためになるからとか、自らの魂の救済のために必要だからとか、道徳律に合致するために彼らを愛すべきなのではない。実際のところ、愛が真正の愛であるのはそれが外的な目的から道具的に持たれない場合に限る、と言うこともできよう。それゆえ道徳律は、自分の子どもを愛するようになる理由になる。しかしそれは自分の子どもを彼ら自身のために愛するようになる理由なのであって、道徳律との合致のためにそうする理由ではない。そういうわけだとすると、必ず背景にとどまるべき、諸理由を持つ諸理由が存在することになる。これらの理由が行為時の動機づけ的理由になると、その意義は失われる。(10) 遵守よりも合致を支持する、一つの確かに特別の種類の理由（自分の子どもへの愛情から行動する道徳的理由）の一例を示す際、この考慮は〈特別の状況を除けば、行為理由は合致だけの理由だけである〉という見解をいくらか補強する。

だがこの話には最後のひねりがある（そしてジェインとデレクのケースの分析を完成させるためにはそれが必要だ）。人は何であれ、理由との合致を容易にすることを行う理由を持っている。もっと特定して言うと、人はある善——その中には理由との合致という善も含まれる——の実現のための十分条件ならば何であれ、それを行う理由を持っている。理由の遵守は、当然のことながら、理由との合致に結びつく、というよりも、むしろ後者の構成部分だろう。だから人は常に遵守の理由を持っている。しかしそのような道具的理由は、その目的が何か他の仕方で達成されれば消滅する。私がドアを開ける唯一の理由が部屋に入るのを可能にすることであるとしたら、たまたま突風か別の人がドアを開けようが、どこにも悪いところも失われるものもない。同様にして、理由との合致が理由への遵守ではなく他の理由によって実現されても、そこには何の損失も欠陥も汚点も短所もないのである。

排除理由

前節の議論は、以下の議論のほとんどと同様、試論的なものにすぎない。それはこの問題に関する著作の多くをにぎわせている実践的合理性（practical rationality）の粗い分析では取りこぼされてしまう、あまり普通でない理由と考慮とを分析しようとするものだ。私が関心を持っている現象を理解するためにはもっとよい方法があるかもしれない。本書が提唱する分析を擁護して主張できるのは、〈その分析は時として無視されている諸特徴に注意を当てて、それらが実践的理由の一般的理解の中にいかにフィットするかを示す説明を提供する（あるいはむしろ、粗描し始める）〉ということだけだ。

私が特に関心を持っているタイプの理由は排除理由、つまりある理由のために行動しない理由だ。このため排除理由は逆説的な外観を呈する。読者の中には〈妥当する排除理由なるものはありえない〉ということが必然的な真理であるとみなした人たちがいる。そのような反応は理解できる。結局のところ、理由は行為を指導するためにある。理由の本性そのものが行為の指導にあるのに、理由によって指導されないことを支持する理由は確かにありえない。だが前節の議論はこの逆説の気味を吹き払うのに役立つ。その議論は〈理由は単に正統なガイドであるというにすぎない〉と示す。人は理由によって指導されるとは限らない。他の事柄が等しければ、人は理由に合致する限り、何も間違っていないのである。

ある点で、排除理由は通常の衝突する理由よりも逆説的でない。人は衝突する諸理由によって優越される理由に合致していない、つまりそれに従っていないことが許されるからだ。[11] 優越する理由はそれゆえ、われわれが積極的理由を持つ行為に反して行動することを要求する。ところが排除理由は、他の理由が正統とするが要求はしない何ものかを避けるようわれわれに要求するにすぎない。

だが別の点では排除理由の方がほとんどの衝突する理由よりも逆説的だ。私が大学に入学する理由と（たとえば、私の若い家族を支えるために）学業を捨ててすぐに職を得る理由を両方持っているとき、両方の理由は相互に独立している。教育を受ける利益と若い家族を支える必要はそれぞれ独立して理解可能だ。両者は私の生活の状況のためにたまたま衝突しているにすぎない。他の状況ならば両者はともに満足できるので、衝突はなかったはずだ。ところが排除理由と排除される理由とは必ず衝突する。排除理由の意味そのものが、妥当する行為理由である別の考慮からの行動を排除することにある[12]からだ。妥当する排除理由に、指導するという役割を与えない理由がそもそもありうるだろうか？

それに対する答は〈ここでもまた、通常の衝突する理由も同じことを行う〉というものだ。禁欲的理由あるいは自己否定的理由がこの点で重要なケースだ。自己否定的理由とは、自分が行ったり持ったりする理由があることを行ったり持ったりするのを避ける理由だ。そこで否定されることが、行ったり持ったりする理由のない行為や事物だとしたら、自己否定的理由の意義全体が失われてしまうだろう。(13)（自己否定的な）絶食の意義は、われわれが評価していて追求する理由を持っているものを、それなしですますということにある。妥当する禁欲的理由は存在しないかもしれない。しかしかりにそうだとしても、それは偶有的なファクターのためだと思われる。禁欲的理由あるいは自己否定的理由という観念自体が論理的に矛盾しているとは思われない。

これまでの議論は、排除理由という観念につきまとうように思われる逆説の気味を追い払うためのものだった。だがそれは理由が衝突するという可能性に関する疑念を強めるにすぎないと感ずる読者がいるかもしれない。その論点について簡単にコメントする前に、排除理由という観念を追求したい。この観念は、似ているが別々のいくつかの観念とたやすく混同される。第一に、それはある事柄を考え、考慮し、それらに注意を払うことを避ける理由と混同されうる。私自身、いくつかの例によってこの混同を助長してしまった。それらの例では、ある事柄を考慮するとしたら起こりそうな不安や誤りを避ける必要が排除理由の理由であるように見えたのだ。(14)しかしこれらのケースすべてにおいて、私は〈不安等はある事柄に注意を払ったりそれらを考えたりすることによって引き起こされるのではなくて、ある理由が人の行動を指導すべきなので人はそうするという事実によって引き起こされる〉と想定していた。そしてそのために、人は何がそれらの理由であるかを確定しなければならない。もし人がこれらの理由では行動すべきでないとしたら、望ましからぬ副作用を生み出すプレッシャーから解放されるだろう。だから達成されるべき善は人の思考と関係するが、それが与える〔二階の〕理由は、ある〔一階の〕諸理由から行動しない理由なのである。人がその行動しない理由を遵守する限り、その事柄に関する思考に実際に携わることに対しては何の反論もない。人が自分の反省は自分の行為に影響しないだろうと知っている限り、そのような思考がもたらす害悪は避けられるからだ。

私がここでこの論点をあげるのは、〈妥当する排除理由が存在する〉という主張を正当化するためではなくて、単にその観念の性質と本書の中でそれが論じられた仕方とを明らかにするためにすぎない。同一の精神から、私は別のありうべき混乱に注意を促したい。排除理由とは、妥当するある諸理由によって行動しない理由である。排除理由はそれらの理由を無効にしたり解除したりするわけではない（私が約束した相手方の死が、その約束から生ずるいかなる理由をも解除することがよくあるが、そのような仕方では）(15)。また排除理由は、ある諸理由への私の信念によって行動しない理由でもない。それはそれらの理由そのものによって行動しない理由であって、私がそれらの理由だと考えるものによって行動しない理由ではない。後で妥当する排除理由が存在するか否かを考慮する際に、この最後の論点は入念な注意を要求することになる。

排除理由は、他の諸理由といかに関係するかに関する理由であるがゆえに二階の理由である、と私は本書で言った。しかし理由が二階の理由でありうるのにはさまざまの仕方がある。たとえば他の理由が存在する状況あるいは存在しない状況をもたらすべき理由というものがありうる。その例として、〈囚人のディレンマ〉的状況にある人々は、彼らの理由の構造を変える理由を持っている。さらに、人々は自分にできる最善のことが二つの悪のうちの小さい方であるような状況を避ける理由を持っている(16)。排除理由はこの意味における二階の理由ではない。それは単に、他の諸理由に本質的に言及し十分に特定化できる仕方で行動すべき理由である。それはある（妥当する）諸考慮に行動においで動機づけられない理由であって、理由に合致すべきでない理由ではない。排除理由は諸理由が行動の動機となることを排除するが、それでも人は排除された理由に合致する〔つまり、排除された理由が支持する行為を行う〕かもしれない――排除されない他の諸理由への遵守を通じて（それどころか、それらの理由への誤った信念を通じてすら）合致する場合には。実際、排除された理由に合致する方がよい。それらの理由は、ある行為を行う理由であって、他の事柄が等しければ、排除理由がそれらの理由を排除するという事実が意味するのは、〈それらの理由を遵守すべきでない〉ということにすぎず、〈それらの理由に合致すべきではない〉ということではないからだ。最善の道筋は、人がそれらの理由に間接的に従うことだ。つまり、それらの理由が示す行為が何か他の独立の理由からなされることだ。

このように考えてみよう。[17]（阻却されない）ある排除理由があてはまるジョンという人物を考え、その理由が彼の熟慮の結果に影響すると想定する。つまり、一階の理由すべての差引勘定が示す行為と、排除されない諸理由の差引勘定が示す行為が異なるのだ。すでに論じたように、ジョンが正しく行動するのは、彼が排除された諸理由を熟慮の際に無視するときに限られる。私が意味しているのは、彼は排除された理由を考えてはならないということではなくて、自分の行為をそれらに基づかせてはならないということだけだ。彼はそれらの理由**から**行動してはならないのである。彼の行為以前の観点から見ると、彼がとるべき正しい行為は、排除されない諸理由が示す行為だ。では彼は行為後、自分の行動をいかに評価すべきなのか？　彼は事前の考慮の観点から見て正しく行動したと想定しよう。彼の行為は一階の理由の差引勘定から逸脱しているかもしれないが、排除理由には合致していて、このことが一階の理由からの逸脱を説明し正当化する。そう、これはほとんど正しい。彼は正しく推論するならば、一階の理由の差引勘定と排除理由の両方に合致することができなかった。

しかしながら、ジョンが間違いを犯したとしてみよう。彼は排除された諸理由を完全に無視して、動機づけの中でそれらに何の役割も果たさせなかったが、それでも一階の理由すべての差引勘定が実際に示す行為を行った。単純に彼は計算を誤ったのだ。逆説的なことに、彼の間違いはむしろ幸運なもののように思われる。そのために、彼は排除理由にも合致したし（彼は排除された理由から行動したのではない）、一階の理由の差引勘定にも合致したことになる。ある点まで、これはおなじみのパズルだ。これは事前の行為判断と事後の行為判断の間の相違の一般的な特徴である。時として、われわれは目前の証拠によって行動しようとするとき、後からラッキーだとわかることになる間違いを犯す。われわれが行う行為は、その時の部分的な証拠を正しく評価すれば正当化されないが、すべての事実に照らせば実際には正当化されるのだ。

これが排除理由にあてはまるケースで、その証拠はアンとジェレミーとコリンの話（前記四一—四五頁）だ。多くの排除理由は、アンのケースが例となるが、「証拠に関する」ものである。つまりそれを正当化するのは、〈排除理由は、排除理由との合致が、排除された諸理由との合致の改善に〔結局は〕至るだろう〉というものだ。これはたとえば、ある人物が新しい情報に基づいて行動するのを差し控えるが、その理由は、その情報の重要性についての判断を信頼できないくらい疲れきっているか酩酊しているからである、というケースだ。明らかに、偶然彼の行為が彼の無視した情報の与える諸理由に合致したとしたら、誰も彼を責めることができない。それと同じことが、労力や時間や不安を軽減するという理性的な根拠によって理由の排除が正当化される場合にも言える。ある理由の排除は正当化される。人はそれらの理由から行動しない。理由の排除が最善ではない行為に至るはずだったが、計算の誤りのため行為者が最善の行為に至ったとすると、われわれは彼を単に幸運だとみなす。これについては何の謎も逆説もない。

別のときには、理由排除は動機づけの考慮によって直接正当化される。もしコリンが息子の教育について決定する際に自分自身の利益を無視すると約束したとしたら、彼は自分の利益を実際に無視したときに自らの義務を果たしたことになる。もし幸運にも彼がさまざまの学校の長所について誤解したために彼自身の利益に適した学校を選ぶことになったら、われわれに言えるのは彼が幸運だということしかない。おそらくわれわれは彼の息子は不運だとも言うべきだろう。この誤解がなければ、彼の息子にとってよりよい学校が選ばれただろうからだ。だがこれはその決定を非難する根拠にはならない。結局のところ、この親の利益も重要なのであって、われわれはこのケースではこれらの制約の限りでその利益が子どもの利益を凌駕すると想定しているのである。

理由の衝突

前節で排除理由の観念を説明しそれに伴う逆説の気味を追い払おうとした際、私は理由が衝突しうると想定してきた。私の結論のいくつかを避ける一つの方法は、この前提を否定することだ。哲学者の中には〈理由が衝突しうるという可能性を否定する独立の根拠が存在する〉と考えている人がいるが、そのような見解は理由というものの性質を誤解している。

行為理由とはその行為を支持する考慮のことだ。他の事柄が等しければ、理由はその行為を行う十分な根拠になり、合理的な無知やその他の弁明を別にすれば、行為者がその行為を行わない場合にその行動を非とする（finding fault）根拠になる。われわれは理由を、〈他の事柄が等しければ行為者がその行為を行うべきである〉という結論に当然至る前提を述べる事実として考える。[18]〈その行為は短所も持っている〉ということを示す考慮は、それらの行為理由が存在しないということを何ら示さないし、またそれらの理由が「例外」に従うということも示さない。当初の理由はまだそこにある。それらの理由から〈他の事柄が等しければ、その行為はなされるべきである〉に至る推論は、今なお健全だ。衝突する考慮が示すのは、〈衝突する諸理由が存在する〉、すなわち〈他の事柄が等しければ、その行為がなされるべきではないという結論に至る健全な推論もある〉ということにすぎない。

衝突する理由は、それと衝突する諸理由を阻却するかもしれないが、それらの理由に対する例外を作り出すわけではない。例外を持つのはルールであって理由ではない。ルールは実践的推論理解のいかなる二レベルの方法でも下位のレベルに属する。通常個々のルールは複数の理由に基づいている。それらは〈それらはルールの範囲内で、必ずしもすべてではないがさまざまの衝突する理由を阻却する〉という判断を反映している。比喩的に言えば、ルールというものは妥協の表現であり、衝突の帰結に関する判断の表現である。ここで例外に関する話がそれ自体ではいってくる。典型的に、ケースが「単純に」ルールの範囲外にあるのは、そのルールを支持する主たる理由がそのようなケースではあてはまらない場合だ。〔それと違って〕ケースがルールの例外に属するのは、そのルールを支持する主たる理由はそのようなケースにあてはまるが、「ルールの中に反映されている妥協」が、他の衝突する諸理由の方が妥当するとみなす場合だ。「あなたは命を救うためには嘘をついてもよい」が、もし正しいとしたら、「決して嘘をつくなかれ」というルールの例外になるのはこの意味においてである。例外というものはルールの論理に属するのであって、理由の論理に属さないのだから、例外の存在を〈理由は衝突しない〉と証明するために利用することはできない。実際ルールへの例外が存在するのは、まさに理由が衝突するときにほかならない[19]。

何がなされるべきかに関する結論を維持するために必要な「他の事柄が等しければ」という前提は、いかなる種類の阻却考慮をも排除する。そのような考慮は衝突する理由とは限らなくて、たとえば、「べし」の結論を支持する他の前提が述べる理由を解除する事実であるかもしれない[20]。ある行為を支持する理由が解除されると、それはその行為を支持する理由や、その不作為を非難したり後悔したりする理由であることをやめる。だが理由を解除する状況は、それ自体としては（つまり、同一の記述の下では）、他のいかなる行為を支持する理由でもない。理由を解除する事実は、欲求されている結果をその行為がどうしてもはや達成しないのか（雨に大変な強風が伴うので傘はもはや役に立たないとか、薬物を処方されていた患者が死亡したとか）や、あるいはその結果がもはや望ましくない[21]（病気の終末期にある私の友人の状況が悪化したので延命措置はもはや望ましくない）ということを示すのである。解除する事実は、それが解除する理由に関係するが、衝突する諸理由は、その行為の遂行の望ましさを示す、本質的に独立した考慮である。

すでに見たように、理由の衝突が生ずるのは、行為者がある行為を行う理由と行わない理由の両方を持っているときだ（たとえば、それを行わないことが、彼が行うべき理由を持っている他の行為を遂行できるために必要であるとき）。時には、ある理由が優越されるとき、それは全く実現されない。つまり、その理由との合致が生じさせるであろう善が達成されない。しかしそうでないこともよくある。その理由との合致が達成するであろう善が、行為者あるいは他の人々にとって許される何か他の仕方で、完全にあるいは部分的に確保されうる、ということがしばしばあるのだ。たとえばこう想定してみよう。私は二人の患者のいずれにもある薬を与える理由を持っているのだが、その薬を一服分しか持っていない。私は二人のうちの片方には効果があるが他方には効果がない代替的な薬あるいは治療法を発見するかもしれない。この代替策の方は、効果が生ずるのが遅い、あるいは不愉快な副作用を伴うかもしれない。これは次善の策かもしれないが、もし私が彼に最善の薬を与えられないとしたら、少なくとも次善の薬を彼に与えるべきだ。〔そうすれば、優越された理由との合致が達成するであろう善が部分的に実現されるから。〕

二つの衝突する理由の少なくとも片方が、全く実現されないとは限らないとしたら、その衝突は部分的な衝突だ。二つの衝突する理由の片方は、もし優越されると全く実現されないが、他方は優越されても実現できる（つまり、後者との合致が達成するであろう善を実現する、同じくらい効率的な代替的方法が存在する）、としてみよう。そのようなケースでは、前者の理由の方が後者の理由に優越する。そのとき、優越された後者の理由は代替的行為を支持する理由になり、この行為が、その理由との合致が確保するところの善を実現するだろう。衝突解決のこの原理は、代替的行為がとられそうもない場合には限定されざるをえないかもしれない。たとえば、他の誰かしかその行為を行うことができないのだが、その人物はそうするように適切に動機づけられそうもない（たとえば、別の医師しか代替的な措置ができないが、その医師はその措置に対して、正当化できない良心上の異論がある）かもしれない。あるいは、私ならその代替的行為をできるが、私は意志の弱さのためにそうしそうもないかもしれない。さらにその原理は〈代替的行為を支持する理由それ自体はまた別の理由と衝突するかもしれない〉という事実を考慮に入れるように洗練されねばならない。

理由が全く実現されないわけではないが部分的にしか実現されない場合、事態はさらに面倒になる。

そのようなケースでは、当該の理由はその重要性とそれが実現される程度によっては、衝突する理由を覆すかもしれない。ここでこのような複雑な事態を検討する必要はない。私がそれに言及するのは、〈ある理由が別の理由に優越するという判断は、ある理由が別の理由よりも重要であるという、多くの人が正当にも多くの場合神秘的だとみなす判断とほとんど関係しないことがよくある〉という点を明らかにするためだ。少なくとも、〈ある理由は他の理由に優越する〉という判断が、部分的衝突の場合における可能な代替案の査定に依存しているというケースはよくある。[22]

私は本書で〈排除理由はそれが排除する理由と重みにおいて競合しているのではない。むしろ、前者の理由はそのような衝突において常に勝利するのである〉と示唆した。この結果を、〈排除理由と排除される理由との関係は、部分的衝突に影響する一般的考慮によって支配される〉という想定によって説明することは可能だ。〔それは以下のような説明になる。〕排除理由はそれが排除する理由と部分的に衝突する。コリンの例を思い出してみよう。自分自身の利益（つまり、コリンの息子が公立学校に行くことは彼の辞職と著書執筆を可能にするということ）への配慮からは行動しないという彼の約束は、彼のその利益と衝突する。両者が衝突するのは、排除される理由（つまり、彼の辞職を可能にするために息子を公立学校に送るということ）に合致する方法であって、排除理由すなわち彼の約束がそれに反対する理由になる方法があるからだ。しかしながら、コリンは彼の息子を公立学校に送る決心をする（そしてそのことは彼の利益に合致する）けれども、それは彼自身の利益への配慮からではない、ということがありうる。排除理由とそれが排除する理由の両方を満たすことが可能なのだから、両者の衝突は部分的なものにすぎない。その衝突は部分的なものにすぎず、排除される理由（コリンが息子を公立学校に送ることの部分的理由は、それがコリンの利益になるからである）との合致は排除理由（約束）

を全く実現させない一方で、排除される理由を遵守しないことは排除理由に合致するだろうが、行為者が排除される理由に合致して行動するという可能性を残している。だからその結果として、〈人は排除理由に合致する仕方でのみ、排除される理由にも合致することができる〉〔つまり、排除される理由を遵守はしないがそれに合致するように行動するだけなら、排除理由に合致するとして許可されうる〕という程度において、排除理由は排除される理由を阻却する、ということになる。

〔それとは違って〕ある理由に合致するだけでなく特にそれを遵守もする理由（すなわち私が本書で積極的な二階の理由と呼んだもの）があるときはいつも、その理由は、それを通常の仕方で排除しようとするいかなる理由とも衝突する。そしてそれらの相対的な重要性の考慮、そして善――理由との合致が役立つ対象――への相対的な損害の考慮が、どちらの理由の方が優越するかを決定する。

排除理由を以上のような仕方で説明することは困難を免れない。排除理由は排除される理由と部分的に衝突するにすぎないということは明らかだが、そのような衝突はいくつかの点で特別なものだからだ。最小限言えることとして、排除理由は排除される理由による指導の正統性（legitimacy）を失わせるのだから、人が後者に合致する蓋然性を減少させると期待できる。それにもかかわらず、私は前記の考慮が健全であって、その考慮は、排除理由が排除される理由よりも優位に立つことを説明する、あるいは説明するに近いと考える。想像しうるあらゆる排除理由が妥当するわけではない。もし排除理由が合致の蓋然性を低下させるとしたら、そのことは排除理由が妥当することに反対する根拠になりうる（もっともそれは決定的にではない）[23]。しかし以下で述べるようにいつもそうだというわけではない。ある排除理由が排除される理由との合致の蓋然性を高める状況が存在したら、その排除理由は、その理由についてのみ妥当するのである。すでに述べたように〔「ある理由のために行動する理由」の節〕、重要なことは理由との合致である。遵守の方が重要であるのは限られた特別のケースに限られる。通常の場合、遵守が重要であるのは、遵守しようとすることが合致に至る最も信頼できるルートだからにすぎない。だがこれはいつも事実だというわけではないから、遵守しようという試みが合致の蓋然性を低下させるときは、その理由から行動することに反対する排除理由があると言える。

だから（排除理由と排除される理由の）相対的な重みの考慮と無関係に排除理由を優先させる衝突のルールは正当化される。排除理由の意義自体が、排除される理由の考慮を重みと無関係に排除することによって、重みという争点をバイパスすることにあるのだ。もし排除理由が排除される諸理由と競合しなければならないとしたら、それは重みにおいて圧倒する理由しか排除せず、その独自性を失ってしまう。排除理由の機能は諸理由の単線的な比較を避け、通常の構造とは別個の構造を作り出すことだ。これが達成されるのは、排除理由が他の理由を重みと無関係に排除するという目的を達成できるときだけである。(24)

排除理由とルール：概念的議論

これまでの議論の中の何ひとつとして、妥当する排除理由が存在するということを直接示してはいないが、その概念を明確化し、排除理由が妥当しうるということに対するアプリオリな反論を斥けた限りで、それは排除理由が妥当するということを示すために必要なことをすべて行った。残るのは事実の問題だ。誰かがコリンのような約束をしたことがあるだろうか？　もしそうだとしたら、そのような約束は拘束力を持ち、他のあらゆる点で通常の約束に似ていた。従ってその人物は妥当する排除理由を持っていた。しかしながら本書の目的はもっと雄大なものだった。それは〈排除理由はこの人やあの人の状況の偶然的な特徴以上のものである〉と示そうとした。ルールとコミットメントはその性質上排除理由であるという点で、排除理由は実践的推論の中心構造と体系的に関係しているのだ。この争点は複雑で、ここでその十分な検討を行う余裕はない。私は現時点で私が考えている議論のいくつかを列挙しよう。ただし私がここで言えることは十分な検討のための予備でしかない[25]。

ルールとコミットメントは、私が保護される理由（protected reasons）と呼ぶところのものだ。すなわちそれは、人がルールによって要求されている行為あるいは行うことを引き受けた行為を遂行する理由と、（その行為を支持あるいはそれに反対する）何らかの理由によって行動しない排除理由とが体系的に結びついたものである――。この言明は包括的すぎる。「ルール」という言葉はさまざまの仕方で用いられていて、あらゆるルールが今提案した分析に合致するわけではない。この分析は容易に認識できる重要な一つのタイプのルールに適用するように意図されたもので、そのルールを私は「義務的ルール（mandatory rules）」と呼ぶ。私はここでも、またルールに言及するときを通じても、義務的ルールだけを念頭に置いている。権威が発する指令は義務的ルールの一種であって、それを義務的ルール一般の例として用いることが便利だ。権威的指令とその他のルールとコミットメントを論ずる際、正当化される指令およびルールと正当化されないそれらとを区別する必要はない。いずれへの依拠に含まれる推論の基本構造も同一だからだ。指令とコミットメントに依拠する人々はそれらが正当化されると信じているのだから、それらの基本構造は、正当化されるルール、あるいは妥当するルールの構造によって決定される。

権威的指令は理由があって発せられる。その理由が指令を正当化するとみなされる。典型的には、それらの理由は〈指図された行為は、権威に従う人々が遂行すべき十分な理由を持つ行為である〉ということを示す理由、他の対抗する理由を阻却する理由だ。例をあげよう。建築委員会が、住民が公共サービスの費用をどれだけ負担すべきかを考慮し、フラットの大きさや、世帯の人数や、寄与の正しい割合を反映するとみなされる何か他のファクターに比例した金額を支払うべき義務を課するとする。[26]普通の見解は、荒っぽく言えば、次の通りだ。――規定された金額を支払うべきか否かを決定する際、住民はそれぞれがその額を支払う理由――すなわち、住宅委員会が実際に到達した結論に達しなかったとしても適用されるはずの独立の理由――に、〈委員会がそのように決定した〉という事実から生ずる理由を加え、両方の理由を、その額の支払いに反対するすべての理由と照らし合わせて差引勘定をすべきである――。

〈その金額が権威的に要求されている〉という事実から生ずる理由の中には、正統性ある権威の効率性と信頼性が不服従のために損なわれるかもしれないというすべての損害が含まれる。この考慮は、正しい制度を支援すべき義務によってカバーされる。[27]しかしここにはそれ以上の何かがあるに違いない。さもなければ、正しい制度の効率性を掘りくずすことには何の害悪もないことになるからだ。さらなる考慮は次の事実を指し示さなければならない。その事実とは、権威的指令は〈その指令が要求する行為は、人がその機会に自分の行為において実現できる価値――それが何であれ――を最もよく実現する行為である〉という事態を真ならしめる、あるいは一層ありそうなことにする、という事実だ。そのような考慮は権威が持っている一層大きな専門的知見（the greater expertise）を指し示す。その専門的知見のおかげで、権威的指令が要求する行為は、せいぜいのところ非専門家でしかない私にとって最善の代替案と思われるかもしれないいかなる案よりもよいものになりそうなのである。あるいは指し示されるのは別の事実かもしれない。その事実とは、〈権威的決定はそれが指令する行為に顕著さ（salience）を与えるかもしれない。この顕著さのために、それは他の仕方では達成されないような望ましい調整を達成する最善の方策になる〉というものだ。

このアプローチ〔二つ前の段落で言う「普通の見解」〕には二つの問題がある。第一に、それは権威的指令が実践的推論の中に現実に現われる仕方を表現していない。第二に、それは適切な場合に正統な権威を持つことの長所を十分説明できない。いずれの問題も、権威的指令を保護される理由とする、ここで与えた説明によって解決される。この見解によると、正統性を持つ権威はそれぞれの法域内部で指令を発する権利を持っている。法域は、権威が命令できる行為の範囲によって決定される。住宅委員会は公的基金への支払いを要請することができるが、教会儀式への参加を要請することはできない。法域はまた、権威が依拠することのできる理由のタイプによっても決定される。住宅委員会は支払額の決定において公共サービスの利用などに依拠することができるが、ある個人が他の人よりそれに値する（ある隣人はコミュニティ内のボランティアの仕事をたくさんしているのに、他の人たちはそうしないから、前者は彼が利用できる短い自由時間中にサービスを優先して受けるに値する）か否かにも、支払いの必要あるいは能力（チャリティは個々人だけが決定することができ、委員会が要請することができない）にも依拠することができない。人は自分が権威的指令に従うべきか否かを決定する際に、要請されている金額の支払いへの賛否の理由であってその権威の領域内部に存在するすべての理由を排除すべきである。〔その一方で〕人はその指令を、支払いへの賛否の理由であってその権威の領域の外に存在するすべての理由と比較考量し、当該の状況において正しい制度を支持すべき義務から生ずるいかなる理由をもそれらに加えるべきである。

権威的に公布されたルールに関して、「保護される理由」説の方が「普通の見解」よりも推論の論理をよくとらえているということを、いかにして示せるだろうか？　この二つの説は、人がいつルールに従うべきかまた従うべきでないかについて同じ判定に達するようにすることができる、とわれわれは想定しよう。唯一の争点は、それらの判定が推論のどちらのプロセスによって生み出されたかだ。この争いは道徳ではなくて概念にかかわるものだから、その結論は、いずれの説の方が、権威的ルールについて反省するとき必ず含まれることになる推論の構造を一層正確に表現しているかに依存する。ここにおいて普通の見解は失敗する。それは権威に関する根本的な論点、すなわち〈権威は決定をある人物から別の人物に移している〉ということに注意を払わないからだ。

普通の見解が注意を集中させているのは、正統性ある権威がひとたびある争点に判断を下したら、その決定が人の持つ理由にどのように影響するかである。〔それに対して〕保護される理由の説は、権威をまず持つべき理由に等しい注意を払う。それらの理由は〈その人が持っている行為理由を変えることは望ましい〉というものかもしれないが、そうであるとは限らない。常にそれらの理由は、問題を誰か別人によって決定してもらうべき理由であるし、そうでなければならない。これは典型的には、行為者が自分に直面する諸理由を変える理由（たとえば、囚人のディレンマ的状況から脱出する理由）が存在するからであり、あるいは、何をすべきかについて彼が自分で考えようと試みずに誰か別人のもっと賢明な判断に従った方が理由に合致しそうだからである。いずれのケースでも次のように信ずべき理由がある。――行為者は、自分にあてはまる諸理由を（直接）遵守しようとするのではなく、自分の行為を権威の判断に（保護される理由の説が説明する意味で）委ねるならば、それらの理由によりよく合致するだろう。(28)

必然的に、権威の正統性を受け入れる人々の態度は、理由ある信託（reasoned trust）というものだ。われわれは権威による判定を〈われわれは権威が語る通りに行動する十分な理由がある〉という証拠として受け取る理由を持つ。権威の発する指令がわれわれの理由となる。権威を受容することは〈その指令は理由に十分な基礎を置いている〉という信念に基づいているが、指令がそのもたらすはずの利益をもたらすと理解されるのは、われわれが当該の個々のケースの長短について自分自身の独立した判断よりもそれらの指令に依拠するときに限られる。それが〈決定を行う力は権威の下にあるべきである〉と認めることの意味のすべてである。

要するに、権威的ルールを支持する議論は間接的アプローチの利点に基づいている。このアプローチは、ある諸理由（私はこれを「基礎になる諸理由」と呼ぼう）への合致を、それらへの遵守を通じてではなく、代替的な理由集合——すなわち、それらへの遵守が基礎になる諸理由との合致を最大化するように仕立てられたルール——への遵守を通じて最大化しようとするものである。これはルールに関する議論、特にさまざまの形態のルール功利主義に関する議論の中で長い間認められている。

だがいつも難問があった。人は次のディレンマをいかにして避けられるだろうか？　もしあるルールがある理由によって正当化されるとしたら、そのルールが要請する行為は、基礎になる諸理由が要請する行為と必ず同じであるか[29]——そのケースでは、人はルールでなくその理由に依拠しても同じようによさそうだ——、さもなければ、ルールが要請する行為は、基礎になる諸理由が正当化する行為から逸脱し、そのケースではルールが正当化されない。従ってルールは不要であるか正当化されないことになる。このディレンマから人が逃れるのは、人が基礎となる諸理由を遵守しようとしないときにそれらの諸理由とよりよく合致するようなケースである。そのようなケースでは、基礎になる諸理由との合致はルールの遵守によって確保される。あるいはむしろ、そうすることによって他の場合よりも合致がよりよく達成される。このことは、基礎となる諸理由が要請しない行為をルールが要請するときでさえ、ルール遵守を正当化できる。そのような遵守は、基礎となる諸理由との合致を最大化する最善の戦略かもしれないからだ。それ自身とは別の理由を遵守すべきでない理由は排除理由である。ルールというものは、人がそれを行為理由として受け取り、基礎となる諸理由を遵守しようとしないときにのみルールとして機能するのだから、あらゆるルールは排除理由である。

同じような議論が他のルールにもあてはまる。本書において私はそのようなルールを一般化された事前の決定と同一化した。その理由は単純だ。権威が定めるルールは、何をなすべきかについて誰か他の人が行う決定と似ている。人々が持っている他のルールは、何をなすべきかについて行為者本人が行うが、それが行為の状況に先立ってなされる決定に似ている。[30] 決定の権能を別人に委ねる利点は、合致を確保するための間接的戦略に従うこと（つまり、遵守によらずに合致を確保すること）にあるが、それと同様に、行為に先立って決定することの利点は――そもそもそれがあるとしたら――同様の間接的戦略をとることにある。すなわち、理由それ自体への遵守ではなくルールへの遵守の試みによって、ルールを正当化するところの諸理由との合致を確保することにある。スペースの制限のためにここでその議論の詳細を説明することはできないが、それは権威を生み出すルールのケースからたやすく外挿される。

ルールとコミットメント：正当化の議論

前節は〈ルールを用いる推論は、保護される理由を用いる推論である〉ということを示したが、ルールを用いる推論が正当化されるということは示さなかったし、何らかの権威がそもそも正統性を持つということも立証しなかった。またそのような結論を支持して論ずることも本書の役目ではない。しかし〈ルールは妥当しうる〉、〈保護される理由が妥当するような状況は存在しうる〉ということを示すのは本書の役割だ。このためには〈権威を持つことに利点があるところでは（ここでも私は権威的ルールのケースを最初に取り上げるから）、それが何であるかを示すためには、〔前節で擁護した〕保護される理由の説明が必要である〉という証明が要求される。そのような利点はいつでも、理由と合致するための間接的戦略の結果である、と私は論じたい。その戦略とは、理由を遵守しようとするのではなしに、自分の行うべきことに関する誰か他の人の判断に従うことによって理由との合致を最大化する、というものだ。私はこれを支持する議論を他のところで詳しく述べたので、ここではその中核となる発想を述べる以上にこの議論を繰り返すことはしない。[31] 権威を支持する二つの基本的な議論は、〔①〕さまざまの争点に関する専門的知見に関心を集中することによって一般的無知を克服するという能力と、〔②〕調整を確保する際の一般的困難の解決を助けることができるという能力に依拠している。両者の困難を克服するためには、理由に合致するための間接的アプローチをとらなければならない。つまり、遵守しようとせずに合致を確保しなければならないのだ。〔第一の議論として〕無知のゆえに（あるいは決定に関する不安等のゆえに）合致が生じないというケースにおける治癒策は、理由の差引勘定に関する自分自身の判断に頼ろうとする代わりに、専門家の判断に委ねることである。[32]〔第二の議論として〕同じような間接的戦略が調整の確保においても有用だ。調整を達成する際のよくある困難は、各人が他の人々の協力行動が起きそうだという保証を持たねばならないということである。これはしばしば、〈あるタイプのケースにおいては調整が必要とされる〉という結論に依存している。[33]ケースによっては、人は人々が権威を受け入れているという事実に依拠することができる。つまり、権威が〈ある調整問題が存在していて、それを解決するためにはある行動をとるべきである〉と人々に語るとき、人々はその行動をとるのである。そのようなケースにおいて保証問題は解決される。それゆえ、調整が必要とされる場合には誰もがそれを確保する理由を持つのだから、人が〈権威はそのような問題とその解決を同定する〉と信頼できる場合には、誰もが〈権威の指令がカバーする事柄の中に調整問題が存在するか否か〉を自分自身で判断するよりも、権威の指令に従う理由を持っている。

同様の議論が、いかなる権威からも生じないルールやコミットメントに効力を与えるためにも適用される。第一の議論は理由を遵守しようとする際の無知やその他の個人的非効率性に依拠するものだったが、これは個人的ルールにも明らかにあてはまる。前もって個人的ルールを採用するという決定を支持する理由は、その場で決定する重荷を軽減し、手にはいる最善の情報を収集して適切に査定することができるときに有利な条件下で決定することによって、その質を向上させるためだ。〔第二の議論である〕調整の改善が、早期の決定と個人的ルールを支持する別の理由である。つまりルールは、他の人々が誰にとっても有利だと望まれるものに依存することを可能にするのだ。

慣習的（conventional）ルールと社会的実践も同じような条件を満たしうるし、コミットメントを引き受ける慣習的な諸方法もそうだ。役割を定義する実践はおなじみの一例である。役割が互恵的分業に基づいているとき、そのような実践は最もよく機能する。親は子どもの利益を、教師は学生の利益を、医者は患者の利益を、それぞれ配慮する、等々。それぞれのケースにおいて、役割を定義する実践が正当化されるとき、それはある理由を排除して遵守しない理由になる。そのことがルールの偏頗性（partiality）――〈他のあらゆる世話よりも自分自身に委ねられた世話を優先させよ〉というその要請――を説明する。あらゆるルールの互恵的偏頗性は期待されている利益をもたらす。間接的アプローチに従って、理由（たとえば、一般的な善を促進する理由）を遵守せず、その代わり代替的理由（つまり、限度内において、自分の世話している人々だけの利益を促進する行動のルール）に依拠することによって前者の理由との合致を向上させることが、有益な結果を確保するのだ。他の人々も同じような役割に従い、役割のシステムが誰の保護も怠らないようによく調整されているとき、役割を構成する諸理由との合致は、一般的な善を促進するという一般的理由との合致に最もよく寄与しうる。

コミットメントは、引き受けられる行動を支持する一般的な偏頗性を作り出すことによって、その行為が実際に引き受けられる蓋然性を高め、かくして、さもなければ達成されない確実な信頼を生み出す。ある状況では、そして、これまた合理的な事前の蓋然性あるいは互恵性を含む状況の下では、コミットメントがない場合よりもある場合の方が、理由とのよりよい合致に至る。

ここで簡潔に、そしていささか粗雑に述べた考慮はすべて、多くの著作のおなじみの題材だ。本書が提出した唯一の新しいテーゼは、〈それらはすべて、排除理由が妥当するということを認めている〉というものである。このことはルールというものの性質について述べた上記の論点に依存している。そしてルールのいかなる説明も、〈それは不必要であるか正当化されない〉と示そうとする一見したところのディレンマを解かねばならない。その解決策は、遵守を斥け、排除理由を通じて合致を達成するという間接的戦略にある。

しかし間接的戦略は本当に排除理由を含むだろうか？　私は二つの反論を手短かに取り上げよう。第一に、〈人が依存するファクターであるルールは——権威によって公布されるものであれ、社会構造の中に埋め込まれたものであれ、行為者によって個人的方針として採用されたものであれ——ある行為が理由によって最もよく支持されていると信ずべき理由であって、ルール自体はその行為を支持する理由ではない〉と言えないだろうか？　第二に、もしここに行為理由が含まれているとしても、その行為理由は、ある理由によっては行動しない理由というよりも、〈ある理由が存在する〉という**自分の信念**によっては行動しない理由でないだろうか？　いずれの争点も、前節で行ったルールの概念分析にわれわれを引き戻す。だが分析の問題と正当化の問題は密接に関係しているので、ここでいずれの側面からも取り扱うのがよい。第一の反論は、ルールに関する一見したところのディレンマに引き戻す。すでに〔直前の段落で〕見たように、このディレンマは解決される。なぜならルールに従うことを間接的戦略が正当化するからだ[34]——基礎となる諸理由によって正当化されない行為をルールが要求し、人がそのことを知っているケースにおいてさえも。そのような行為の正当化は、〈人は間接的戦略を採用すべきであって、基礎になる諸理由を遵守しようという試みに依拠すべきではない〉という趣旨の健全な議論に基づいている。このようにして、〈ルールはある行為を要求する〉という事実は、一般的には〈その行為は基礎となる諸理由によって正当化される〉と信ずる理由になるのだが、ルールの力はそれに尽きるわけではない。それは人が〈その行為は基礎となる諸理由によって正当化されない〉と知っているときでさえ、ルールに合致する行動の理由になる。[35]　このことは〈ルールは行為理由であって、信念（だけ）の理由ではない〉ということを示す。

第二の反論に対してはもっと複雑な回答が必要だ。本書八四—五頁で私はこの反論に対する議論を与えた。それは以下の主張に基づいている。（1）あらゆる二階の理由は、自分の判断によって行動しあるいは行動しない理由でもある。（つまり、それはそれらの理由を遵守しようとする理由でもある。）（2）pという自分の判断によって行動する理由とpによって行動する理由との間に、実践的相違は存在しない。（つまり、両方とも同一の行為を要求する。）（3）あるケースで「主観的」な分析をとりながら他のケースでそうしない特別な理由は存在しない。——これらの命題のうち、（1）は今でも私には真であると思われる。なぜなら（前に説明したように）あらゆる理由はそれに合致するための十分な手段をとる理由であって、それを遵守しようとすることはそのような一手段だからだ。前提（2）に対しては次のような反論がありうる。行為以前の行為者の観点、事前のパースペクティヴからはそれが真実だが、事後の観点からの行為評価は相違を示す、と言われるかもしれない。もし人が自分の判断を裏づけることをせず、たまたま理由に合致するとしたら、人は自分の判断を信頼すべきでない理由によって行動する際、なすべき理由を持つすべてのことを行ったことになるのだが、理由によって行動すべきでない理由をもし持っていたら、不正に行動することになる、というのである。だが今になるとわれわれはこの反論の中の誤りを見抜くことができる。[36]もし人が自分の判断を信頼せず、排除された理由によって行動しないとしたら、その人は排除理由に合致している。もし人がそれでも偶然か計算の間違いによって、排除された理由にもたまたま合致するとしたら、それは幸運な間違いだった。それゆえ私の元来の命題（2）もやはり真であると私には思われる。

問題は命題（3）から始まる。これはたとえ真であっても的外れだ。その命題は〈主観的分析を支持するのと同じくらい、排除理由分析を支持する理由がある〉ということを証明するだけで、どちらかの方がすぐれているということを示さない。さらに〈あるルールの正当化は、その人の主観的な無能力あるいは劣った能力による〉という事実を考えてみよう。これはそれらのケースを他のケースから区別して、片方に主観的な分析を、他方に客観的な分析を与えるために十分な理由ではないか？私の考えでは、私の議論には欠陥があったが、それは三つのさらなる命題によって補足し修理することができる。それらの命題はこうだ。（4）最終的な理由は事実である。われわれの信念が重要であるのは、それが事実を目ざしている限りにおいてであり、そのゆえである。このことは〈通常のケースについては客観的解釈が正しい〉ということを示唆すると私には思われる。（5）主観的解釈を容れられないようなケースが存在する。一番よい例は、囚人のディレンマ・タイプの状況におけるように、保護される理由が〈行為者は自分が持っている理由を変えるべきである〉という理由によって正当化される、すべてのケースだ。ここで間違っているのは、明らかに、自分の判断ではなく彼が直面している状況であって、彼は単に自分の判断への依存を避けるべきなのではなく、むしろ状況を改善すべきである。そして自分の状況の改善は、ある理由への遵守の回避によって達成される。（6）統一的解釈の方を選ぶべき強い理由が存在する。もしそうだとしたら、選ぶべきは客観的解釈だ。これだけのことは命題（4）から出てくる。統一的解釈の方を選ぶべき理由（むろん、時には排除理由の根拠が主観的な無能力や劣った判断等に存するということを否定することなく）は、別々のケースはそれぞれに近づいて一緒になるということである。このことは調整のケースで一番明白だ。そこでは調整を必要とするケースを同定しその達成のための最善の行動様式を決定するために専門的知見が必要とされる。調整問題においては他の人たちと同じことをするのがあらゆる代替策よりもよいのだが、それでも調整を確保できる行動様式がいくつもあるかもしれない以上、ある行動様式は別の行動様式よりもよい可能性があるからだ。

排除理由の役割を説明するためにこれまで依拠してきた考慮はすべて純粋に道具的なものだった。本書のテーマの一つは〈ルールは実践的推論の中間レベルと低いレベルに属していて、全体としてその基礎には存在しない〉というものだった。だが内在的価値が排除理由になることはないのだろうか？　これまでの議論は〈理由への遵守を避けることが道具的によいことがありうる〉という発想に含まれる逆説の気味を失わせる。しかし（妥当する）理由によって指導されるのを避けることが内在的によいということはありうるだろうか？　ここでは〈不遵守が合致（の蓋然性）を向上させるかもしれない〉という回答はできない。この回答は道具的な考慮だからだ。「内在的に価値ある自己否定的法令はありうるか？」という問いに似たこの問題は複雑で、それを探究するためには価値論の領域にここで可能なよりも深く立ち入らなければならない。そのためにはある種の価値多元論の弁証が必要だ。その説によると、価値は理想的条件の下でさえ完全には実現できない。これが意味するのは、〈あらゆる人々は別々の善の間で選択しなければならない。ある善を斥け、ある行為理由を放棄することが、理想的な人々にとってさえよき生の避けられない部分である〉ということだ。そうだとすると、排除理由が内在的に価値を持ちうるのはいかにしてかを、われわれは原理上理解できる。この仕事は完成を待っている。(37)

排除理由・補説——半世紀を経ての訳書刊行に寄せて

服部久美恵（東京大学大学院法学政治学研究科特任研究員）

ジョセフ・ラズの数ある著作のなかで、本書の規範分析は卓抜かつ包括的という点で群を抜くが、とりわけ本書を名高くしているのは、法哲学・哲学の重要学術財とみなされるべきオリジナルのアイディア——排除理由である。本書は、実践理性における規範の役割について体系的説明を与える難解な理論的書物であり、原文も晦渋きわまるが、森村進氏の平易な訳文によって日本語圏の読者は英語圏の読者よりも文の利があるだろう。刊行後、ちょうど半世紀を経て日本語で読めるようになったことで、哲学者に限らず、法律家や実務家、一般読者にとって、規範やルールと切り離せない様々な行為の理解を明晰にするための概念の宝物庫が開かれたと言える。ただし、ラズは本書の初版刊行（一九七五年）後に批判を受けて、義務的ルール理解の改訂をはじめ理論の拡充修正を行っている。改訂の一部は本訳書に収められた後記（一九九〇年）で提示されているが、本文には反映されておらず、また、ラズは晩年まで——論争相手は今日に至るまで活発に——議論を継続しているため、ラズの諸理論を貫くこの中心概念をめぐって、変化した部分と変化しない部分が捉えがたくなっている。本補説で五十年分の変遷を網羅することはできないが、読者が排除理由の理論的波紋を知る一助となるよう、本書内容を前提に、主だった背景や論争を概観する。

1　排除理由とは

ラズは、本書で提出した唯一新しいテーゼは排除理由の妥当性を示したことだとみずから評価している（二八七頁）。これはやや謙遜だろうが、実際に本書の多くの発想は前著『法体系の概念』（一九七〇年）に登場する一方、排除理由は本書初出の概念である。排除理由とは「ある理由から行動することを差し控える二階の理由」（四六頁）という消極的な理由であり、以後この定義は明確化されども、最後まで維持されている。理解の鍵は、理由が内容ではなく形式によって一階と二階とに階層化される点にある。排除理由は、一定の範囲において、衝突する一階理由すべてをその重さや強さを問わずに排除する高次の二階理由の一種である。排除の効果としては、一階理由が「何をすべきか」の行為判断に影響しなくなるというだけで、それらが無効になったり取り消されたりするわけではない。この観念を説明するために挙げられる行為理由の三つのケース、すなわち、アン（状況による排除理由）、ジェレミー（権威による排除理由）、コリン（利他的約束による排除理由）のそれぞれの推論は（四一—四五頁）、以後、排除理由の事例を扱う際のプロトタイプとなっている。理由排除の仕方については、法学になじみある読者には違法収集証拠排除法則との類比がわかりやすいかもしれない。このルールは、違法に入手された証拠は刑事裁判においてその内容を一切考慮に入れず、証拠能力を持たないとする。証拠が真実であるか有益であるかを問わず、そもそも証拠として度外視されるのである。同様に、排除理由が排除する諸理由も、どれほど重みがあろうと判断に影響しないように無視される（さらに、収集手続が憲法に反する場合以外は利益衡量によって排除が決定されるとする相対的排除説とは、排除理由が排除しない場合には一階の理由衡量で判断が下されるという点でも、類比可能である）。排除理由に対する批判は絶えないが、排除という思考形式自体は私たちの推論の一局面をたしかに表すものであろう。

2　出所と背景

ラズの関心は、約束、義務、決定、命令、権威など様々な身近な規範的概念を理解する上で排除理由が極めて重要であることを示すことにあったが、この考え方自体、社会構造の規範的体系の説明は異なる理由間の内容だけでなく、形式的な違いに依存するという発想を起点とする（cf. Raz 1989; 2021）。排除理由は、様々なルールがあるなかで特に義務的ルールに適用するよう意図され（二七九頁）、ジェレミーが受ける上官命令の例にみられるような権威説明は一九八六年著作中の理論展開につながる。このように、その出所と発展からして、排除理由はすぐれて政治的権威としての法を説明する概念である。同時に、法を対象とした哲学はあくまでも人間生活の諸側面を扱う実践哲学の一分枝である。ラズは、実践哲学は統一された哲学だという信念のもと、ルールの研究を孤立した研究としてではなく、より野心的な総合的企てとして提示している（二一―三頁）。投資を検討するアン、息子の学校を選ぶ父親などの事例にみるように、本書では、日常的な人間生活でおこなわれる推論一般に対する、実践哲学の形式面である概念的分析が取り組まれている。

このようなラズの理由への関心は、一方では、実践理性再評価の時代に根差すものである。一九七〇年代は理由の発見された時代であり、ラズはその先駆者のひとりだったと位置づけられ（Broome

2010, 28)、ラズ自身もまた、編著 *Practical Reasoning*（一九七八年）において同時代を実践理性の統一性がほとんど見失われた時期と評価し、理性の能力の復権という問題意識を明らかにしていた。他方で、オックスフォードでH・L・A・ハートを指導教官として学んだラズは、分析法理学のディシプリンの内部にもあった。本書でラズは、J・オースティン流の命令説を手早く退け、ハートのルールの慣行理論（実践説）を批判して、それが、実践されていないルールの説明、社会で実践されているルールと受容されている理由との区別、ルールの規範性の説明、それぞれに失敗しているとし、排除理由を代替理論の中軸概念として提示する（六八—七六頁）。このように実践的推論に及ぼす特異な影響という視座からルールを探究する本書は、実践哲学復興の時流と分析法理学主流派とがあわさる知的潮目において生まれたと言える。

3 義務的ルール説明の修正

排除理由概念は刊行直後から多くの論者の関心を集め、とりわけ一九八八年の *Southern California Law Review* 誌上のラズの著作特集において集中的に異論と応答が交わされたほか（ここで取り上げるもの以外は該当号を参照）、今日に至るまで甲論乙駁が続いている。排除理由を導入することへの批判は、理由間の衝突は例外的な事態であってすべての理由は一階理由である（ムーア）、ある理由による行為を控える理由という考えは、理由のための理由という考えを含意しており筋が通らない（ホワイティング）といった排除理由の観念そのものを否定するものから、ラズの排除理由は主観的である（ペリー）、排除理由としての権威は答責性をもたない（ダーウォル）など、その性質への批判など多岐にわたる。これらに対してラズは、主に一九七八著作（二〇〇九年二版）、一九八六年著作、一九八九論文で修正し、一九九〇年後記でそれら修正を組み込みつつ、それ以後の批判に対しては、二〇一〇年論文、二〇二一年論文で自説を擁護している。

このうち、ペリーとムーアの批判を背景にしてラズが施した重要な修正は、「規範はそれを正当化する理由から独立している」という主張に対するものである（一〇八頁参照）。これは義務的ルールに特に当てはまる改訂である。判決の例で考えれば、裁判官は裁量を行使する際に適用される法規の根拠となる理由を考慮していると捉えるのが、実務の説明としてもっともらしい（Raz 1989, 1206）。この改訂にともない、ラズはP・フットの指摘も容れて、ルール概念の説明にも修正を加えた。すなわち、本書初版では、ルールは排除理由であるとされたが（本書2-2）、本書後記ではルール（特に義務的ルール）やコミットメントは「保護された理由」としても提示されている（二七九頁）。保護された理由は、ルールが要求する行為を遂行する一階理由と、排除理由の体系的な組み合わせだが、前者を後者が保護するためにこのように呼ばれる（二七九頁；Raz 2009, ch. 1）。この一階理由は、約束やルールという、保護される理由の排除的側面によって排除される諸理由を反映し、あるいは加えられたりしている（本書後記・注36）。たとえば名誉棄損により損賠償責任を負わせる裁判所判決は、判決前に当事者にあてはまった考慮事項を「反映」する。あるいは、キャピタルゲインに課税する法律は、キャピタルゲインから利益を得る人々は公共的財源確保に貢献すべきであるという理由を反映しつつ、納付時期や宛先の指定など新たに生み出された理由を一階理由に「追加」している。こうした訂正と、さらにラズが一九八六年頃から権威説明にとって排除理由が最善の説明ではない可能性を認めていることを踏まえれば（cf. Raz 2021）、法哲学の関心事である「権威としての法」理解としては、「排除理由としての法」より「保護された理由としての法」と言い表した方が適切である。

4　排除理由の解釈

ラズが正面から受け入れなかった論争点の一つは、排除理由を、ある理由により行為しないよう動機づける理由の意味で捉えるか、ある理由により行為しないことを正当化する理由の意味で捉えるかの対立である。ムーアは、当為は可能を含意すること、そして人は行為の動機を選ぶことができないことを前提に、ラズに帰した動機づけ解釈を批判し、排除的理由の例のいくつかは正当化解釈によって最もよく説明できると主張する（そして正当化解釈にも異議を唱える。Moore 1988, 856-9; 873-883）。ラズ自身は動機づけ解釈という整理自体に留保をつけつつ――動機の言説は感情と結びつきやすいが、行為の理由は感情と必ずしも関連しないため（1989, 1173-4）――排除理由がいかに行為の正しさに影響するかは明らかではないとして正当化解釈を斥けている（Raz 1989, 1158）。

さらに近年アダムズは、動機づけ理由と、行為の規範的評価にかかわる規範理由との区別を前提に、動機づけ理由に訴えることは約束の本質を誤解していると批判する。たとえば友人を空港に迎えに行くという約束をしたとき、実際に空港に行くのは私に迎えに行く義務があるからであって、他の理由を排除して迎えに行く動機をもつべきだからではない。かりに動機づけが関わっているように見えるケースであっても――たとえばコリンが息子の学校を選ぶときの理由は息子の利益に動機づけられていても――意志の弱さによる事態などを考えればわかるように、その動機の基底には規範理由がある

(Adams 2018, 238–9)。このような動機づけ解釈への継続的批判は、約束や義務的ルール、命令といった排除理由の例が傾向性や嗜好を問わずに一定の行為を定める義務論的規範に一見なじむものであって、行為者の主観的動機によるかのような説明は違和感を与える面があるからだろう。これに対して、ラズは、理由は選択されるが制御の対象ではない一方、行為の動機は選択できないが制御できるという、ムーアの批判への部分的反論にもなる前提理解の相違を示しつつ応答する(Raz 2021)。さらに、動機づけ理由という概念自体、混乱を招くものとして避け、後に「規範／説明の結びつき」と呼ぶ方法を明示する。すなわち、約束といった規範的理由は、行為者によって認識されることでその行為をするよう動機づけた事実として、行為を説明する(cf. Raz 2011, 27–28)。この理由を用いたアプローチは、本書中の説明的理由の規範的理由の依存(一三頁)に通じるものであり、ラズは、当初より批判者の踏まえる動機と規範の二分法に依拠していない。とはいえ、動機については着眼点が移りつつも今日まで議論の的であり、また、ラズが排除理由の説明が最善ではないと後退したことに動機づけの理解がかかわってくるとしたら(Moore, forthcoming)、今後も排除理由研究の一焦点となるだろう。

5　排除理由としての判例

裁判官の判断における排除理由の作用に関する論争もある。裁判官が将来を見据えた社会政策的な判決を下すことは、当事者にとって遡及的立法に等しいとみるペリーの批判は、裁判官が立法者のごとく排除理由を紛争当事者に与えるという実践理解の是非を問うものである(Perry 1988, 972)。これに対しラズは、保護された理由の作用と意義を踏まえて、裁判所がたとえば社会的に最適なレベルの事故発生につながる損害賠償請求の方程式（いわゆるハンド公式）を採用した時、事故前にこれを指針とするのが現実的でない場合でも、人々は損害発生後にこの公式を受け入れるべきだと主張する。なぜなら社会にとって正当な基準を裁判所が適用することが慣例であり、その事実が当事者と裁判所双方の知るものであれば、当事者間のみならず社会全体にとっての道徳的最善と一致するからである（1989, 1211）。

他方でラズはペリーの批判を受けて、本書で示した「裁判所が一定の理由によってルールを変更できる」という見方（一九八頁）を調整し、「重要な改善につながる場合を除き裁判所はみずから覆すべきでない」と、判決の排除的性質と先例拘束性の原理とを両立させる説明を行っている（1989, 1211）。判例法主義をとらない日本において下級審や最高裁小法廷による判例変更については議論があるところだが、裁判官が、事実上のものといえど先例に拘束力を認めてみずからの判例変更の権限を認めない場合は、先例を保護される理由とみなしていることになる。ここで、排除理由としての（コモン・ロー上の）先例が、適切に考慮に入れるべき一階理由を排除してしまい、裁判官が覆すべきであると考えられるいくつかの事例がラズの説明では覆されないことになるという、排除範囲に関わる批判が刺さるだろう（Moore 1988, 865-866）。実際、ラズは判例破棄に対するみずからの厳格な見解を修正し、先例が拘束するのは裁判所がいつでも自由に覆すことができない場合に限られると論じ直した（2009, 190n15）。

法的指令の文脈において、ラズの理由のモデルは不服従が正当化できる可能性があることを説明しないという批判もある。グールは、遵守・不遵守を個別評価する理由較量モデルは指令の規範的拘束力を説明しないとして、従わない理由となる様々な一階理由を排除するラズの理由のモデルをより高く評価する（Gur 2018）。しかし、その一方でラズのモデルでは、不正な状況での正当な不服従の説明に成功しない。この批判に対してラズの立場からは、指令を出す権威が正当な権限を欠いていた、あるいは不服従を支持する理由が指令によって排除される理由の範囲に入らないと応答できるが、どちらの反論も一貫した基準を与えない。そこで、グールは、公正な法制度が存在することを前提に、その権威に服する者が遵法的態度をとる理由となる傾向性（dispositional）のモデルを提唱する。個別状況評価と権威的指令の拘束性の中間をとる、この第三のモデルが成功しているかどうかは別途の議論が必要だが、もし法の支配の理想に合致する公正な法制度を前提とするならば排除理由の排除は名宛人にとって望ましいものとなるはずだから、グールは傾向性モデルの方が道徳的に優れている理由を提示すべきだろう。とはいえ、グールの著作は、正当な不服従という論題において、排除理由の限界に光を当てる機会にもなっている。

排除の問い直しという場面においては、排除範囲と排除主体の権限の適切さに関する評価が否応なく付随する。ホイアーは、排除の範囲は、排除によって形づくられる特定の種類の義務を持つことの価値に依存すると、主に約束による義務を対象にした議論を展開する（Heuer）。本書自体は、ラズが明示的に述べるように第一次的に概念分析に取り組むもので、評価的議論は射程にない（三頁）。しかし、今後ラズの理論の継承者達が、ラズが他の著作で提唱した価値理論――それは理由を価値で説明する――と接続させることで、保護される理由の理論はさらなる発展の可能性を秘めている。

7　様々な応用可能性

排除理由のアイディアは、逐一判断に要する労力・時間の削減、定まらなさへの不安解消、（広い意味での）社会調整の必要など、様々な場面にみられる一定の実践的思考の分析を容易にする。典型例の一つである約束の分析のほかに、ラズの想定の通り、制度的体系上の規範の影響分析について、とりわけ適合的であろう。たとえば裁判所においては、三権分立原理を排除理由とみなせば、裁判所が行動することができる考慮事項の排除を定めるあり方を説明できる。あるいは、社会的役割に基づく義務の多くも排除理由と捉えることができる。たとえば弁護士は職務上の守秘義務を負っているために、私人としてであれば通報して公にすべき被疑者の罪を秘匿する義務を負うが、これは弁護士としての役割義務が通常の一階理由を排除しているとみることができる。このような義務理解は、たとえ義務――保護される理由――が、私たちが導かれるべきではない理由を教えてくれるとしても、もともとあった理由を打ち消すわけではないという私たちの通常の判断を反映する。これは、異なる価値の重みを反映する一階理由それ自体に干渉することなく、私たちの自由を制約するあり方を理性に適合的なあり方で巧みにかたどる理論的工夫とみることもできるかもしれない。排除理由の説明力の潜在性を踏まえれば、半世紀の間に提出された批判を乗り越え、それを洗練化させていく価値は大いにある。

引用文献

Adams, N. P. (2021). In Defense of Exclusionary Reasons. *Philosophical Studies*, 178, 235–253.

Broome, J. (2011). Reasons, in R. J. Wallace, P. Pettit, S. Scheffler, and M. Smith (eds.), *Reason and Value*, Oxford University Press, 28–55.

Darwall, S. (2010). Authority and Reasons: Exclusionary and Second - Personal, *Ethics*, 120(2), 257–278.

Gur, N. (2018). *Legal Directives and Practical Reasons*, Oxford University Press.

Heuer, U. (forthcoming). The Point of Exclusionary Reason, in A. Marmor, K. Brownlee, D. Enoch (eds.), *Engaging Raz*, Oxford University Press.

Moore, M. S. (1989). Authority, Law, and Razian Reasons, *Southern California Law Review*, 62(3/4), 829–896.

Moore, M. S. (forthcoming). Requiem for a Concept: Exclusionary Reasons, in A. Marmor, K. Brownlee, D. Enoch (eds.), *Engaging Raz*, Oxford University Press.

Perry, S. R. (1988). Second-Order Reasons, Uncertainty and Legal Theory, *Southern California Law Review*, 62 (3/4), 913–994.

Raz, J. (ed.) (1978). *Practical Reasoning*, Oxford University Press.

Raz, J. (1986). *The Morality of Freedom*, Oxford University Press.

—— (1989). Facing up: A Reply, *Southern California Law Review*, 62(3/4), 1153–1235.

—— (2009). *Authority of Law*, second edition, Oxford University Press.

—— (2010). On Respect, Authority, and Neutrality, *Ethics*, 120(2), 279–301.

—— (2011). *From Normativity to Responsibility*, Oxford University Press.

—— (2021). Exclusionary Reasons (Data written: September 29, 2021). Available at SSRN: http://dx.doi.

org/10.2139/ssrn.3933033
Whiting, D. (2017). Against Second-Order Reasons. *Noûs*, 51(2), 398–420

訳者あとがき

本書は Joseph Raz, *Practical Reason and Norms*, second edition（Princeton University Press, 1990）の全訳である。本書は一九七五年に初版が同じプリンストン大学出版会から発行され、この第二版で「後記」が加えられた。また一九九九年にはこの第二版と同じ題名の本が Oxford University Press から刊行されたが、本書と内容に変化はない。

題名の中の "Practical Reason" は複数形でないから「実践理性」と訳すこともできるだろうが、本書では理性よりも理由の方が論じられることがずっと多いし、カントの『実践理性批判』への無用な連想を避けるためにも、訳題は『実践的理由と規範』とした。

著者のジョセフ・ラズ（一九三九―二〇二二）は現代の法哲学（法理学）・政治哲学の学界に巨大な貢献を果たしたイスラエル出身の哲学者であり、オックスフォード大学法哲学教授、コロンビア大学ロースクール教授、キングズ・カレッジ（ロンドン）教授を歴任した。

本書以外の単書には次のものがある。

The Concept of Legal System, Second edition（1980）（邦訳『法体系の概念――法体系論序説　第二

版』松尾弘訳、慶應義塾大学出版会、二〇一一年）
The Morality of Freedom（1986）
Ethics in the Public Domain, Revised edition（1995）
Engaging Reason（1999）
Value, Respect, and Attachment（2001）（邦訳『価値があるとはどのようなことか』森村進・奥野久美恵訳、ちくま学芸文庫、二〇二二年）
The Practice of Value（2003）
The Authority of Law, Second edition（2009）
Between Authority and Interpretation（2009）
From Normativity to Responsibility（2011）
The Roots of Normativity（2022）

なお日本で独自に編まれた論文集『権威としての法――法理学論集』（深田三徳編、勁草書房、一九九四年）と『自由と権利――政治哲学論集』（森際康友編、勁草書房、一九九六年）は前期のラズの代表的な論文を八篇ずつ計十六篇収録しているが、その多くは改訂の上で*The Morality of Freedom*と*Ethics in the Public Domain*の中に含まれたものである。

ラズの前期（大体二十世紀中）の著作は、『法体系の概念』と本書を中心として法哲学の分野に属するものが多いが、その後の著作は政治哲学や価値論に属するものが多くなった。

法哲学の著作の中でも、博士論文に基づく最初の著作である『法体系の概念』は、ハンス・ケルゼンの「純粋法学」とラズのオックスフォードにおける指導教官だったH・L・A・ハートの法理論の影響が強く、彼らの議論への批判的検討を行っていても彼らの問題圏の内部にとどまった。それに対して本書は、「排除理由」という概念に基づく権威の分析をはじめとしてラズ独自の発想や問題提起に満ちている。特に権威の概念についての「先取りテーゼ」、権威それ自体の正当化について権威の発する命令に従う人の利益に訴えかける「サーヴィス的理解」と「通常の正当化テーゼ」、法についての「超然たる言明」といったラズの法理論の核心的な観念は、その名前こそまだ使われていないが、実質的には本書の中にすでに登場している（「先取りテーゼ」「サーヴィス的理解」「通常の正当化テーゼ」の内容は本書第1章第2節・第2章第2-3節と「後記」の中で、また「超然たる言明」については第5章第4節の中で）。法哲学に属する後の *The Authority of Law* がモノグラフではなく論文集であることを考えると、本書は法理論におけるラズの代表作と言えよう。

本書にやや立ち入って触れている重要な日本語文献としては、前記の『権威としての法』の編者解説のほか、次のものがある。

石井幸三（一九八五）「ラズ『実践理由と規範』について（一）（二・完）」『龍谷法学』十八巻一・二号（全体の紹介）

大上尚史（二〇二〇）「ラズにおける排除理由の概念：C・エッサーの批判を手がかりに」『法律論叢』九十三巻一号

三浦基生（二〇二四）『法と強制　「天使の社会」か、自然的正当化か』勁草書房（本書第5章第2節の批判的検討を含む）

これらの論者に限らず、日本の法哲学者の間で本書は広く知られていたが、その重要性にもかかわらず今日まで翻訳されてこなかった。それには次の原因が考えられる。

第一の原因は面倒な文章である。ラズは決して好き好んで難しい文を書こうとしたわけではないだろうが、議論の厳密さを重視するあまり、二重三重に節や関係詞が重なり合う長大な文章を書いたり、独自の用語法を用いたりすることが多い。そのため読解には多大の注意が必要になる。この翻訳では長い文節を〈 〉に入れたり、〔その一方〕といった語句を補ったりすることで読者の理解を少しでも容易にしようとした。〔 〕内の語句は訳者による挿入である。

もう一つの原因は第一章第一節「理由の構造について」である。この部分は論理記号を多用するなど本書の中でも特に緻密に書かれているが、無味乾燥かつ難解であることは否定できない。そして本書を最後まで読めばわかるように、この節は第一章第二節以後を理解するためだけならば不必要な部分が多い。実際それ以後はほとんど論理記号も出てこない。

ところで私は陶淵明同様、「書を読むを好めども甚だしくは解することを求めず、意に会うこと有るごとに欣然として食を忘る」という人間で、趣味でなく研究のために本や論文を読むときでさえ、大体の趣旨がわかればよくて、細部のよくわからない点にはこだわらず自分に関心がある個所だけ精読すればよい、そうでもなければ多読できない、と思ってきた――今回のように翻訳するときはまた別だが。本書の読者もそのような態度をとった方がよいかもしれない。私は昔初めて本書に接した（読んだとは言わない）とき、この最初の部分で挫折してしまったから、著者ラズの意図には反するかもしれないが、第一章第一節を読み進めることに困難を感ずる多くの読者には、序論からすぐに「排除理由」という本書の中心的なテーマを取り扱う第一章第二節に進むことをお勧めする。

この排除理由という概念は本書全体を貫くライトモチーフになっているだけでなく、ラズのその後の法理論のみならず政治哲学・倫理学にもわたる思想全体の中で重要な役割を果たし続けたし、それ自体として重要な指摘だと思われる。ところがそれは規範や理由に関する今日の哲学文献の中で軽視されているきらいがある。（たとえば Daniel Star（ed.）, *The Oxford Handbook of Reasons and Normativity*, OUP, 2018 という千ページを超える巨大なハンドブックの中でも三ページ足らずで片づけられている。）そこでこの訳書では、私と違ってラズの業績全体に通じている服部久美恵さんに排除理由について書いてもらうことにした。

本書が取り上げるトピックは冒頭の目次から見てとれるが、排除理由以外で私が特に関心を持ったものを取り上げれば以下の通りだ。

第二章第一節　ハートの〈規範の実践説〉への批判（六九頁以下）

ラズはハートと共に現代の法実証主義の代表的な論者と目されてきたが、ハートの実践説にはここで三つの理由から異を唱えている。それらの理由はあまり理解しやすくないが、ともかくそこに共通するのは〈実践説はルールの規範的性質を十分に説明していない〉という要素だ。だがその一方、ラズは後述の第四章第三節などでは法体系の存在の規準として法適用機関（典型的には、「一次的機関」と呼ばれる裁判所）の実践を中心に置いているのだから、結局のところハートとラズの立場の相違は微妙なもののように思われる。

第三章第一節　排除的許可（一一二頁以下）

ラズは第二章と第三章で規範を義務的規範と許可的規範と権能付与規範に大きく三分するが、許可的規範の中では排除的許可という「強い許可」を特に重視する。これは「排除理由」と似て非なるものだ。排除理由はある行為を支持する特定の諸理由を排除する理由だが、排除的許可は行為の差し控え（その行為をしないこと）を支持する決定的理由を無視・排除することへの許可である。その許可の対象の例としては、ラズがあげている〈義務を超えた行為を行なわないこと〉とともに、憲法で保障されているような基本的自由権もあげられるだろう。

第四章第一節　ゲームという規範体系の自律性（一六五頁以下）

法や道徳と違って、（「言語ゲーム」といった比喩ではない）本物のゲームの規範に関する哲学的検討は少ないが、ラズは本書でそれを行っている。中でもゲームがそれぞれに内在する独自の意義を持っているという指摘は興味深い。この発想はスポーツ倫理学に応用できそうだ。

第四章第三節　〈規範創造機関よりも規範適用機関の方が重要である〉という主張（一八二頁以下）

規範の形式と体系性だけに着目すればこの主張は適切かもしれないが、社会的な影響力を考えれば、規範創造の方が重要ではないか？　議会と裁判所ではどちらの方が社会を変える力が大きいだろうか？　また公務員でない私人の法に対する態度も重要ではないか？

第四章第三節　公務員が認定のルールを実践するとはどういうことか（二〇七頁以下）

この部分でラズは認定のルールに関するハートの主張に微調整しか加えていないのように見えるが、そこで言う第五の命題に反して、その後 *The Authority of Law* では〈公務員は法の道徳的な正当化可能性を信じているか、あるいは信じているふりをしている〉と主張するようになった。この改説は改良か改悪か？

第五章第一節　法体系の三つの特徴：①包括性、②至高性の主張、③開かれた体系（二一五頁以下）

初めの二つの特徴は確かに普遍的であるように思われるが、法の歴史を考えると、閉じた社会では、開かれていない法体系も存在した（また存在しうる）のではないか？

第五章第二節　制裁なき法体系の論理的可能性（二二七頁以下）

法理論にとっては、「天使の社会」までも考慮に入れる論理的可能性より、経験的人間性を前提とした現実的可能性の方が重要ではないか？（前掲の三浦『法と強制』やマーモー『現代法哲学入門』（勁草書房）五六―五九頁を参照）

第五章第四節　法についての内的言明でも外的言明でもない第三の種類の規範的言明の存在（二四七頁以下）

ラズはこの種の言明をその後「超然たる言明（距離を置いた言明）detached statements」と呼ぶようになった。用語法の相違こそあれこの三分法は現在広く受け入れられているようだ。しかし私は

「超然たる言明」も「外部から見た内的言明」と言えば十分であって、二分法をあえて捨てる必要はないと思う（私の『法哲学講義』（筑摩選書）一五九―一六一頁と「ハートの法理論はいかに発展させられるべきか？」『一橋法学』一八巻三号（二〇一九年）四四―四六頁）。

本書は他にもたくさんの興味深いトピックと発想を蔵している。読者はどうかその宝庫を自分自身で探索していただきたい。

＊　＊　＊

この訳書を完成させるにあたって、服部久美恵さんに訳稿を読んでもらった結果多くの訂正・改善すべき点を指摘していただいただけでなく、前記のように有益な解説エッセイを寄稿していただいたことに感謝する。だがまだ残っているかもしれない訳文の誤りはすべて私の責任である。

最後になるが、「基礎法学翻訳叢書」の一冊としての本書の刊行に賛同し編集作業を行っていただいた勁草書房編集部の山田政弘さんに感謝する。

二〇二四年秋分の日

森　村　進

■原著

ジョセフ・ラズ（Joseph Raz, 1939-2022）
イスラエル出身の哲学者。オックスフォード大学博士。オックスフォード大学法哲学講座、コロンビア大学ロースクール、ロンドン大学キングズ・カレッジなどの教授を歴任した。専門は法哲学・政治哲学・価値論。邦訳書として『権威としての法』『自由と権利』（ともに勁草書房）、『法体系の概念［第2版］』（慶應大学出版会）、『価値があるとはどのようなことか』（ちくま学芸文庫）がある。

■翻訳

森村　　進（もりむら　すすむ）
一橋大学名誉教授・日本法哲学会前理事長
専門：法哲学
業績：『法哲学講義』（筑摩書房、2015年）、『幸福とは何か』（筑摩書房、2018年）、『法哲学はこんなに面白い』（信山社、2020年）、『自由と正義と幸福と』（信山社、2021年）、『正義とは何か』（講談社、2024年）など。

事項索引

※ローマ数字は原注の頁数を示す。

■サ行

■タ行

■ナ行

■ハ行

■マ行

■ヤ行

■ラ行

人名索引

※ローマ数字は原注の頁数を示す。

■ア行

アームソン　Urmson, J. O.　*xiv*

アルチョウロン　Alchouron, C. E.　*xiii*

アンスコム　Anscombe, G. E. M.　*ix*

ウォーノック　Warnock, G. J.　72–3, *xii–xiii, xvi*

エジレイ　Edgley, R.　*viii–ix, xi*

オースティン　Austin, J.　183, *xvi*

オノレ　Honoré, A. M.　*xvii*

オッペンハイム　Oppenheim, F. E.　*xviii*

オルデンクィスト　Oldenquist, A.　88–9, *xviii*

■カ行

カント　Kant, I　264–5

ギーチ　Geach, P. T.　*x*

キム　Kim, J.　*ix*

ケニー　Kenny, A. J. P.　143–5, *ix–x*

ケルゼン　Kelsen, H.　183, *xiii, xv–xvi, xviii*

ゴールドマン　Goldman, A. I.　*ix*

ゴティエ　Gauthier, D. P.　*viii, xii–xiii*

■サ行

サーモンド　Salmond, J.　*xvi*

サール　Searle, J. R.　151–6, *xv*

シェフラー　Scheffler, S.　*xxi–xxii*

シュヴァイザー　Schwyzer, H.　*xvi*

シンガー　Singer, M. G.　*xii*

ストッカー　Stocker, M.　*xiv*

スピノザ　Spinoza　*xv*

スロート　Slote, M.　*xxii*

セン　Sen, A. K.　*viii*

■タ行

タッパー　Tapper, C.　*xv*

ダントー　Danto, A. C.　*ix*

チザム　Chisolm, R.　*x*

デイヴィドソン　Davidson, D.　41, *ix, xii*

ディッグズ　Diggs, B. I.　*xii*

ドゥオーキン　Dworkin, R. M.　*xii–xiii, xvi–xvii*

■ナ行

ネーゲル　Nagel, T.　*ix, xi*

■ハ行

ハート　Hart, H. L. A.　65–6, 75–7, 111, 178, 207–9, 242, *viii, xii–xviii*

ピアズ　Pear, D.　*ix*

ヒューム　Hume, D.　*xvi–xvii*

ファインバーグ　Feinberg, J.　*xiv*

フォン・ウリクト　Von Wright, G. H.　6, 122, 145, *viii–xv*

フラー　Fuller, L.　*xviii*

ブラック　Black, M.　*xi–xii*

ブラント　Brandt, R.　*ix*

ブリギン　Bulygin, E.　*xiv*

ブローディー　Broadie, A.　*xiii*

ヘア　Hare, R. M.　6, *x–xi, xiv*

ペリー　Perry, S.　*xxii*

ベンサム　Bentham, J.　*xiv–xvi*

ホーフェルド　Hohfeld, E.　*xiv*
ポーン　Porn, I.　*xv*
ホッブズ　Hobbes, T.　84, 183, *xv*
ポロック　Pollock, J. L.　*ix*

■マ行

マーカス　Marcus, Ruth　*xx*
マコーミック　MacCormick. D. N.　*xiii-xvi*
マンザー　Munzer, S.　*xiv, xvii*
ミル　Mill, J. S.　77
ムーア Moore, G. E.　5
メイランド　Meiland, J.　*xiii*
メルデン　Melden, A. I.　*ix*

■ヤ行

ヨダー　Yoder, J.　*x*

■ラ行

ラズ　Raz, J.　*x-xxiv*
リチャーズ　Richards, D. A. J.　*viii-ix, xiv*
ルイス　Lewis, D.　*xii*
レッシャー　Rescher, N.　*viii-ix*
レモン　Lemmon, E. I.　*x*
ロールズ　Rawls, J.　*xii, xv-xvi*
ロス　Ross, A.　*viii, xiv-xv*
ロス　Ross, D. W.　15
ロック　Locke, J.　84

巻末注

以下の注の主たる目的は文献への指示を与えることである。（文献についての完全な情報は、最初の引用個所だけに示す。）これらの注はまた、本文で論じた論点へのさらなるコメントと、他の論者の見解に対する私見の一部に関するいくつかの所見も含んでいる。

序　論

1　**哲学の分枝としての道徳哲学と法哲学**　　実践哲学の統一性について意識の高まりがある。この潮流を示す書物のいくつかは、D. P. Gauthier, *Practical Reasoning*（Oxford, 1963）; G. H. von Wright, *Norm and Action*（Routledge and Kegan Paul, 1963）, *The Varieties of Goodness*（Routledge and Kegan Paul, 1963）; R. Edgley, *Reason in Theory and Practice*（Hutchinson, 1969）; David A. J. Richards, *A Theory of Reasons for Action*（Oxford, 1971）である。哲学者たちの著作に関係する哲学的問題に経済学者やゲーム理論家や決定理論研究家が関心を再生させているとともに、理論経済学やゲーム理論や決定理論の著作に対する哲学者たちの意識の高まりもある。哲学的にも経済学的にも鋭い、現在まで最も優れた著作は A. K. Sen, *Collective Choice and Social Welfare*（Holden-Day Inc., San Francisco, 1970）〔セン『集合的選択と社会的厚生』志田基与師訳、勁草書房、2000 年〕である。

2　**規範理論と価値理論**　　上記のゴティエとリチャーズの著作は両方の領域をカバーしている。基本理論一般における他の重要な著作には G. H. von Wright, *Norm and Action*; A. Ross, *Directives and Norms*（Routledge and Kegan Paul, 1968）がある。価値理論における最近の優れた書物には von Wright, *The Varieties of Goodness*; N. Rescher, *Introduction to Value Theory*（Prentice Hall Inc., Englewood, N. J., 1969）がある。私がこれらの書物をあげる主たる理由は、これらがすべて、道徳哲学と政治哲学と法哲学の分類を超えた統一的研究領域として実践哲学を取り扱うということである。フォン・ウリクトは *The Varieties of Goodness*, pp. 6ff. の中で、実践哲学を価値理論と規範理論と帰属理論に分類する私の示唆にいくつかの点で似ている倫理的概念の分類を示唆する。

3　**責任の理論**　　責任のさまざまの意味に関する議論は H. L. A. Hart, 'Responsibility and Retribution', in *Punishment and Responsibility*（Oxford, 1968）, pp. 211–30 を参照。

4　**実践哲学の論理的研究**　　1950 年代における実践的理由の論理への関心の再

生に先立つ現代の著作の書誌としてはG. H. von Wright, *An Essay in Deontic Logic and the General Theory of Action* (North Holland Publishing Company, Amsterdam, 1968); N. Rescher, *The Logic of Commands* (Routledge and Kegan Paul, 1966) を見よ。

第1章

1　**理由の役割**　理由一般については次のものが特に有用である。Roy Edgley, 'Practical Reason', *Mind*, 1965, p. 174 and *Reason in Theory and Practice*; Thomas Nagel, *The Possibility of Altruism* (Oxford, 1970)〔ネーゲル『利他主義の可能性』蔵田伸雄監訳、勁草書房、2024年〕; D. A. J. Richards, *A Theory of Reasons for Action*.

2　**理由と行為の説明**　以下は、行為とそれが行われる原因となった行為者の信念との間の関連に関する議論への最近の重要な貢献である。G. E. M. Anscombe, *Intention* (Blackwell, Oxford, 1957)〔アンスコム『インテンション』柏端達也訳、岩波書店、2022年〕; A. I. Melden, *Free Action* (Routledge and Kegan Paul, 1961); A. Kenny, *Action, Emotion and Will* (Routledge and Kegan Paul, 1963); A. I. Goldman, *A Theory of Human Action* (Prentice Hall Inc., N. J., 1970); G. H. von Wright, *Explanation and Understanding* (Routledge and Kegan Paul, 1971)〔ウリクト『説明と理解』丸山高司＝木岡伸夫訳、産業図書、1984年〕; A. C. Danto, *Analytical Philosophy of Action* (Cambridge, 1973); D. Davidson, 'Actions, Reasons, and Causes', *Journal of Philosophy*, 60 (1963)〔デイヴィドソン「行為・理由・原因」『行為と出来事』服部裕幸＝柴田正良訳、勁草書房、1990年〕, and 'Freedom to Act', in Ted Honderich (Ed.), *Essays on Freedom of Action* (Routledge and Kegan Paul, 1973); R. Brandt and J. Kim, 'Wants as Explanations of Actions', *Journal of Philosophy*, 60 (1963); D. Pears, 'Desires as Causes of Actions' in *Royal Institute of Philosophy Lectures* (Macmillan, 1968), 1 (1966/7), 'Are Reasons for Action Caused?', in A. Stroll (Ed.), *Epistemology* (Harper and Row, New York, 1967), and 'Two Problems about Reasons for Actions', in R. Binkley, R. Bronaugh, A. Marras (Eds.), *Agent, Action, and Reason* (University of Toronto Press, 1971).

3　**完全な理由**　J. L. Pollock, 'The Structure of Epistemic Justification', in N. Rescher (Ed.), *Studies in the Theory of Knowledge* (Blackwell, Oxford, 1970) を参照。ポロックの「信念の論理的理由」の定義は私の「完全な行為理由」の定義といくつかの点で似ているが、彼の定義はよい理由〔十分な理由〕good reason という観念を前提していて、他の問題を取り扱うために用いられている

ので、私の定義とはいくつかの重要な点で異なる。私はこの但し書の必要を指摘してくれたJesse Yoderに感謝する。

4　**衝突する理由**　「部分的」あるいは「非対立的non-diametrical」な衝突というものを説明するためには、論理的衝突について厳密な衝突の定義よりも広い定義が必要とされる。いくつかの部分的衝突の短い記述については私の 'Reasons, Requirements and Practical Conflicts', in S. Korner (Ed.), *Practical Reason* (Blackwell, Oxford, 1974) を見よ。私はそこでそのような三つの衝突について書いた。（a）ϕすることとϕ'することが大部分の場合両立するが、ある文脈では両立しないとき。（b）ϕするある仕方がϕ'するある仕方と両立するが、前者のある仕方が後者のある仕方と両立しないとき。（c）二つの理由が、ある程度までは相互に実現可能な複数の目標を追求する理由だが、片方を完全に実現することは他方を犠牲にすることになるとき。

5　**「優越する」について**　R. Chisholm, 'The Ethics of Requirement', *Am. Phil. Quar.*, 1964, p. 147; 'Practical Reason and the Logic of Requirement', in S. Korner (Ed.) を参照。また私の 'Reasons, Requirements and Practical Conflicts', ibid. における私のコメントも見よ。

6　**「解除する」と「優越する」**　この区別にしばしば伴う他の特徴がある。十字路で友人に会うという私の約束を考えてみよう。私が負傷者を病院に連れていかなければならないので自分の約束を守れないという事実は、それ自体が私の友人に説明し弁明する理由になる。適切な状況においては、これは友人が私の違約のために受けたかもしれない不便あるいは損失を何らかの仕方で弁償する理由にもなる。しかしもし私が友人によって約束から解放されるとしたら、そのように弁償する理由は生じない。解除された理由は完全に解除されたのでもはや理由でないが、「単に」優越されたにすぎない理由はまだ何らかの仕方で生き残っている、とわれわれはしばしば感ずる。この感じは〈いつもではないが一般に、ある理由が優越された（が解除されたわけでない）場合、人は弁償する理由を持つ〉という事実によって説明される。この事実はまた、後悔のように、優越されたさまざまの感情や態度の適切性によっても部分的に説明されよう。これらは極めて重要な考慮だが、ここで追究することはできない。それは私の優越と解除の区別だけでは説明できないというだけで十分だ。

7　**実践的推論**　本文で述べたタイプの実践的推論は満足性satisfactorinessの論理に従う。A. J. P. Kenny, 'Practical Inference', *Analysis* (1966), p. 65; P. T. Geach, 'Dr. Kenny on Practical Inference', *Analysis* (1966), p. 76; R. M. Hare, 'Practical Inferences', in his *Practical Inferences* (Macmillan, 1971) を参照。

8　**衝突する「べし」言明**　いくつかの関連する問題の検討は、E. J. Lemmon,

'Deontic Logic and the Logic of Imperatives', *Logique et Analyse,* 29 (1965), p. 39を見よ。

9　信念と行動　　関連する諸問題の議論は、ウリクト『説明と理解』pp. 96–118を見よ。

10　理由としての利益　　利益を理由とみなすことの前提のいくつかに関する極めて啓発的な議論は、ネーゲル『利他主義の可能性』part iiを見よ。

11　理由としての欲求　　〈もしある人が、自分が単にそうしたいというだけでAを行ったとしたら、彼は理由によって行動したのではない〉とする議論がある。R. Edgleyは*Reason in Theory and Practice,* p. 159において〈ある行為をしたいという欲求はその行為をする理由にならない〉と主張した。たとえそうだとしても、私が飲み物を飲みたいのでキッチンに行くときのように、そのような欲求は何か別の行為をする理由に十分なりうる。欲求は一般に理由なのだから、また、自分がしたいと望むことをしないことは自分が行う理由があると知っていることを行わないのと同じ問題をひきおこし、同じ根拠で批判されうるのだから、一般化してAをしたいという欲求を、Aを行う理由とみなすことは合理的だと思われる。私の見解は 'The gap between "Is" and "Should"', *Philosophical Review* (1964), pp. 165–81におけるM. Blackの見解と合致する。異なるアプローチは、R. M. Hare, 'Wanting: Some Pitfalls', in *Practical Inferences,* pp. 44–58を参照。

12　二つのテスト　　本文の議論はここと本書を通じて採用される戦略を示している。〈一階の理由の論理を基にして、人々が正当化しようとするあらゆる実践的結論を正当化することは不可能である〉とは主張されていない。私の主張は〈それはわれわれが自分たちの実践的結論の正当化について現実に行っている方法ではない〉というものだ。「重み」「強さ」「優越」「差引勘定」などの用語がむやみやたらに用いられているが、実際にはわれわれは別々の実践的結論を支持するために別々の方法を用いている。排除理由の論理がとらえようとするのはこの多様性である。

13　二階の理由間の衝突　　大変重要だがここでは考慮されない別のタイプの衝突は、厳密に衝突する理由を排除する排除理由間の衝突である。pはϕする理由であるp'を排除する理由であり、qはϕしない理由であるq'を排除する理由である、としてみよう。われわれは〈pとqは衝突する視点を定義している。すなわちそれは、pが排除しない理由のすべてとqが排除しない理由のすべてをそれぞれ含んでいる〉と言うことができる。実践的推論の完全な理論は、これらの衝突がいかなる条件下で解決できるかあるいはできないかを探究しなければならないだろう。

14　より高次の理由　　私は本節において、単に〈人は排除理由について矛盾なく

語ることができる〉とだけ論じたのではなくて、〈日常的な実践的ディスコースのいくつかの側面は排除理由に言及するものとして説明するのが最善である〉とも論じた。より高次の理由に言及する必要があるかどうかは未解決である。しかしながら〈二階の理由のために行為することをしない理由は、それ自体が二階の理由である〉ということを述べておくべきだ（前記46頁の定義を参照）。

15　**自分の判断を信頼しない理由**　この解釈はデイヴィドソンの〈抑制の原理〉の侵害に至るかもしれない。その一方で私の原理P3は抑制の原理に反しない。D. Davidson, 'How is Weakness of the Will Possible?' in J. Feinberg (Ed.), *Moral Concepts* (Oxford, 1969)〔デイヴィドソン「意志の弱さはいかにして可能か」『行為と出来事』に収録〕を参照。

第2章

1　**ルールと原理**　両者の区別については M. G. Singer, 'Moral Rules and Principles', in A. I. Melden (Ed.), *Essays in Moral Philosophy* (University of Washington Press, Seattle and London, 1958); R. M. Dworkin, 'Is Law a System of Rules?', *University of Chicago Law Review,* 35 (1967), p. 14; J. Raz, 'Legal Principles and the Limits of Law', *Yale Law Journal*, 81, (1972), p. 823 を見よ。

2　**ルールと規範**　ルールの分析については一般に von Wright, *Norm and Action*; A. Ross, *Directives and Norms*; H. L. A. Hart, *The Concept of Law* (Oxford, 1961)〔ハート『法の概念』長谷部恭男訳、ちくま学芸文庫、2014年〕; D. P. Gauthier, *Practical Reasoning*; D. Lewis, *Convention* (Harvard University Press, 1969)〔ルイス『コンヴェンション』瀧澤弘和訳、慶應義塾大学出版会、2021年〕を見よ。また J. Rawls, 'Two Concepts of Rules', *Philosophical Review* (1955), pp. 3-32; B. J. Diggs, 'Rules and Utilitarianism', *American philosophical Quarterly* (1964), pp. 32-44; M. Black, 'The Analysis of Rules', in *Models and Metaphors* (Cornell University Press, Ithaca, 1962); G. J. Warnock, *The Object of Morality* (Methuen, 1970), ch. 4 も参照。

3　**ルールと理由**　〈ルールは理由である〉と言うことは〈あらゆるルール言明は理由を与える言明である〉と言うことではない。同様にして、〈欲求と価値は理由である〉と言うことは、〈人がある価値を述べたりある人が何かを欲求していると述べたりするときはいつも、ある行為の理由を与えている〉ということを意味しない。

4　**ルールの命令説**　これは法哲学・政治哲学において極めて影響力を持ってきた。近年におけるその最も繊細かつ断固たる擁護者は、*The Pure Theory of Law*, 2nd ed. (University of California Press, Berkeley and Los Angeles, 1961)

(英訳 1967)〔『純粋法学　第二版』長尾龍一訳、岩波書店、2014 年〕における H. ケルゼンだった。この説の批判は H. L. A. ハート『法の概念』第 2–4 章、J. Raz, *The Concept of a Legal System* (Oxford, 1970)〔ラズ『法体系の概念(第 2 版)』松尾弘訳、慶應義塾大学出版会、2011 年〕を見よ。

5　ハートの説　　ハートの説の分析は彼の『法の概念』pp. 54–6, 86–8, 96–107, 244〔101–6, 147–51, 162–78, 492 頁〕に基づく。

6　「べし」文と「ルールがある」文　　「べし」の定式化と「ルールがある」の定式化との区別はかなり重要である。しかしながらハートはこれを重要とみなしていないようだ。『法の概念』p. 56〔106 頁〕で彼は前者のタイプの表現に言及するが、p. 86〔148 頁〕では後者のタイプの表現に言及している。

7　実践説　　これは私の第一と第三の根拠から R. M. Dworkin, 'Social Rules and Legal Theory', *Yale Law Journal,* 81 (1972), p. 855 によって、また私の第二に似た根拠から G. J. Warnock, *The Object of Morality,* ch. 4 によって批判された。

8　慣習的ルールについて　　R. M. Dworkin, 'Social Rules and Legal Theory', *Yale Law Journal,* 81 (1972), pp. 855, 862f. とルイス『コンヴェンション』を参照。

9　決定　　初めの二つの条件についての繊細で想像力ある分析は、Meiland, *The Nature of Intention* (Methuen, 1970), pp. 55–63 を見よ。しかしながらメイランドは他の条件の重要性を認識していない。

10　約束を守る原理　　J. Raz, 'Voluntary Obligations and Normative Powers', *Proceedings of the Aristotelian Society,* supp. Vol. 46 (1972), pp. 96–100 を参照。

11　排除理由としての規範　　義務的規範に関する私の説明はいくつかの重要な点で D. P. Gauthier, *Practical Reasoning* と、*The Object of Morality* における G. J. Warnock のものに似ている。

12　テストの適用　　〈ルールの言明は絶対的理由の言明である〉と信じている人がいるかもしれない。われわれはそのような事案を説明するために、絶対的理由であるところのあらゆる事実を、普遍的スコープを持つ絶対的な排除理由でもあるとみなすべきである。

13　命令とその他の指図　　命令については一般的に D. N. MacCormick, 'Legal Obligation and the Imperative Fallacy', in A. W. B. Simpson (Ed.), *Oxford Essays in Jurisprudence,* 2nd series (Oxford, 1973); A. Broadie, 'Imperatives', *Mind* (1972), p. 179 を参照。

第 3 章

1　強い許可　　von Wright, *Norm and Action,* pp. 85–9; C. E. Alchouron and E.

Bulygin, *Normative Systems* (Springer-Verlag, Vienna and New York, 1971), pp. 119-25; S. Munzer, 'Validity and Legal Conflicts', *Yale Law Journal*, 82, pp. 1140, 1141-2 を参照。フォン・ウリクトの区別の批判は、A. Ross, *Directives and Norms*, pp. 120-4 も見よ。フォン・ウリクトはその後複数の許可を区別する他の可能性を検討してきた。彼の最新の示唆は 'Deontic Logic Revisited', *Rechtstheorie* (1973), p. 37 を見よ。

2　義務を超えた行動　　義務を超えた行動のいくつかの説明については、J. O. Urmson, 'Saints and Heroes', in A. I. Melden (Ed.), *Essays in Moral Philosophy*; J. Feinberg, 'Supererogation and Rules', in *Doing and Deserving* (Princeton University Press, 1970); M. Stocker, 'Supererogation and Duties', in N. Rescher (Ed.), *Studies in Moral Philosophy* (Blackwell, Oxford, 1968); D. A. J. Richards, *A Theory of Reasons for Action*, ch. 11 を見よ。

3　「ϕすべきだが、ϕしないことが許されている」　　これはすべてを考慮した上でなされるべきことだけを述べる本書 47 頁の原理 P3 と矛盾しない。本文で述べた見解のもっと詳細な擁護は、J. Raz, 'Permissions and Supererogation', *American Philosophical Quarterly* (1975) を見よ。

4　許可の授与　　R. M. ヘアは 'Some Alleged Differences between Imperatives and Indicatives', *Mind* (1967) において、「あなたは A をして構わない」と述べることは命令するのを拒むことか、あるいは命令が与えられていないと述べることだ、という根拠から、「A を行うな」は「A を行え」の否定〔矛盾〕contradictory であると主張した。しかし私にはこの二つの命令は〔否定ではなく〕反対物 contraries であると思われる。なぜなら人は「あなたは A をして構わない」と述べることによって許可を授与できるからだ。許可と命令は同じタイプの言語行為であって、両者は一緒になって否定の四角形を形成する。そこでは「A を行え」と「A を行うな」は反対物であり、「あなたは A をして構わない」と「あなたは A をしなくて構わない」は小反対物 sub-contraries である。それゆえ、ヘアに反して、命令の論理はこの点で義務論理の標準的体系と似ている。

5　弱い許可を授与する規範　　私は『法体系の概念』〔訳書には原書の頁数が付記されているので、ここでは訳書の頁数を書かない〕pp. 170-5 において、あらゆる許可は弱い許可であるという前提から、許可的規範というものはありえないと論じた。

6　規範的権能　　規範的権能の議論については、特に J. Bentham, *Of Laws in General* (Ed. H. L. A. Hart, Athlone Press, 1970); H. L. A. Hart, 'Bentham on Legal Powers', *Yale Law Journal*, 81 (1972), p. 799〔ハート「法的権能」『権利・功利・自由』小林公＝森村進訳、木鐸社、に収録〕; Hohfeld, *Fundamental Legal*

Conceptions (Yale University Press, New Haven, 1919); Kelsen, *The Pure Theory of Law*, 2nd ed., pp. 145–63〔ケルゼン『純粋法学　第二版』第 30–32 節〕; C. Tapper, 'Powers and Secondary Rules of Change', in A. W. B. Simpson (Ed.), *Oxford Essays in Jurisprudence*, 2nd series を見よ。Porn は彼の *Logic of Power* (Blackwell, Oxford, 1970) の特に後半で、ホーフェルドの図式の定式化を与える。権能を一層広い哲学的文脈の中で論じようとする、教えられるところはあるが全体として不成功の試みは、von Wright, *Norm and Action*, ch. 10; A. Ross, *Directives and Norms*; N. D. MacCormick, 'Normative Powers and Voluntary Obligations', *Proc. Aristotelian Society*, supp. Vol. 46 (1972) を見よ。

7　権能（パワー）と影響　　多くの人々は規範的権能を影響に還元する分析を提示してきた。ホッブズもスピノザもベンサムも、みな権能の還元的分析を支持した。そして彼らのアプローチの影響は特に政治哲学において今でもかなりのものがある。私は『法体系の概念』pp. 154–64 において、あらゆる種類の法規範を、実際に一般化された影響関係である O 規範のさまざまの種類として分析しようとしたが、今では規範が影響のパターンによって分析できるとはもはや信じていない。

8　権能付与規範　　権能付与規範への近年の関心の多くは H. L. A. ハートの『法の概念』におけるこの主題の議論、特に彼による一次ルールと二次ルールの区別に刺激されたものである。私は 'On the Functions of Law', in A. W. B. Simpson (Ed.), *Oxford Essays in Jurisprudence*, 2nd series の中でこの区別を批判した。

9　この分析は　　J. Raz, 'Normative Powers and Voluntary Obligations', *Proc. Aristotelian Society*, supp. Vol. 46 (1972), p. 79 の中でさらに論じられている。その分析は規範の個別化に関するあるドクトリンを前提している。この主題に関する私見の概観は『法体系の概念』pp. 70–92, 140–7 を参照。私はすでに〈あらゆるルールが義務的ルールか許可的ルールか権能付与ルールであるわけではない〉と何度か述べたことがある。他のタイプのルールもある。私は『法体系の概念』pp. 168–86 において非規範的ルールについて論じたし、他にも多くのルールがある。しかしながら読者は注意されたいが、特に断らない限り、「ルール a rule」はここで分析する種類のルールを指すために用いられる。

第４章

1　構成的ルール　　サールに似た発想は、J. Rawls, 'Two Concepts of Rules', *The Philosophical Review*, 64 (1955), p. 3 を見よ。構成的ルールと統制的ルールの区別に大きく基づく法理論を構築する試みは、D. N. MacCormick, 'Law as Institutional Fact', *Law Quarterly Review*, 90 (1974), p. 162 を参照。効果的な

サール批判は、G. J. Warnock, *The Object of Morality*, pp. 37f. を見よ。

2　**ゲームとルールと価値**　　Hubert Schwyzer の興味深い論文 'Rules and Practices', *Philosophical Review* (1969), p. 451 を参照。シュヴァイザーは二つの重要な点を混同していると私には思われる。第一に、ゲームはそのルールだけでは定義できない。あるゲームを同定するためにはその価値に言及しなければならない。第二に、あるゲームのルールとその価値によって支配される活動は、社会的文脈において、そのゲームの価値が人工的な価値でなくて、より広い人間的関心との体系的関係を獲得している場合には、〈ゲームをプレイすること〉ではない。シュヴァイザーは、チェスが年に一度だけ神聖な儀式として神官によって「プレイ」され、その結果が神意を示すとされる共同体を描く。この共同体では、チェスはわれわれと同じルールによって、「勝つ」ために「プレイ」されている（つまり、その価値はわれわれのチェスのものと同じである）。唯一の相違は、その価値はもはや人工的な価値ではないということだ。彼らのチェスはゲームでないという点を別にするとわれわれのチェスと同一である、と言うことができよう。

3　**継続性ルール以外のゲームのルール**　　本文であげた定義は、経験則 rules of thumbs を除外することによって狭められるべきだ。完全にルールの価値だけに基づいて妥当しているようなルールがあるが、それらは通常ゲームのルールの一部とはみなされない。それらは時間が足りない等々の場合、プレイヤーの助けになる。

4　**制度化された体系の存在**　　法体系の存在に関する古典的な法理学的議論は、J. Bentham, *A Fragment on Government* (1770), ch. 1, *Of Laws in General* (1970), ch. 1; J. Austin, *The Province of Jurisprudence Determined* (1832), lectures 2 and 6; H. Kelsen, *General Theory of Law and State* (Russell and Russell, New York, 1945)〔『法と国家の一般理論』尾吹善人訳、木鐸社、1991 年〕chs. 1 and 10; H. L. A. ハート『法の概念』(1961) 第 4 章と第 6 章の中に見られる。私はそこに含まれる諸問題のいくつかを『法体系の概念』(1970) の第 9 章とその他随所で論じた。ここでそれらに立ち返ることはしない。

5　**共通起源の体系**　　ホッブズとオースティンとケルゼンが共通起源の原理の最も重要な提唱者である。アメリカン・リアリストたちと *The First Principles of Jurisprudence* (1893) における J. Salmond と H. L. A. ハートが、規範適用機関の役割を強調した最も重要な法哲学者である。私はこの争点を『法体系の概念』(1970) の中で詳しく論じた。

6　**統一性**　　ヒュームの次の文章を参照。「ドイツ帝国に見られるように、一つの車輪の内部にもう一つの車輪が設けられていることは、シャフツベリー卿によって、政治における不合理とみなされているが、しかし、相互に全く抑制も制御

も従属もせずに同一の政治機構を支配しながら、しかも最大の調和と一致を保持しているような二つの相等しい車輪に対しては、われわれはどのように言わねばならないのであろうか？　それぞれが自らのうちで完全で絶対的な権威を持ち、それぞれの作用を有効にするために、たがいに他の援助を全く必要としないような二つの別々の立法機関をつくること、こうしたことが……全く実現不可能だということはわかりきっているように思われる。……私が念頭に置いている国家が、たがいに異なる二党派に分かれ、それぞれが別々の立法機関において支配権を握り、しかもこれらのたがいに独立した勢力の間に何の衝突も生じなかったと、かりにも私が主張するとすれば、そのような想定は信じがたいと思われることであろう。……しかし上述の想定の真実性を証明するためには、長々と吟味するには及ばない。というのは、これはローマ共和政において実際に生じたからである。」David Hume, 'Of Some Remarkable Customs', in *Essays* (Oxford, 1963), pp. 375–6〔『ヒューム　道徳・政治・文学論集』田中敏弘訳、名古屋大学出版会、2011 年、300–1 頁〕.

7　**法適用機関**　　私は『法体系の概念』pp. 189–97 の中でこれと関係するが異なる解決を与えた。本書 188–9 頁と 5-2 節で説明した理由から、私はここでは強制や制裁の使用に基づかない解決を選んだ。

8　**制度化された体系と排除理由**　　ここで擁護された見解は R. M. Dworkin によって 'Is Law a System of Rules?', in R. S. Summers (Ed.), *Essays in Legal Philosophy* (Blackwell, Oxford, 1968)　と 'Social Rules and Legal Theory', in *The Yale Law Journal,* 81 (1972), p. 855 の中で極めて力強く批判された。私は当時のドウォーキン教授の見解を 'Legal Principles and the Limits of Law', ibid., p. 823 で論じた。古代アテナイ法は排除理由を持たなかったかもしれないと示唆する性格づけは、A. M. Honoré, 'Legal Reasoning in Rome and Today', *Cambrian Law Review,* 4 (1973), p. 58 を見よ。

9　**認定のルール**　　ハート『法の概念』第 6 章と彼の 'Kelsen's Doctrine of the Unity of Law', in H. E. Kiefer and M. K. Munitz (Eds.), *Ethics and Social Justice* (State University of New York Press, Albany, 1970)〔ハート「ケルゼンの法の統一性に関する学説」『法学・哲学論集』角田猛之訳、みすず書房、1990 年〕を参照。また私の 'The Identity of Legal Systems', *California Law Review* (1971), p. 795 と 'Legal Principles and the Limits of Law', *Yale Law Journal,* 81 (1972), p. 823 も参照。

10　**法の衝突**　　この問題については R. M. Dworkin, 'Is Law a System of Rules?', in R. S. Summers (Ed.), *Essays in Legal Philosophy;* J. Raz, 'Legal Principles and the Limits of Law', *Yale Law Journal,* 81 (1972), p. 823; S. Munzer, 'Validity

and Legal Conflicts', *Yale Law Journal*, 82 (1973), p, 1140 を参照。

第5章

1　制裁なき法体系　　私はこの問題に関する多くの議論について、またこの題材に関する未公開の論文を読ませていただいたことについて、H. Oberdick 教授に負うところが大きい。

2　自然法論　　そのような諸理論の批判的評価は、たとえばFelix E. Oppenheim, *Moral Principles in Political Philosophy* (Random House, New York, 1968) と H. L. A. Hart, 'Positivism and the Separation of Law and Morals', *Harvard Law Review*, 71 (1958), p. 593〔ハート「実証主義と法・道徳分離論」『法学・哲学論集』矢崎光圀ほか訳、みすず書房、1990 年、に収録〕を見よ。Lon L. Fuller, *The Morality of Law*, rev. ed. (Yale University Press, New Haven and London, 1964, 1969) は派生的アプローチの最もよく知られている近年の例である。ハートの自然法の最小限の内容のドクトリンは『法の概念』pp. 185-95〔これは第9章第1節だが、実際は第9章第2節のはず〕で説明されている。

3　〈法によると何がなされるべきか〉に関する言明　　ハートは〈そのような言明は外的視点か内的視点からなされる〉と述べることによってこれらの言明を説明する。かくして彼は、これらの言明のすべてがすでに論じた基本的な二つのタイプのいずれかに属すると主張する。私の主張は〈多くのそのような言明は、基本的タイプと論理的に関係するがそれらと同一ではない第三のタイプに属する〉というもので、これはケルゼンの見解と密接に関係している。ケルゼンの立場は確かに極めてあいまいで、その多くは混乱して間違っているが、第三の種類の言明が存在すると主張したことは正しかった。彼の見解の解釈としては私の 'Kelsen's Theory of the Basic Norms', *American Journal of Jurisprudence* (1974) を見よ。

第二版への後記

1　本書のプロジェクトにおける私の当初の関心の多くは、実践的理由の一般理論の一部分にすぎない法理論の基礎を提供することだった。この観点からすると、本書の主要な関心は法の体系的性質や超然たる言明 detached statements や法と強制の関係などの説明にある。私はこれらの論点をそれ以後の著作の中でいくらか発展させたので、ここではそれらに触れない。

2　私はここで、理由が衝突する可能性があるにもかかわらず本文で述べたことを真たらしめるために必要とされる諸限定を無視している。

3　この見解は〈人は時として遵守を支持する理由も持つ〉と考えることとむろん

両立する。これは私が本書でとった見解だった。

4　しかし他の事柄は常に等しいわけではない。理由は優越されたり排除されたり解除されたりすることによって阻却されるかもしれない。

5　特に、行為理由は信念理由でもあるのだから。行為理由とは、人がその行為（すなわち、人がなすべき理由を持つ行為）を行うべきであると信ずる理由である。

6　だがここでもまた、それは庭に対する私の態度の一般的欠点のためではなくて、他の事柄に気を取られたからであって、それは正当化されるとしておく。

7　私がここで考察しているのは道徳的不正のケースだけだが、類似のコメントは、人が不作為を支持する他の種類の理由を持つ多くのケースにもあてはまる。

8　当然だが、私は〈よい理由から行動することを怠るすべての例が、動機づけあるいは感受性における欠陥を示すわけではない〉と示すために、すでにあげた仕方でこれらの考察を限定したいと思う。

9　〈道徳律はいかなる理由が道徳的に適当であるかを述べるにすぎないものだから、道徳律はそれ自体では理由たりえない〉と考えるのではなしに。

10　私はこの種のケースを *The Morality of Freedom*（Oxford, 1986), ch. 2 で論じた。このタイプのケースは、通常の理由と、理由ではないが善をなす性質 good-making characteristics との中間にある。後者の性質が理由でないのはなぜかというと、人がそれらのために行動すると、その目的を損なわざるをえないからだ。学生が自分の教師から励ましを受ける必要があるというのが、そのような一例だ。学生が教師からの励ましを必要とするのは、それが自分の仕事の価値あるいは有望さへの信念によって動機づけられているとき（つまり、彼らが励ましに値するという信念から与えられるとき）だ。彼らは、自分がそれを必要としているという事情によって動機づけられているだけで自分が励ましに値するという信念なしに与えられた励ましを必要としない。それゆえ、もし私がある学生を、彼が励ましを必要としているという理由で励ますが、彼がそれに値すると信じてはいないと仮定したら、私の行為が目的を達成するのは、彼が私の推薦の理由を誤解しているときに限られる。

そのようなありふれたケースを適切に発展させると、〈善をなす性質のすべてが理由を与えるわけではない〉ということが示される。それゆえこれらのケースは、私が本書の初版において価値と理由の間の関係についてとっていた見解は単純すぎたということを示す。

11　優越する理由が排除されないならば。これについてはさらに後述の個所を見よ。

12　排除理由は妥当する〔有効な〕理由を排除するということを忘れないのが肝要だ。悪い理由を排除するのに特別の理由はいらない。それが妥当しないというだ

けで、行為を指導する資格が失われる。さらに、排除理由はそれが排除する理由の効力を無にするわけでもない。排除理由にもかかわらず、排除された理由はやはり妥当する理由である。

13　たとえば医療のための絶食とは区別された。

14　41-5頁を参照。また私の“Facing Up”, *Southern California Law Review*, 62 (1989), p. 1153も見よ。

15　彼の子どもたちが十分成長して彼の絵画を評価できるようになるまでそれらを保管するといった、いくつかの約束はそのようにして解除できないが。

16　Ruth Marcus, “Moral Dilemmas”, *Journal of Philosophy*, 77 (1980), p. 121を見よ。

17　私はここで、“Facing Up”で与えた説明を用いている。

18　おそらく「その行為が最善であるという結論に至る」と言うべきだろう。日常言語では、あらゆる理由が「べし」の結論を支持するわけではないからだ。新しいブランドのマーガリンが、私のいつも使っているマーガリンよりも味がよいとしてみよう。他の事柄が等しければ、その新しいマーガリンに変えることが最善である（あるいは普通の言い方なら「変える方がよい」)。しかし私はそうすべきだろうか？　それらの理由間のそのような相違が重要ではあっても、私は無視するだろう。それは私の目的にとって重要でないからだ。ある行為を行わないことが、弁明がなければ咎になるとき、私は「べし」文を用いることにする。この咎が道徳的な咎である必要はないし、自己利益の無視である必要もない。

このことは、ある面では本書の「べし」命題の説明が不十分であるということを示す。私はJ. Raz (Ed.), *Practical Reasoning* (Oxford, 1978) の序論の中で、「環境CにおいてAを行うべきである」という命題は「環境CにおいてAを行う理由がある」という命題と論理的に同値であるという、本書の中の示唆を取り下げた。私はその代わりに、それは「環境Cにおいて、Cのあらゆるケースにおいて他の理由によって阻却されることのない、Aを行う理由がある」と論理的に同値である、と示唆した。かくして「CにおいてAすべきである」という言明は、他の事柄が等しいという言明と一緒になって、CにおいてAすべき理由によって正当化される。ある行為がなされるべきであると言われる状況は、それを正当化するために必要とされる「他の事柄が等しい」という前提のスコープを決定する。それらの状況において行為理由を阻却する他のいかなる考慮も、その行為が要求されると言われるあらゆる状況においてその行為理由を阻却するわけではないとしたら、他の事柄は等しい。

19　われわれが言うことへの例外も存在していて、ルールへの例外に関する主張はそれにもあてはまる。もし私が〈人は決して嘘をついてはならない〉と断定する

としても、生命を救うために嘘が必要であるとき私は例外を認めるかもしれない。われわれが言うことは、自分が知っているすべての関連する考慮についてのわれわれの判断を表現するものであって、そのケースにあてはまる主たる理由が特定の状況において優越される場合には例外に服する。時にわれわれは「理由がある」という文を用いて、〈なすべき理由があること〉ではなしに〈なすべき最善の理由があること〉を伝えることがある。つまり理由の衝突の解決方法についてのわれわれの全体的判断を示すのである。そのような言明は例外に服する。たとえば人は「泳ぎに行く理由が毎日存在する。ただし海が荒れているときは例外である」と言う。

20　それはまた、競合する道具的理由であるかもしれない（前記266頁を見よ）。あるいは、あるタイプの解除条件とみなされるべきかもしれない。私はこの部屋に入るために二つのドアのうちどちらを通ることもできる。そのいずれかを通ることが入室という目的の達成のために十分なのだから、私はいずれかを通る理由を持っている一方、両方を行うことはできない。しかしその場合、私は両方を行う理由を持っていない。もし私が一方を行ったならば、このことは他方を行う理由を解除する。

21　同一の記述の下で。もし私が、住まいを探している友人を助けるという私の約束から解放されるとしたら、そのようにすることはもはや約束の履行ではなくなるし、それゆえその記述の下では望ましいことでもなくなるだろうが、それでも、困っている友人を助けること等々はやはり望ましいことだろう。

22　同じくらいありふれていて一層研究されているのは、最善の理由がいずれも同一の善を確保する場合だ。そこでの問題は、それぞれの理由との合致がその善を確保する相対的な程度を評価するという問題だ。「タイムズ」に投稿することとテレビに出ることは、私がかかわっている主義主張を広告するだろう。私には片方はできるが両方はできないとすると、唯一の問題は、どちらの行動の方が一層多くの人々に知られるだろうか、というものだ。

23　コリンのケースは排除理由の別のカテゴリーの一例だ。人はここで〈コリンの約束が拘束するのは、人が自分の利益を犠牲にできるからだ。つまり、人は自分自身の利益だけが犠牲になる場合、限度内でよりよい理由に反して行動することができるからだ〉と感ずる。この「できる may」は本書〔3-1節〕で分析した排除的許可〔排除することの許可〕だ。この観念はS・シェフラーの「行為者相関的特権 agent-relative prerogative」（*The Rejection of Consequentialism* [Oxford, 1982]）に似ている——もっとも排除的許可は行為者相関的だとは限らないが。「行為者相関的特権」とは、自分の推論において、ある理由にそれが持っている以上の重み、あるいはそれ以下の重みを与えることへの許可である。排除的許可

はある理由を全く無視することへの許可である。もしこれをゼロの重みを与えることとして見るならば、シェフラーの行為者相関的特権は排除的許可の一般化として見ることができる。(同じ仕方で、S・ペリーの「重みづける理由 weighing reasons」("Second-Order Reasons, Uncertainty and Legal Theory", *Southern California Law Review*, 62〔1989〕, p. 913)は、人々がある理由にそれが持っている以上の重み、あるいはそれ以下の重みを与えることを要求するのだが、これも排除理由の一般化である。)シェフラーの関心は、自分の利益に余分の重みを与えることが許容できると論ずることにある。コリンの例はその反対で、自分の利益にそれが持っているのよりも小さい重みしか与えないことが許容される、というものだ。M. Slote, *Common Sense Morality and Consequentialism*(Routledge and Kegan Paul, 1985)を見よ。

コリンの例のこの説明に賛成しない人もいるだろう。(その意見の不一致は実質的な道徳的争点に関する。)彼らはコリンがその約束を結ぶよう義務づけられているとみなすだろう。彼らは〈コリンは自分の親としての責務から、自分の息子の学校を決める際に自分の利益を無視するよう道徳的に拘束されている〉とさえ言うかもしれない。私は親という立場に関するこの見解をとらないが、この原理の要点には賛成する。〈ある役割と責任は、ある理由を自分の行為の基礎から排除することを含む〉という事実については後でコメントしよう。

24　このことは、ある排除理由が〈ある重要性を持つ理由等々だけを排除する〉という条件を特定することと両立する。それはまた〈ある理由は決して妥当性を排除されない〔妥当でなくなることはない〕〉と考えることとも矛盾しない。排除理由はそれが妥当するときに限って排除に成功するということを忘れてはならない。

25　本書の元来の出版後、私はその中心的テーゼのさらなる見解の発展につとめてきた。コミットメントは "Promises and Obligations" in P. M. S. Hacker and J. Raz (Eds.), *Law, Society and Morality*(Oxford, 1977)の中で考察した。権威が発するルールは *The Authority of Law*(Oxford, 1979)の第1章と *The Morality of Freedom* の第2-4章の中で広く論じた。また "Facing Up", p. 1153 も見よ。

26　「正しい right」とは、それが実効性ある機関によって誰にも公正なように要求されるとしてのことである。このようにして機関の介入は相違をもたらしうる。要求される行為は、そのような権威が要求するであろう最善の行為とは違うかもしれない。

27　〈この義務は正統性ある権威に対して負ういかなる服従義務からも独立している〉という議論は、*The Morality of Freedom*, ch. 4 を見よ。

28　〈囚人のディレンマ〉問題から逃れるためにそうする人物は、むろんこのディ

レンマから逃れる理由を持っている。つまり、彼はある帰結を達成するために持っている一般的な理由に合致するために、ある具体的状況において彼が直面する、あるいは直面するかもしれない、具体的な行為理由を変える方法を求めることになるのである。

29　そしてそれらのルールは競合するあらゆる考慮を阻却する。功利主義者の単一価値理論ではこの最後の条件を抜かすことができる。

30　いずれのケースにおいても、その決定は最終的でも網羅的でもない。排除されない理由が、ルールの構成する理由に優越するかもしれない。そしてルールはその行為が要請する個別的事項やタイミングやその他の状況に関する多くの細部を決定しないままに残す。

31　専門的知見からの議論の細部については *The Morality of Freedom,* ch. 3, pp. 67-9 と “Facing Up”, pp. 1194-6 を見よ。調整に関する議論は “Facing Up”, pp. 1194-6 を見よ。

32　情報獲得のコストを考えれば、無知が理性的であることはありうる。だからたとえば法が要求する消費者保護基準や環境保護基準に頼る機会を持てるということは、それらがなければさまざまの製品の有害かもしれない諸性質について学習するために必要な時間を私が費やさずにすむようにする。専門的知見に基づく権威の正当化の中には、現に存在する無知の限界の克服だけでなく、本人の無知を（重大な）損失なしに拡張させる可能性も含まれているかもしれない。

33　私は “Facing Up” においてそのようなケースをもっと詳細に分析し、ここで言及した一つの問題に加えて、調整の確保における関連の諸問題を示した。

34　それが正当化される場合。言い換えれば、この条件が真であれば、ルールは正当化され、妥当する。

35　そのような状況においてルールに従うことが正当化されないとき、そのルール自体は述べられた形では妥当せず、例外に従う。正当化されない要求の明白なケースに行為者が直面したときの例外つきルールに関する、*The Morality of Freedom,* p. 68 と “Facing Up”, p. 1193 における私の議論を見よ。

36　前記 270 頁を見よ。ルールや他の保護される理由のケースでは、議論はもっと込み入ってくる。そうさせるファクターは、〈保護される理由とは排除理由と一階の理由との結合である〉ということだ。ルールや約束や決定や権威的指令が結果に影響するのは、単にある考慮を排除するからではなくて、ある理由を（一階の）理由の差引勘定につけ加えるからでもある。そのファクターは計算違いによる偶然のケースにいかに影響するだろうか？

われわれはここで、約束や権威的指令やルールや決定が与えるところの一階の理由と、そのような保護される理由の排除的側面が排除するところの理由とが関

係しうる、二つの仕方を区別する必要がある。一階の理由は、排除される理由を反映すると考えられるかもしれないし、後者の理由につけ加えると考えられるかもしれない。決定は、典型的には、それに至った（あるいは至るべきだった）理由を反映すると考えられる。危険なおもちゃの製造を禁止する権威的ルールも同様に、そのおもちゃが子どもの使用にとって危険すぎる理由を反映すると考えられる。被告は原告の名誉を棄損したので損害賠償を支払えという裁判所の判決も同様に、判決以前に当事者間にあてはまった考慮を反映している。しかしキャピタル・ゲインに課税する法律は〈資本の増加から利益を得る人々は公共事業の財源に寄与すべきである〉と述べる理由を反映してはいるが、排除される理由につけ加えてもいる。それは人がいくら、いつ、どこにそのような支払いを行うべきか、等々を厳密に定めているからだ。かくしてそれは「新しい」一階の理由（たとえば、一定の期間中に報告を提出したり、一定の期間中に支払ったり、一定の金額をそれよりも多くも少なくもなく支払ったりする理由など）を創造する。われわれは〈排除される理由をも考慮に含めた、正しい理由の差引勘定によって行動する〉ということについて語るとき、約束や法律などによって創造された「新しい」一階の理由を含むすべての一階の理由を意味しているが、それらによって創造される「依存的」な一階の理由を排除している。後者の理由は他の一階の理由の反映にすぎず、二重に算入されるべきではない。

37　私は *The Morality of Freedom* の中でこれを試みた。

基礎法学翻訳叢書　第8巻
実践的理由と規範

2025年１月20日　第１版第１刷発行

著　者　ジョセフ・ラズ
訳　者　森《もり》　村《むら》　　進《すすむ》
発行者　井　村　寿　人

発行所　株式会社　勁《けい》　草《そう》　書　房

112-0005　東京都文京区水道2-1-1　振替　00150-2-175253
（編集）電話　03-3815-5277／FAX　03-3814-6968
（営業）電話　03-3814-6861／FAX　03-3814-6854
平文社・松岳社

ISBN978-4-326-45142-5　　Printed in Japan

＊落丁本・乱丁本はお取替いたします。
ご感想・お問い合わせは小社ホームページから
お願いいたします。

https://www.keisoshobo.co.jp